国学经典

姜忠喆／主编

鉴古中国兴衰成败 通五千年沧桑流变

中国通史

辽海出版社

【第二卷】

《中国通史》编委会

前　言

中国是一个拥有五千年灿烂文明史，又充满着生机与活力的泱泱大国。中华民族以其先辉的历史屹立于世界的东方。

在中华民族的历史长河中，曾创造了无数的文明奇迹，谱写了许多不朽的篇章。

自公元前 3000 至公元前 21 世纪，是中国文明初起的时代，也就是历史上三皇五帝时期。"三皇"是伏羲、女娲与神农。"五帝"为黄帝、颛顼、帝喾、唐尧与虞舜。后来黄帝统一各部，所以中华民族一向自称为"黄帝后裔"，又因炎、黄两部落融合成华夏民族，故也称为"炎黄子孙"。

公元前 21 世纪至公元前 17 世纪，是中国第一个王朝——夏王朝时期。夏朝的建立标志着中国若干万年的原始社会基本结束，数千年的阶级社会从此开始，它的诞生成为中华文明史上的一个重要里程碑。夏朝总共传了 14 代 17 个王，延续近 500 年。

商汤灭夏，是历史的进步。新建立的商王朝，虽然在社会形态上与夏王朝并无区别，但是它的诞生，毕竟给古代社会内部注入了新的活力，健全了古代阶级社会的机制。所以古书对商汤伐桀灭夏一事给予了充分的肯定，认为"汤武革命，顺乎天而应乎人"。

商朝共历 30 主 17 世。

西周从武王灭商建国，到幽王亡国，一以共历近 300 年，是中华文明的一个重要时期，也是中华古典文明的全盛时期，它的物质、精神文明对后世历史的发展产生了深远的影响。

周朝经历了37代天子，共800多年。

春秋时期，是中国历史上社会经济急剧变化、政治局面错综复杂、军事斗争层出不穷、学术文化异彩纷呈的一个变革时期，是中华古代文明逐渐递嬗为中世纪文明的过渡时期。

据史书记载，春秋242年间，有36名君主被杀、52个诸侯国被灭，有大小战事480多起，诸侯的朝聘和盟会450余次。

战国时期，战争愈来愈多，愈打愈大。据统计，从周元王元年（公元前475年）至秦王政二十六年（公元前221年）的255年中，有大小战争230次。

公元前221年，秦王嬴政灭六国，终于建立了中国历史上第一个统一的多民族的中央集权的国家——秦，历史从此翻开了新的一页。

为了加强对全国的统治，使秦帝国长治久安、万世不移，秦始皇在政治、军事、经济、交通、文化及对外开拓诸方面，采取了一系列新的政策。

西汉是中国的一个黄金时代，在国力上达到空前的强盛，疆域也是扩张到空前的辽阔，势力也伸展至中亚。

东汉皇统屡绝，外蕃入侵，母后与天子多无骨肉之亲，所以多凭外戚专政。及至天子年壮，欲收回大权，必然和外戚发生冲突，于是天子引宦官密谋除掉外戚。此一时期，外戚、宦官明争暗斗，此起彼伏。

公元581年，北周相国杨坚接受北周静帝的"禅让"称帝，国号"隋"，建元"开皇"。

隋继承了北周的强大，等内部安定后，随即在589年灭南方的陈国，结束了 270 余年的大混战，统一了中国。

唐代把中国封建时期的繁荣昌盛推向了顶峰：有发达的农业、手工业和商业，纺织、染色、陶瓷、冶炼、造船等技术也都有了进一步的发展。

宋朝时，中华文化继续发展，是中华文化的鼎盛期，唐代最突出的成就是诗歌，而宋代在教育、经学、史学、科技、词等方面都超越了唐代。

南宋的历史都与抗击北方外族的战争相关，从 1127 年开始，南宋王朝对金王朝进行了 5 次战争，最后被蒙古人所灭。

1271 年，蒙古大汗忽必烈把原来属西夏帝国、金帝国、宋帝国、大理帝国和蒙古本土合并成一个帝国，国号"大元"。不断的征战和元政府的歧视汉人政策，导致汉人不断地反抗，元朝皇帝终被逐出中原，回到蒙古故地，元帝国也随之灭亡。

朱元璋建立的大明王朝，使中华民族从一个厄运又走进另一个黑暗的长夜。

明末，"辽饷""剿饷""练饷"加重了给百姓的负担。政治腐朽，贪污成风，是明末的一大痼疾。明王朝终于在内忧外患之下，走向灭亡。

明王朝的腐败，再加上李自成的暴动，加速了这个汉族建立的封建王朝的灭亡。取而代之的是中国北方的清王朝。清王朝是中国的最后一个王朝。清朝前期它带领中国进入了另一个强盛时代。

19 世纪中期以后，清王朝迅速衰败。鸦片战争之后，英、美、法、俄、日等国家不断强迫清政府签订各种不平等条约。自此，中国逐渐沦为半殖民地半封建社会。

1911 年孙中山领导的辛亥革命，推翻了清王朝 368 年的统治，同时也结束了延续 2000 多年的封建君主制，建立了中华民国，这是中国近代史上最伟大的事件之一。

但随后中国又陷入了新的混乱之中，新旧、大小军阀连年混战，日本侵略者大举入侵。以毛泽东等为代表的中国共产党人，经过 28 年艰苦卓绝的斗争，终于在 1949 年 10 月 1 日建立了崭新的中华人民共和国，中国人民自此走向新生。

《中国通史》是一部全景式再现中国历史的大型图书，它在吸收国内史学研究成果的基础上，将中华文明悠久历史沉淀下来的丰富的图文资料，按历史编年的形式进行编排，直观地介绍中国历史的发展进程，全书共分 6 册，以众多珍贵图片，配以 160 多万字的文字叙述，全方位地介绍中国历史的荣辱兴衰，内容涵盖政治、军事、经济、文化、外交、科技、法律、宗教、艺术、民俗等各个领域。

因编写时间仓促、编者水平所限，书中难免存在疏漏之处，敬请广大读者与专家学者批评指正。

《中国通史》编委会

目　录

东　汉

（公元 25—220 年）

三国两晋南北朝

（220—581 年）

隋 朝

（581—618 年）

唐 朝

（618—907 年）

五代十国

（907—960 年）

西汉阶级矛盾的发展

汉武帝末年的农民暴动

西汉社会经济发展的过程，同时也是愈来愈严重的土地兼并过程，也是农民重新走上流亡道路的过程。还在所谓文景之治的升平时期，就隐伏着深刻的阶级矛盾。贾谊为此曾警告文帝说："饥寒切于民之肌肤，欲其无为奸邪，不可得也。国已屈矣，盗贼直须时耳！"贾谊笔下的"盗贼"，指的就是行将出现的农民暴动。

汉武帝统治时期，一方面社会经济发展到颇高的水平，非遇水旱，则农民大致可以勉强自给；另一方面，豪强之徒兼并土地、武断乡曲的现象，比以前更为严重。官僚地主无不追逐田宅、产业和牛羊、奴婢，交相压榨农民。武帝外事四夷，内兴功利，在完成了辉煌事业的同时，也耗尽了文、景以来府库的积蓄，加重了农民的困苦。贫困破产的农民，多沦为豪强地主的佃客、佣工，受地主的残酷剥削。农民卖妻鬻子，屡见不鲜。针对这种情形，董仲舒曾建议"限民名田""去奴婢，除专杀之威"和"薄赋敛，省徭役"。他认为，如果富者足以表现尊贵而不至于骄奢，贫者足以维持生活而不至于忧苦，那么，财富不匮，上下相安，维持统治就容易了。显然，董仲舒的思想和建议，着眼于地主阶级的长远利益而不符合其眼前利益，所以无法实行。从此以后，农民的困苦更是有加无已。

武帝前期，东郡（治今河南濮阳）一带有农民暴动发生。以后流民愈来愈多。元封四年（公元前107），关东流民达到200万口，无户籍者40万口，天汉二年（公元前99）以后，南阳、楚、齐、燕、赵之间，农民起义不时发生，南阳有梅免、百政，楚有段中、杜少，齐有徐勃，燕赵之间有坚卢、范主之属，大群至数千人。在关中，也有所谓的"暴徒"阻险。起义农民建立名号，攻打城邑，夺取武库兵器，释放死罪囚徒，诛杀郡守、都尉。至于数百为群的农民，在乡里抢夺地主的粮食财物，更是不可胜数。汉武帝派"直指绣衣使者"分区镇压，大肆屠杀，但是农民军散而复聚，据险反抗，不屈不挠。汉武帝又作《沉命法》，并规定太守以下官吏如果不能及时发觉并镇压暴动，处以死罪。

在农民反抗斗争逐渐兴起的时候，汉武帝刘彻认识到要稳定统治，光靠镇压是不行的，还要在施政上有所转变，使农民得以喘息。他寄希望于"仁恕温谨"的"守文之主"卫太子（即以后所称的戾太子）。他曾对卫太子之舅、大将军卫青说："汉家庶事草创，加四夷侵凌中国，朕不变更制度，后世无法，不出师征伐，天下不安。为此者不得不劳民。若后世又如朕所为，是袭亡秦之迹也。太子敦重好静，必能安天下，不使朕忧。"但是此时汉武帝还没有实现这一转变的决心。在他迟疑不决的时候，征和二年（公元前91）直指绣衣使者江充以穷治宫中巫蛊的名义逼迫卫太子，激起卫太子在长安的兵变。结果，江充被杀，卫太子也兵败自缢而死。经过这一段曲折过程以后，武帝追悔往事，决心"与民休息"。他在征和四年断然罢逐为他求仙药而伤民靡费的方士，拒绝在轮台（今新疆轮台）屯田远戍，停止向西修筑亭障，并且下诏自责，申明此后务在禁苛暴，止擅赋，力本农，修马复令（养马者得免徭役）以补缺，只求不乏武备而已。同时，他还命赵过推行代田法，改进农具，以示鼓励农业生产。这样，农民暴动暂时平息了。

昭、宣时期社会经济的恢复和发展

武帝死后，霍光辅佐8岁的昭帝，继续实行武帝晚年的政策，"与民休息"。短短的几年内，流民稍还，田野益辟，政府颇有蓄积，西汉统治相对稳定。

昭帝始元六年（公元前81），御史大夫桑弘羊等与郡国所举贤良、文学60余人辩论施政问题。贤良、文学力主罢盐铁、酒榷、均输官，以示节俭，并进而对内外政策提出许多主张。这就是有名的盐铁之议，桓宽的《盐铁论》一书，即根据这次辩论写成。贤良、文学之议，对于"休养生息"政策的继续实行，对于安定局面的继续维持，起了促进作用。但是他们关于盐铁等方面的具体要求，多未被西汉政府采纳。始元六年七月，诏罢郡国榷酤和关内铁官，其余盐铁等政策，仍遵武帝之旧。

汉宣帝刘询是戾太子之孙，起自民间。他继位后慎择刺史守相，平理刑狱，并继承昭帝遗法，把都城和各郡国的苑囿、公田假给贫民耕种，减免田赋，降低盐价。这些政治经济措施，使阶级矛盾继续得到缓和，农业生产开始上升。由于连年丰稔，谷价下降到每石5钱，边远的金城、湟中地区，每石也不过8钱，这是西汉以来最低的谷价记录。过去，每年需要从关东漕运粮食600万斛，以供京师所需，宣帝五凤年间（公元前57—前54年）大司农从三辅、弘农、河东、上党、太原各郡籴粟运京，关东漕卒因此罢省半数以上。这是三辅、河东等地农业有了发展的具体说明。沿边许多地方这时都设立了常平仓，谷贱则籴，谷贵则粜，以调剂边地的需要。更值得注意的是，沿边的西河郡（今内蒙古东胜附近）以西共11郡以及二农都尉，都因长期的屯田积蓄，到了元帝初年，有了可供大司农调拨的钱谷。

官府手工业继续得到发展。齐三服官，蜀、广汉以及其他各郡工官，东西织室的生产规模都很庞大。铜器及铁器制造等手工业呈现繁荣景象。所以班固称赞宣帝时技巧工匠器械，元、成间很难赶上。

汉宣帝被封建时期的历史学家称为"中兴之主"，刘向赞扬他政教明，法令行，边境安，四夷清，单于款塞，天下殷富，百姓康乐，其治过于太宗（文帝）之时。但从另一方面看来，当时西汉统治集团积弊已深，豪强的发展和农民的流亡，都已难于遏止，所以阶级斗争的形势外弛内张，实际上比文帝时要严重得多。胶东、渤海等地，农民进行暴动，早已发展到攻打官府、抢夺囚徒、搜索朝市、劫掠列侯的程度，连宣帝自己也承认当时民多贫困，"盗贼"不止。

西汉末年阶级矛盾的尖锐化

元帝时，西汉社会险象丛生。农民由于受乡部胥吏无端勒索，尽管由政府赐给土地，也不得不贱卖从商，实在穷困已极，就只有起为"盗贼"。元帝为了怀柔关东豪强，消除他们对西汉王朝的"动摇之心"，甚至把汉初以来迁徙关东豪强充实关中陵寝地区的制度也放弃了。儒生京房曾问元帝当今是不是治世，元帝无可奈何地回答："亦极乱耳，尚何道！"

成帝时，西汉王朝走上了崩溃的道路。成帝大兴徭役，加重赋敛。假民公田的事不再见于记载。外戚王氏逐步控制了西汉政权，帝舅王凤、王商、王音、王根等兄弟4人和王凤弟王曼之子王莽相继为大司马、大将军，王氏封侯者前后共达9人，朝廷中重要官吏和许多刺史、郡守，都出于王氏门下。外戚贪贿掠夺最为惊人。红阳侯王立在南郡占垦草田至几百顷，连贫民开辟的熟田也在占夺之列。王立把这些土地高价卖给国家，得到的报偿超过时价1万万钱。外戚在元帝时势力还不很大，资产千万者不多，他们后来家财成亿，膏田满野，宅第拟于帝王，都是在成、哀的短期内暴敛的结果。其他的官僚也依恃权势，大占良田，丞相张禹买田至400顷，都有泾渭渠道灌溉，地价极贵。土地以外，他们的其他财物也极多。哀帝庞臣董贤得赐田2000余顷，贤死后家财被斥卖，得钱竟达43万万之巨。

商人的势力，这时又大为抬头。长安、洛阳等地多有资财数千万的大商人。成都大商人罗裒垄断巴蜀盐井之利，还厚赂外戚王根、倖臣淳于长，依仗他们的势力，在各郡国大放高利贷，没有人敢于拖欠。

成帝即位不久，今山东、河南、四川等地相继爆发了农民和铁官徒的暴动。建始四年（公元前29年），有东郡茌平（今山东茌平）侯毋辟领导的暴动。阳朔三年（公元前22年），有颍川（今河南禹县）铁官徒申屠圣等的暴动。鸿嘉三年（公元前18年），有自称"山君"的广汉（今四川金堂）郑躬所领导的暴动。永始三年（公元前14年），有尉氏（今河南尉氏县）儒生樊并等和山阳（今山东金乡）铁官徒苏令等的暴动，苏令暴动经历19郡国，诛杀长吏，夺取库兵，声势最为浩大。

哀帝时，西汉王朝的危机更加严重。师丹建议限田、限奴婢。孔光、何武等人拟定了一个办法，规定诸王、列侯以至吏民占田以 30 顷为限；占奴婢则诸王最多不超过 200 人，列侯、公主 100 人，以下至吏民 30 人；商人不得占田，不得为吏。这个办法受到当权的外戚官僚们的反对，被搁置起来了。

农民处境如当时的鲍宣所说，"有七亡而无一得""有七死而无一生"。哀帝采纳阴阳灾异论者的主张，企图用"再受命"的办法来解脱西汉统治的危机。他自己改称"陈圣刘太平皇帝"，改元"太初元将"。这充分暴露了西汉统治者空虚绝望的心情。

王莽代汉和改制

在农民战争迫在眉睫，西汉王朝摇摇欲坠，"再受命"说风靡一时的时候，王莽继诸叔之后出任大司马、大将军。辅政一年多。哀帝即位后，王莽失势。当丁、傅等外戚和其他达官贵人激烈反对限田之议时，太皇太后王氏（即原来的元帝王皇后）表示，愿意把王氏家族除冢茔以外的田地全部分给贫民。平帝时，王莽复任大司马，屡次损钱献地，收揽民心。在政治上，他一方面排除异己，穷治与平帝外家卫氏有关的吕宽之狱，株连不附王氏的郡国豪杰，死者以百数；另一方面，他又极力树立党羽，笼络儒生，让他们支持自己夺取政权的活动。在这种情况下，各地上书颂扬王莽功德者，以及献祥瑞、呈符命者，络绎于途。这些人都力图证明汉祚已尽，王莽当为天子。

平帝死，孺子婴立，王莽继续辅政，称摄皇帝。汉宗室刘崇和东郡太守翟义相继起兵反对王莽，关中 23 县民 10 余万群起响应，一度震动长安，但都被镇压下去。居摄三年（公元 8 年），王莽自立为帝，改国号曰新。为了解决西汉遗留的社会矛盾，王莽陆续颁布法令，附会《周礼》，托古改制。

始建国元年（公元 9 年），王莽下诏，历数西汉社会兼并之弊，其中最主要的是土地问题和奴婢问题。诏令说到权势之家占田无数，而贫弱之人连立锥之地都没有；又置奴婢市场，把奴婢同牛马关在一起，专断奴婢性命。针对这种情况，诏令宣布：天下的土地，一律改称王田；天下的奴婢，一律改称私属，都不许买卖。男口不足 8 人而土地超过一井（900 亩）的人家，把多出的土地分给九族、邻里、乡党。无田者按一夫百亩的制度受田。有敢表示违抗者将流放四裔。

王莽颁布这个诏令的目的，不是也不可能是真正改变私人的封建土地所有权和奴婢的社会地位，而是冻结土地和奴婢的买卖，以图缓和土地兼并和农民奴隶化的过程。在此以后，地主官僚继续买卖土地和奴婢，以此获罪的不可胜数，因此他们强烈反对这个诏令。始建国四年，王莽不得不改变这个诏令，宣布王田皆得买卖；犯买卖奴婢罪者也不处治。这样，王莽解决当时最主要的社会矛盾的尝试，很快就失败了。不过王莽所定王田、私属之制和山泽六莞之禁，名义上还存在，直到地皇三年（公元22年），即王莽政权彻底崩溃前夕，才正式宣告废止。

始建国二年，王莽下诏实行五均六莞，企图以此节制商人对农民的过度盘剥，制止高利贷者的猖獗活动，并且使封建国家获得经济利益。五均是在长安以及洛阳、邯郸、临淄、宛、成都等大都市设立五均司市师，管理市场。每季的中月，司市师评定本地物价，叫做市平。物价高过市平，司市师照市平出售；低于市平，则听民买卖；五谷布帛丝绵等生活必需品滞销时，由司市师按本价收买。民因祭祀或丧葬需钱，可向钱府借贷，不取利息；欲经营生计而缺乏本钱的，也可低利借贷。

六莞是由国家掌握盐、铁、酒、铸钱、五均赊贷等5项事业，不许私人经营；同时控制名山大泽，向在名山大泽中采取众物的人课税。六莞中除五均赊贷一项是平准法的新发展以外，其余5项都在汉武帝时实行过。王莽用来推行五均六莞的，多是一些大商贾，这也同武帝以贾人为盐铁官一样。但是武帝凭借强大的国家力量，能够基本上控制为国家服务的商人；而王莽则没有这样的力量可以凭借，所以对这些人也无能为力。这些人趁着巡行，与郡县通同作弊，盘剥人民，损公肥私。所以王莽实行五均六莞，同武帝实行同类措施相比，其结果也就各异了。

居摄二年，王莽加铸错刀、契刀、大钱等3种钱币，规定错刀一值5000，契刀一值500，大钱一值50，与原有的五铢钱共为四品，同时流通。始建国元年，王莽废错刀、契刀与五铢钱，另作小钱，与大钱一值50者并行，并且颁令禁挟铜炭，以防盗铸。始建国二年，王莽改作金、银、龟、贝、钱、布，名曰宝货，凡五物（钱、布皆用铜，共为一物）、六名、二十八品。人民对王莽钱币毫无信任，都私用五铢钱，王莽又加严禁，人民反抗不已。王莽迫于民愤，暂废龟、贝等物，只行大、小钱，同时加重盗铸的禁令，一家铸钱，5家连坐，没入为奴婢。地皇元年，王莽又尽废旧币，改行货布、货泉二品。

货币不合理的变革，引起了经济混乱，加速了王莽财政的崩溃和人民的破产。他滥行五家连坐的盗铸法，实际上恢复了残酷的收孥相坐律。犯法的人没为官奴婢，铁索系颈，传诣钟官，以10万数。到达钟官以后，还要易其夫妇，以至愁苦而死者十之六七。这项法令增加了汉末以来奴隶问题的严重性，使人民受苦最深，人民的愤恨最大。

在政治制度方面，王莽也大事更张。他把中央和地方的官名、郡县名和行政区划，都大大加以改变。他还恢复 5 等爵，滥加封赏。官吏俸禄无着，就想方设法扰民。

王莽改制所引起的混乱愈来愈大。他为了挽回威信，拯救危亡，一面继续玩弄符命的把戏，一面发动对匈奴和对东北、西南边境各族的不义战争。沉重的赋役征发、战争的骚扰、残酷的刑法使农民完全丧失了生路。据官吏报告，人民苦于法禁烦苛，手足无措；尽力耕耘，不足以给贡税；闭门自守，又受邻伍铸钱挟铜的株连。奸吏烦扰人民，人民无路可走，不得不起为"盗贼"。严重的天灾也不断袭击农村，米价高达 5000 钱、万钱一石，甚至黄金 1 斤只能易豆 5 升。这种情况更促使农民暴动风起云涌。西汉宗室旧臣反对王莽的斗争也不断发生，而且逐渐与农民的斗争发生联系。在西汉统治的穷途末路中登上历史舞台的王莽，不能解脱社会危机。更始元年（公元 23 年），王莽政权终于在起义农民的打击下彻底崩溃。

昆阳之战

汉更始元年（公元 23 年）春，刘縯等所率起义军败严尤、陈茂等部之后，兵力增至 10 多万人，遂进围宛城（今河南南阳）。当时据守宛城的是王莽枣阳守长岑彭及前队副将严说二人。正当围攻宛城之际，绿林军内部突然分成两派。以李通兄弟及新市、下江、平林诸军的多数派，想拥立刘玄为帝，以号召天下；以刘縯为首的所谓南阳豪杰是少数派，则想先联合赤眉军攻王莽，然后再称尊号。实际上这一派想拥立刘縯。但少数派终究势弱，争之不得，刘玄遂于是年二月初一日被拥为更始皇帝，即位于淯水岸边的沙坝。随后，刘玄封其族父刘良为国三老，新市兵帅王匡为定国上公，王凤为成国上公，朱鲔为大司马，平林兵帅陈牧为大司空，刘縯为大司徒，其余诸将皆封为九卿、将军。从此，两派开始暗中争斗。

刘玄被立为更始皇帝之后，遂以灭新复汉为号召，一面以主力约 10 万人围攻宛城，另派平林兵之一部攻新野；一面于是年遣约 2 万人，由王凤率领，以及廷尉大将军王常、五威将军李轶、太常偏将军刘秀等人，向颍川（今河南禹县）、洛阳等地进击。是月，王凤等人即连克昆阳（今河南叶县）、定陵（今河南郾城西北）、偃（今河南郾城）等地。此时，青州、徐州方面的赤眉军，听说刘玄称皇帝号，也纷纷自称将军，声势益壮。王莽听说后，大为恐惧，一面遣其太师王匡、国将哀章等率军进讨青、徐；一面派司空邑、司徒王寻等人赶赴洛阳，征发各州郡精兵，成立讨伐军，进讨绿林军。除了由各州郡牧守自己率军之外，还征用了自称懂得兵法之人 36 家，以备军吏。

又以长人（巨人）巨无霸为垒尉，并带了许多猛兽，像猛虎、豹、犀牛和大象之类，以助军威，企图一举消灭绿林军。到夏初，各州郡到达洛阳集中的精兵已达43万人，号称百万，并立即开始南进。其余在道者，旌旗、辎重千里不绝，声势浩大，自古出兵之所未有。五月，王邑、王寻军进抵颍川，与严尤、陈茂军会合。此时，汉军王凤所部刘秀所率数千人也已进抵阳关（今河南禹县西北），欲进窥洛阳。及闻王邑大军南下，便闻风而退。两天后，王莽军先头部队已进抵昆阳城郊。王凤等诸将见王莽军声势浩大，都向后撤退，急忙入据昆阳城，惶怖不安，怀念妻子，并想散归诸城。刘秀说："如今兵谷既少，而外寇强大，只有并力作战，方可希望成功。如果分散据守，势无俱全。而且宛城还未攻破，其势不能相救。昆阳若被攻破，一日之间，我军各部便会被消灭。如今不同心共胆，共举功名，反而想守保妻子财物吗？"诸将大怒，说："刘将军何敢如是？"刘秀笑着站到了一边去。这时，探马来报："王莽大军快要到达城北，军阵数百里，不见其尾。"诸将平时很轻视刘秀，此时形势危急，手足无措，只好说："再请刘将军谈谈怎么办？"刘秀便又为他们图画成败，诸将听后，皆许诺听从。当时，城中汉军只有八九千人，刘秀让王凤和廷尉大将军王常坚守昆阳，自己乘夜和五威将军李轶等13骑从南门冲出，到外面去调集援兵。当时已有一部分王莽军进至城下，刘秀他们几乎出不去。

王寻和王邑率军进至昆阳城下，立即挥兵将昆阳城包围起来。严尤劝王邑说："昆阳城小而坚，如今假号称帝者在宛。若我军大军急进，他们抵敌不住，必然败走。宛败，昆阳城可不战自下。"王邑说："我过去围困翟义，因未能活捉他，让皇上责备我。如今率百万之众，遇城而不能下，非所以示威也。当先屠此城，喋血而进，前歌后舞，这样难道不快活吗？"便未听严尤的建议，挥兵将昆阳城包围了数十层，列营以百数，钲鼓之声闻数十里。挖地道，或用冲车撞城；积弩乱发，矢下如雨，城中人皆负门板而行走。王凤等人恐惧，请求投降，王寻和王邑则不允许，自以为功在漏刻之间，不并以军事为忧。严尤又建议说："兵法云：'围城要留一个缺口'。应让他们逃出一部分，以恐惧宛下之军。"王邑又不听。

这时，王莽棘阳守长岑彭和前队将军严说共守宛城数月，内无粮草，外无救兵，不得已向汉军投降。但这个消息尚未传到昆阳前线。刘秀等人到偃、定陵等县将在那里的绿林军全部调出，得到1万余人。六月，刘秀与诸将连营而进，刘秀自率步骑千余为前锋，进至距王莽大军四五里的地方摆开阵势。王寻、王邑见状，也派出数千人迎战。刘秀单骑率先突入敌阵，斩杀数十人。诸将高兴地说："刘将军平时见到小股敌人十分胆怯，如今遇到大敌，反而勇敢起来，真是奇怪！"刘秀继续向前突进，诸将率军紧随其后，大败王莽军，杀敌1000余人。初战小胜，绿林军士气大振，无不以一当百。刘秀便率敢死士3000人从城西水上高处居高临下，冲击王莽军的中坚。这时，王寻和王邑仍然十分轻敌，自率万余人出营列阵，而下令军中各部没有命令不得妄动。及两军交战，绿林军奋勇向前，王邑所率莽军被打得大败，而莽军其他各营眼见王邑军败，却不敢擅自发兵相救。汉军乘锐冲击，遂将王寻杀死。城中王凤、王常等将领见状，也率军打开城门，鼓噪而出，内外夹击，喊杀声震天动地。拥挤在昆阳城外狭小地区的王莽数十万大军因而陷于大乱，自相惊扰践踏，伏尸百余里，死伤不计其数。恰在此时，天色大变，狂风骤起，雷声震天，屋瓦皆飞，雨下如注。昆阳城外的滍川水（今沙河）暴涨，虎豹皆股战不已。王莽军入溃水中被淹死者以万计。王邑、陈茂、严尤等见大势已去，率一部分骑兵踏着遍地的死尸渡河逃跑。余下的王莽军士卒各自奔还本郡。王邑只率数千人退还洛阳。绿林军将王莽军的辎重全部缴获，运了几个月才运完。

昆阳之战，使王莽军的主力被彻底击溃，关中震恐。于是，海内豪杰翕然响应，皆杀其牧守，自称将军，用汉之年号以待命诏命，旬月之间，遍于天下。

更始政权

当昆阳决战前夕，更始元年五月，刘玄等已攻克南阳并建为都城。刘縯的部将刘稷对刘縯未当上皇帝不满，公开攻击刘玄并拒不服从调动，刘玄等抓住刘稷准备惩办，又遭到刘縯的极力反对，于是刘玄便将刘縯、刘稷一并处死。刘秀听到这一消息，考虑到自己处境危险，立即从前线赶回南阳请罪。他既不同刘縯的部属交往，也不谈昆阳的战功，对刘縯的被杀也毫无悼念表示，饮食言笑一如平常。刘玄觉得不便再加株连，便给他一个破房大将军武信侯的官职，实际上被剥夺了军权。

昆阳大捷的消息一传开，全国闻风振奋。各地豪杰纷纷起来响应更始政权，杀掉王莽的地方官吏，自称"将军"，用更始年号，等待着刘玄的诏命。不过十天半月之间，王莽政权便号令不出都门了。更始元年八月，刘玄命王匡领兵北攻洛阳，命申屠建、李松领兵西取武关（今河南西峡西）进攻长安。这时，析县（今河南西峡）人邓晔、于匡领导百多人在南乡起兵，而王莽政权的县宰正带兵数千在守备武关。邓晔派人去招降说：刘家的皇帝已经登基，你还看不清形势吗？县宰请降，邓晔便接管了这支军队，自称辅汉左将军，向武关进攻，王莽政权的都尉也投降了。邓晔挥军北上，攻杀王莽的右队大夫（即弘农太守），占领湖县（今河南灵宝西），关中震动。王莽无计可施，大司空崔发建议说：古书上讲国家遇到大灾，就痛哭流涕来加以抵制，现在也应当哭告上天，以求救助。王莽果然率领群臣到南郊祭天的地方，大讲自己历来所得到的祥瑞符命，最后仰天大呼：皇天既然授命于我，就应当显灵消灭众贼；假如是我不对，愿天降雷霆劈死我。于是捶胸顿足大哭，直哭得上气不接下气，又连连叩头。他还把自己的功劳写成告天的文书，让京城的儒生百姓聚会，早晚痛哭祷告，政府准备食品招待。凡是悲痛异常和能背诵告天文书的，都给官当，竟然有 5000 多人入选。

另一方面，王莽当然也还要组织武力进行顽抗。他任命了 9 名将军，率领近卫军精兵数万人往东迎敌，却先把他们的家属集中到宫内作为人质，赏赐也很菲薄，军队更无斗志。开到华阴（今属陕西），便被邓晔击败，六军溃散，剩下三军退保京师仓。邓晔迎入刘玄派来的李松，联合进攻京师仓未得手，便在华阴休整。弘农小吏王宪被邓晔任命为都尉，率领数百人北渡渭河绕向长安进攻。这支小队伍却得到沿途民众的热烈响应，长安周围属县各组织起数千人，自称汉将，包围了长安城。王莽此时已无兵可派，更赦免诸狱囚徒，分给武器，让他们饮猪血立誓效忠，叫史谌带领出城去抵挡。但这支军队刚走过渭桥便一哄而散，史谌只得空手回城。九月初，起义民众入城，王邑等虽然还在顽抗，各官府的人却都跑光了。城中少年朱弟等也起来参战，他们拿起武器冲向宫廷，放火焚烧殿门。王莽在部分侍卫簇拥下逃到渐台，追来的群众把他包围了数百重，最后王莽被商人杜吴杀死。王宪便自称大将军，统管进城的各路义军。3 天之后，李松、邓晔等进入长安，申屠建也赶到了。他们认为王宪得到皇帝玺绶没有及时上交，又掳掠了很多宫廷妇女，使用皇帝仪仗，便把他抓来杀了。申屠建还宣称：长安周围的民众狡猾，共同杀害了自己的君主（指王莽）。这就使得附近属县人心惶惶，纷纷武装割据自保。申屠建等攻不下来，只好向刘玄报告，后来还是刘玄来到长安宣布大赦，才逐渐平定下来。

当王莽的脑袋传送到南阳时，王匡等已攻克了洛阳。更始元年十月，刘玄到洛阳，随即派遣使者到全国各地进行招降安抚。东方农民起义军主力赤眉得到消息，主帅樊崇率将领 20 余人随使者到了洛阳。刘玄虽然封他们为列侯，但没有确定具体封国，特别是不懂得抓兵权的重要，对广大的赤眉军缺乏妥善安置，发生了逃散现象。樊崇等便迅速回到军中掌握住部队，并恢复独立行动，这一失策对更始政权造成了眼前的直接威胁。当时黄河以北有成百万分散活动的农民起义队伍，还有不少地方割据势力，需要慎重对待。经过磋商，刘玄决定派刘秀以代理大司马的名义渡河去镇慰州郡。虽然刘秀是赤手空拳凭一个"钦差大臣"的名义去闯开局面，但在政治上却有了宝贵资本，后来得以发展为取代更始政权的强大力量。不过这两点当时显然并未引起陶醉在胜利中的刘玄及其大臣们的注意，他正忙于派人去长安整修宫殿。更始二年二月，刘玄自洛阳迁都长安，随后大封宗室功臣刘祉、刘赐、刘嘉、王匡、王凤、王常、成丹、陈牧、廖湛、申屠建、李通、李轶等 10 余人为王，以李松为丞相，赵萌为大司马执政。刘玄威信不高，赵萌专权于内，李轶擅命于外，诸王又各自掌管赏罚大权，随意封官赐爵，使得地方上无所适从。这样就不能形成一个集中统一的领导核心以恢复正常的统治秩序，逐渐丧失了政治威望。

东　汉

（公元 25—220 年）

东汉概况

东汉的开国皇帝刘秀，字文叔，南阳蔡阳（今湖北省枣阳市境）人。他起兵反王莽后，立即打出了光复汉业的旗帜，不到3年就当了皇帝，后来被称为汉世祖、光武皇帝。从公元25年他即位以后，到公元36年，先后平定了地方割据势力，完全占有了西汉时期统治的地区。

刘秀建立了一个比西汉还要专制的政权。他给功臣们以爵位和封地，但不给他们政治权力。他把原来在内廷处理文书的机构提高为皇帝直接指挥下的决策和发号施令的机构。他撤销了西汉设立的丞相，而代之以没有多大实权的三公（司徒、司空、太尉）。他又提高了刺史的地位，使刺史对郡国的参劾，可以随时派员入奏，不经由三公的案验而直接由皇帝做出决定。另外，他又利用当时流行的"图谶"，给自己的统治披上一件神秘的外衣。

刘秀在连年战争之后，不得不重视跟国家收入有密切关系的土地占有和劳动力的状况。公元39年，他下诏检核各地垦田和户口的情况。但地方官包庇豪强，侵夺农民，该多报的少报，该少报的多报。刘秀把陈报不实的高级地方官处死了10多个，问题还是不能解决。受侵夺的农民和隐瞒土地的大地主，从不同的立场出发，纷纷进行暴力反抗。刘秀对这个问题，也只好不了了之。刘秀又多次下诏解放部分奴婢和改善奴婢的法律地位，主要也是从增加劳动力的角度着眼的。

公元57年，刘秀死，明帝和章帝相继即位，都还能继承刘秀的帝业，并有所作为。同时，他们也都继续尊奉图谶并大力宣传早经神学化的儒家学说，把自己打扮成教主的形象以欺骗人民群众。公元59年，明帝在太学讲经，使群儒执经问难，据说现场听讲和观看的达10万人。公元79年，章帝诏诸儒大会白虎观，议论五经异同，并亲自做出结论，还命史臣把结论著为《白虎通义》一书，使之成为神化皇权、巩固皇权的思想武器。

在对外关系方面，公元57年，倭国（今日本）派友好使者来，刘秀给了他一颗刻有称号的印。后来，不断有铁器、铜器、丝织品等由汉输入倭国。公元67年，天竺僧人迦叶摩腾和竺法兰应汉使者的邀请，来到洛阳。明帝为他们建筑白马寺，请他们翻译经典，开始了佛教在中国的传播。后来，安息僧人安世高来洛阳，在148年以后的20余年间翻译了佛经95部、115卷，成为著名的翻译家。丝织品向西方的输出，在东汉时期趋于繁盛。安息为了垄断丝织品的贸易，总是设法阻止汉与大秦（罗马帝国东部）的往来。公元97年，甘英出使大秦，到了西亚的不少地方，带回来许多关于这些地方的知识，是张骞以后的第一个大旅行家。当他到达波斯湾的时候，也是被告知渡过海湾有不可克服的困难，所以没有能到大秦去。但中国丝绸一直在罗马社会受到欢迎。2世纪时，甚至远在伦敦，中国丝绸也颇为风行。166年，"大秦王安敦"的使者终于到了中国，把带来的象牙、犀角、玳瑁等作为对汉帝的献礼。"安敦"被认为就是罗马皇帝马可·奥勒留·安敦尼。

刘秀和明帝、章帝在位的60多年（公元25—88年），是东汉建立和相对稳定的时期，是东汉历史的前期。公元88年，和帝即位，东汉历史进入中期。这时，匈奴又一次分裂为南北两部。北匈奴在汉和南匈奴的连续打击下，伤亡很多，于公元91年灭亡，其余部除降汉者外，逐渐向西远徙。对北匈奴的胜利，是和帝初年的大事。但统帅汉军的窦宪，依靠了外戚的身份，又加上了军功，就得到了侵夺朝廷权力的机会。从此，皇权处于长期的动荡之中。

光武中兴

刘秀建立东汉王朝，以"中兴"汉家相标榜。在他即位之初，就废除了王莽制定的一切制度和政策，基本上恢复了西汉时期的制度和政策。

由于战乱，社会经济凋敝，社会动荡不安。在这样的情况之下，刘秀为了较快地稳定社会秩序，以巩固统治，于是和刘邦初建西汉时一样，也以"黄老无为"作为他的政治指导思想。

虽置三公，事归台阁

刘秀削弱三公的权力，加强尚书台的权力。东汉初年，中央最高的官职是三公，就是司徒、司空和太尉。司徒是由丞相改称的，管民政，权力比丞相小得多。司空是由御史大夫改称的，不再管监察，而是改管重大水土工程。太尉管军事。太尉一职应改称司马，因刘秀曾任刘玄的"行大司马事"，为避讳而未改。三公的职位虽高，徒有虚名，并无实权。权力集中于尚书台，尚书台则直接听命于皇帝。尚书台下分六曹，每曹有尚书一人，秩600石。

每曹置侍郎6人，称尚书侍郎或尚书郎，秩400石；置令史3人，称尚书令史，秩200石，各有职掌。这是一个组织完善的、具体而细致的中央政府，尚书令的权力在日益加强。章帝以后，已有"尚书出纳王命，赋政四海，权尊执重，责之所归"之说。至此时，尚书台已是决策和发号施令的中枢机关。三公、九卿只受成事。

退功臣，进文吏

东汉初年，功臣众多，封侯者百余人，其中功绩较大，在明帝时得以图像于云台的共 28 人。列侯封地大者 4 县，超过汉高祖对功臣侯的封赏。但是在政治上，光武帝则一反汉高祖以功臣任丞相执政的办法，不给功臣实权实职，剥夺他们的兵权。功臣除了任边将的以外，多在京城以列侯奉朝请，只有邓禹、李通、贾复等少数人，得与公卿参议大政。鉴于王莽代汉，光武帝不让外戚干预政事，不给他们尊贵地位。马援功勋虽大，但因身为外戚，甚至不得列入云台 28 将之中。

所谓"进文吏"，是指选择任用懂得文法吏事的人为官吏。刘秀很重视隐居山林、不仕王莽的士人。他认为这些人既熟悉封建制度，懂得治国安民之术；又情操高尚，有较好的声誉。刘秀在东汉初年即因采取了这项措施而"总揽权纲"。

加强监察制度

为了强化官僚机构，以适应中央集权的需要，东汉王朝进一步加强了中央和地方的监察制度。中央的主要监察机构是御史台，自从御史大夫转官司空之后，其属官御史中丞便成了御史台的长官。御史台职司察举百官"非法违失之事"，权限极大。司隶校尉也主"察举百官"，并纠察京师附近各郡，权力也很大。在公卿朝见时，尚书令、御史中丞、司隶校尉专席同坐，号称"三独坐"。各州刺史则负责对地方官吏的监察。东汉分全国为 13 州，各州设刺史一人。刺史有固定治所，有庞大的僚属，可以直接向皇帝奏事，其职权比西汉刺史大得多，事实上成了地方上的最高长官。

集军权于中央

为了削弱地方军权，加强中央对军队和地方的直接控制，东汉初裁省了内地各郡管理地方兵的都尉，由太守兼管。后来又废除了地方兵的更戍制度，原来的戍卒改由招募而来的中央职业军担任。中央职业军兼负保卫京师和征伐之责。各主要城市的关隘、河津也由中央派兵驻守。

解放奴婢

奴婢是破产农民转化来的。奴婢的大量存在，标志着大量的劳动人手被迫离开了社会生产，转向于贵族、官僚、地主、商人的家内杂役。这对封建国家来说，是很不利的。奴婢问题是西汉中后期的重要社会问题之一，汉哀帝和王莽时期都没有解决。

刘秀称帝的次年，就下令解放奴婢。从建武二年（公元 26 年）至十四年（公元 38 年），共下令 6 道。解放奴婢的范围，包括了因贫穷而"嫁妻卖子"者，王莽时没入官者，被略者等。有违抗命令而不解放奴婢者，以"略人法从事"。刘秀还在建武十一年的二月、八月、十月中，3 次下令禁止残害奴婢。

如二月的诏令曰："天地之性人为贵，其杀奴婢，不得减罪。"

刘秀前后 6 次发布解放奴婢、3 次发布禁止残害奴婢的诏令，对稳定社会秩序，恢复发展社会经济，都起了巨大作用。

精兵简政

刘秀在进行统一战争时期，国家的财政十分困难，他采取了"开源节流"的政策。开源主要是向人民征收"十一之税"，又组织兵士屯田，以积储军粮。节流主要是精兵简政。他于建武六年六月下令曰："夫张官置吏，所以为人也。今百姓遭难，户口耗少，而县吏职所置尚繁，其令司隶、州牧（刺史）各实所部，省减吏员。县、国不足置长吏可并合者，上大司徒、大司空二府。"就在这年，裁并了 400 多个县，约占刘秀当时实际控制县数的 1/3。又"吏职减损，十置其一"。大约减少了官员数万人。至这年十二月，国家财政好转，又恢复田租三十税一之制。

第二年二月，刘秀又大量地复员军队，大批劳动力回到农业生产上来。还鼓励流民回归故乡，要官府关心他们的生活和生产。又把荒地、公田赐给贫民。这样，社会秩序逐渐恢复。在他统治 10 余年后，全国出现了较为安定的局面。历史上称作"光武中兴"。

度田令

东汉初年，在农民大起义之后，土地问题稍有缓和。当时刘秀亦未想对这一问题做进一步解决。他于建武十五年（公元 39 年）下令各州、郡，清查人们占有田地的数量和户口、年纪。这样做有两个目的：一是限制豪强大家兼并土地和奴役人口的数量；二是便于封建国家征收赋税和征发徭役。当时，许多大地主拥有武装，号称"大姓""兵长"，他们隐瞒的田地和依附于他们人口很多，反对清查。地方官吏惧怕他们，有的贪于贿赂，就互相勾结，任凭地主谎报；而对农民，不仅丈量田地，还把房舍、里落都作为田地进行丈量，以上报充数。一些"郡国大姓"甚至公开反对度田。青、徐、幽、冀为尤甚。光武帝以度田不实的罪名，处死了曾任汝南太守的大司徒欧阳歙、河南尹张伋以及其他郡守 10 余人。接着，"郡国大姓及兵长群盗处处并起，攻劫在所，害杀长吏，郡县追讨，到则解散，去复屯结"。显然，这是大姓、兵长对度田的抗拒。光武帝发兵威胁他们，把捕获的大姓、兵长迁徙到他郡，赋田授廪，割断他们与乡土的联系。经过这次斗争后，豪强武装转为隐蔽状态，割据形势相对缓和了。度田与按比户口的制度，在形式上也成为东汉的定制。

度田虽然取得了一些成就，但是豪强势力并没有被根本削弱，土地兼并仍在继续发展，广大农民生活仍然很痛苦。在这种情形下，光武帝忧心忡忡，甚至不敢贸然举行封禅，他说："即位三十年，百姓怨气满腹，吾谁欺，欺天乎！"

东汉初年社会经济的发展

刘秀统一中国后，在社会经济方面采取的一系列措施，促进了农业和手工业的发展。

东汉时的农业生产比西汉时有了提高。北方出土的东汉铁农具镢镂、锸、锄、镰、铧等，数量之多，大大超过西汉。犁的铁刃加宽，尖部角度缩小，较过去的犁铧坚固耐用，便于深耕。大型铧比较普遍，其他农具，一般也比过去宽大。东汉出土的曲柄锄和大镰，便于中耕、收获。回转不便的耦犁在某些地方已被比较轻便的一牛挽犁所代替。比较落后的淮河流域和边远地区，也在推广牛耕和铁铧犁。南方的一些地方还发展了蚕桑业。

黄河的修治，是促进东汉前期北方农业恢复和发展的一件大事。平帝时黄河决口，河水大量灌入汴渠，泛滥数十县。东汉初年，国家无力修治；河北的官僚地主为了使自己的田园免除河患，乐于以邻为壑，又力阻修治汴渠。因此黄河以南的兖、豫等地人民，受灾达60年之久。明帝时，以治水见长的王景和王吴，用堰流法治河修浚仪渠。永平十二年（公元69年），王景与王吴又率卒几十万修治黄河、汴渠。王景、王吴在从荥阳东到千乘（今山东利津）海口的地段内勘察地势，开凿山阜，直截沟涧，疏决壅积，还在汴河堤上每10里立一水门，控制水流。他们用这个办法终于使河汴分流，消除了水患，使黄泛地区的广大土地重新得到耕种。河工告成后，明帝还把"滨渠下田赋与贫人，无令豪右得固其利"。

关东地区以至于长江以南，陂池灌溉工程也陆续兴建起来。汝南太守邓晨修复了鸿郤陂，以后鲍昱继续修整，用石闸蓄水，使其水量充足。南阳太守杜诗修治陂池，广拓土田。渔阳太守张堪在狐奴（今北京顺义区境）引水溉田，开辟稻田8000多顷。章帝时，王景为庐江太守，修复芍陂（在今安徽寿县），境内得以丰稔。近年来，在芍陂旧址发现了一处东汉水利工程，可能就是王景修筑芍陂闸坝的遗存。这项工程采用夹草的泥土修筑闸坝，是我国水利技术史上的一项重要成就。江南的会稽郡在稍晚的时候修起了镜湖，周围筑塘300多里，溉田9000多顷。巴蜀地区的东汉墓葬中，有许多池塘、水田的陶制模型出土，池塘和水田之间，连以渠道，这是巴蜀地区水利灌溉发达的实证。此外，各地兴复或修建的陂湖渠道还有不少。

最晚到两汉之际，我国已出现了水碓，它在谷物加工方面的功效，比用足践碓高10倍，比杵臼高百倍。东汉末年，出现了提水工具翻车、渴乌，翻车"设机车以引水"，渴乌"为曲筒以气引水"。

生产工具和生产技术的改进，使农产品的亩产量显著提高。据《东观汉记》

记载，章帝时张禹在徐县开蒲阳旧陂，垦田 4000 余顷，得谷百万余斛，每亩产量在两三斛之间。这比《汉书·食货志》所记西汉的亩产量高出一倍以上。史籍记载东汉户口数和垦田数都比西汉的最高数字略少，这是由于东汉地主隐匿的土地和人口大大超过西汉，不能据此判断东汉的农业水平。

东汉时期，手工业也在发展，冶铁业取得了飞跃性的进步。铁制农具需要量愈来愈大，促进了冶铸技术的改进和提高。光武帝时，南阳太守杜诗在劳动人民实践的基础上创制水排（即水力鼓风炉），能够加大风量，提高风压，增加风力在炉子里的穿透能力。这样不仅增高炉温，提高冶炼效率，而且可以扩大冶炉的有效容积，大大增加了生产，为制造廉价的铁农具创造了条件。这项技术的开始应用，比欧洲早了 1100 年。"百炼钢"是我国一种古老的炼钢工艺，东汉时这项技术又有发展。1974 年山东苍山出土一把 112 年制造的钢刀，上有错金铭文"卅涑大刀"等字。它是用炒钢反复叠折锻打而成的"百炼钢"制成的，跟时间稍早的西汉中期刘胜墓的刀剑相比，钢的质量有了明显提高。

由于冶炼业工艺的提高，在中原地区，剑刀等青铜兵器已为铁制兵器所取代。日用的铁制品，如铁灯、锅、剪、钉、顶针、家用刀等已广泛使用。

东汉时期的著名纺织品，据记载有蜀锦、越布以及齐的冰纨和方格縠等。从发掘的材料中也可以看到纺织业的进步。1969 年在新疆民丰县东汉墓中出土的红色杯罗纹，织造匀细，花纹规整，表明了纺绸、结花术和机织术的熟练程度。1974 年，在江苏泗洪县曹庄发现的一块东汉画像石，画面是纺织图，图上织机上挂有经线，踏木横置，前面有幅掌装置。从上述二例可看出，当时的纺织技术已达到了相当高的水平。

东汉时不仅使用煤，而且已经使用石油作燃料。巴蜀地区更利用天然气"火井"煮盐，一斛水可得盐四五斗，比用木炭煮盐要增产一倍。四川成都羊子山东汉墓出土的盐井图画像砖，画面反映了制盐作坊的整个生产过程。

东汉时期，北方的通都大邑，商业仍然发达。豪强富室操纵了大商业，他们"船车贾贩，周于四方，废居积贮，满于都城"。他们还大放高利贷，"收税（利息）与封君比入"。这个时期，"天下百郡千县，市邑万数"，都卷入了商品流通的范围。官僚贵戚凭借权势，从事西域贸易和国外贸易。窦宪曾寄人钱 80 万，从西域市得杂罽 10 余张，又令人载杂缯 700 匹，以市月氏马、苏合香和毾㲪。

上述东汉经济情况中，值得注意的是南方经济水平的显著提高，这在农耕、蚕桑、水利、铜铁冶炼、铜器制造等方面都有表现。与此同时，南方人口也大量增加，扬州人口从西汉时的 321 万增加到东汉时的 434 万，荆州从374 万增加到 627 万，益州从 455 万增加到 724 万。南方人口增加，除了生产水平提高和北人南移的原因以外，还由于南方各族人民大量成为东汉的编户。史籍表明今云南地区人口增加 5 倍多，主要是东汉时"徼外蛮夷内附"

的直接结果。丹阳、豫章、长沙、零陵等郡人口增长率也非常大，这自然与越人、蛮人成为东汉编户有关。桓帝时抗徐"试守宣城长，悉移深林远薮椎髻鸟语之人置于县下"，就是一例。南方社会生产力的提高，人口的增长，也是南方各民族社会进步和封建经济领域在南方逐渐扩大的表现。

佛教东传

概况

佛教发源于古印度，由迦毗罗卫国的王子乔达摩·悉达多（释迦牟尼）创立后，开始向印度各地和一些亚洲地区传播。汉武帝时，西域的交通得以开辟，西域诸国与汉内地的政治、经济、文化往来日渐频繁，这为佛教的传入提供了条件。

西汉元寿元年（公元前 2 年），博士弟子景庐接受大月氏国使者伊存口授《浮屠经》，这是佛教传入的最早记载。东汉初年，在统治者上层人士中已出现佛教信奉者。楚王刘英年轻时好游侠，结交宾客，晚年则倾心于黄老与佛教，为王斋戒祭祀。东汉永平八年（公元 65 年），刘英派郎中令奉黄缣白纨 30 匹送到国相处，说："我托在蕃辅，过错与罪恶积得很多，感激皇上的大恩，奉送这些缣帛，以便可赎曾有之罪。"明帝知后，下诏令说："楚王诵黄老之微言，尚浮屠之仁词，洁身斋戒三月，与神为誓。有什么可以嫌疑，而有悔过的？还予赎罪之物，以助那些伊蒲塞（居士）、桑门（沙门）吧！"当时人们将佛教看作是各种神仙方术的一种，是将佛陀依附于黄老进行祭祠的，以求福祥，楚王所聚集的大批方士中，有的便是信奉佛教的沙门和居士。与此同时，汉明帝也派使者去过西域寻求佛经，并抄回了佛经《四十二章经》，存放在皇室图书档案馆兰台石屋中。此后，外来的僧者也日益增多，佛教流播更广，并在洛阳城西雍门外建起了佛寺，绘千乘万骑壁画绕塔三匝，并于南宫清凉台及开阳城门上绘制佛像。

建和元年（147 年），大月氏僧支谶来到洛阳，建和二年（148 年），原安息国太子安世高，游历传教也至洛阳，两人在那里开始了大规模的译经生涯。先是由安世高译出《安般守意经》《阴持入经》《阿毗昙五法经》等佛经 34 部 40 卷，接着由支谶译出《道行品经》《首楞严经》《般舟三昧经》等佛经 15 部 30 卷。安息居士安玄也差不多同时在洛阳经商，他通汉语，常给沙门讲论佛法，并与汉族沙门严佛调一起翻译了《法镜经》。严佛调是汉地第一个出家者，他除与安玄合译佛经外，还著《沙弥十慧章句》，是第一部汉僧佛教著作。这些活动，大大推动了佛教在内地的深入。受此影响，桓帝本人也崇尚佛教，延熹九年（166年），桓帝在洛阳濯龙宫"设华盖以浮图（浮屠）老子"，将佛老置于一块加以祭祠，以求得延年益寿与长治久安。

中平五年（188年），青、徐二州爆发黄巾起义，被镇压下去后，朝廷任命陶谦为徐州刺史。此后一短时期内，境内较为安定，北方洛阳、关中一带的流民纷纷逃到此地。丹阳人笮融与陶谦是同乡，也聚众百人投奔陶谦。陶谦任命他督管广陵（今扬州）、下邳（今江苏宿迁西北）、彭城（今徐州）3郡的粮运。笮融信佛，于是利用职权把3郡的钱粮用来大建佛寺。佛寺十分宏伟豪华，以铜为像，黄金涂身，披上锦采裳，垂铜盘九重，下为重楼阁道，可容纳3000多人，让人在此课读佛经。这是中国正史上首次明确记载兴建佛寺佛像的事。而且笮融下令凡愿信奉佛教的人，都可以免除徭役，以此来吸收百姓。这样招致的民户达到5000多。他还举行盛大的浴佛法会，在80里的范围内铺席设酒饭招待前来参加法会的人，据说："民人来观及就食者万人，费以巨亿计。"

东汉末年，译经活动也很盛行，佛经中的一些内容开始成为人们著述、说理、言谈中的材料。另外，在桓帝、灵帝时来汉地的译经僧，也在译经的同时配合讲解。如安世高在洛阳"宣敷三宝，光于京师""于是俊岨归宗，释华崇实者，若禽兽之从麟凤，麟介之赴蔡矣。"为了传教方便，还从大量佛经中摘出要点，做成"经抄"本。还有的外国沙门按佛经大意撰成"义指"，以此而广视听。这种不同形式的传教方法，最终则使西来的佛教在中国扎下了根，并经由魏晋时期的进一步推波助澜，遂成为影响中国文化的三教之一。

东传历程

佛教是世界三大宗教之一。它是公元前6—公元前5世纪时由古印度迦毗罗卫国（今尼泊尔境内）的王子乔答摩·悉达多所创立的。佛教徒后来尊称其为释迦牟尼，意为释迦族的圣人。到公元前3世纪，在阿育王的扶植下，佛教开始广为传播。其后不久，西域诸国就有不少皈依佛教的。佛教正式传入我国，正是经过西域这条路线，而时间则要晚一些。

汉武帝派张骞通使西域，应能听到或见到过关于佛教的活动。西汉末年哀帝时，西域佛教国大月氏派使臣伊存到汉朝来通音问，他曾向博士弟子景卢"口授浮屠经"（浮屠，或译浮图、佛陀，都是"佛"的音译）。这是佛教思想开始传入我国的正式记录。但当时还没有宗教性活动。到东汉明帝永平八年（公元65年），楚王刘英（刘秀的儿子）曾为"浮屠"斋戒祭祀，供养"伊蒲塞"（佛教信徒）和"桑门"（一译"沙门"，即和尚），受到汉明帝的褒奖。这是封建政权和统治集团正式承认佛教地位的明确记载。永平十年，汉朝派使臣蔡愔到大月氏，邀请天竺"沙门"摄摩腾和竺法兰二人，以白马驮载佛经及释迦像，到达东汉都城洛阳。东汉政府为此专门修建了一座白马寺。现在洛阳东郊的白马寺，已经被列为国务院重点文物保护单位之一，这些都说明东汉初年佛教已正式传入中国。

东汉时期，人们对佛教还没有多少认识，当时只是当做神仙方术家宣传的一种道术来信奉，而且信奉的人不多，影响甚少。到了魏晋，尤其是南北朝时期，佛教得到很大发展。天竺的各种佛教流派，大都已传入中土。佛教典籍，也被大量翻译过来。仅魏晋时期即先后译经 702 部 1493 卷。南北各地，广修佛寺，佛教信徒人数大增。南朝梁武帝时，仅建康一地就有寺院 500 多所，僧尼 10 多万人。北朝的北魏末年，全境所建寺庙，竟达 3 万多所；从人数来看，"略而计之，僧尼大众，200 万矣"。南北朝佛教的空前兴旺景象，于此可见一斑。那么，为什么南北朝时期，佛教会得到这么大的发展呢？这是有着深刻的社会原因的。

整个魏晋南北朝时期，民族关系十分尖锐，封建割据战争连绵不断，形成长期的混乱局面。同时，南北的豪族地主势力不断膨胀，他们封山占泽，兼并土地，尽力地扩大占有和加重奴役佃客和奴婢。因此当时的社会矛盾非常尖锐，以致"人人厌苦，家家思乱"，不时地爆发农民起义。东晋末年的孙恩、卢循起义，更是声势浩大，沉重打击了封建统治，留下了深刻影响。在这种形势下，封建统治阶级除了加紧血腥镇压之外，也迫切需要利用精神武器来瓦解和涣散人民的反抗意志。佛教正是适应这一要求应运而盛的。

佛教有很大的欺骗性。这是佛教在魏晋南北朝得以迅速发展的重要原因。儒家"生死有命，富贵在天"那一套陈腐的说教，已经受到普遍的怀疑。道教宣传"羽化成仙"，谁也没有亲眼见过；又求取"长生不老"，也根本做不到，骗术不太灵了。佛教则从"神不灭论"出发，宣扬"生死轮回""因果报应"的思想，把人们的眼光从痛苦的现实，转移到无法验证的来生的幸福。列宁说过："被剥削阶级由于没有力量同剥削者进行斗争，必然会产生对死后的幸福生活的'憧憬'。"有的佛教流派，还虚伪地提出"人皆可成佛""顿悟成佛"的说法，对隔世的幸福做出廉价的许诺，似乎人人都能如愿。这就更容易欺骗和麻痹广大劳动人民。封建统治者正需要这样的宗教来帮忙。南朝宋文帝曾经说：佛教广大无边，是最高的真理，可以开通人们的心灵，如果普天下百姓都皈依佛法，"则吾坐致太平，夫复何事"！一语道破了封建统治者所以看中佛教，以致佛教急剧发展的原因。

魏晋南北朝佛教的兴盛，确实与封建统治者的大力提倡分不开。如北朝前秦的苻坚，后秦的姚兴，北魏的文成帝，南朝的宋明帝、梁武帝、陈后主等，莫不崇敬佛法，尊礼高僧，对于佛教，从政治上保护，从经济上支持。南齐宰相竟陵王萧子良，为僧众设斋，亲自给他们端水送饭。梁武帝时定佛教为国教。他本人几次到同泰寺舍身去做"寺奴"。然后每次又由群臣筹集 1万万钱或2万万钱的巨款把他赎回来。他们这些虚假丑恶的表演，无非是要扩大佛教的影响，抬高佛教的地位。

在封建统治者的扶植下，佛教的影响空前扩大，其政治势力和经济力量也就随着恶性膨胀起来。较大的寺庙，往往"侵夺佃民，广占田宅"，北齐统治的地区，甚至达到凡是良田沃土，都为寺院所有的地步。寺院有享受免役、免税的特权。于是很多农民被诱骗投靠佛寺充当佃户。有人说萧梁时期的寺院，使"天下户口，几去其半"，可见寺院占夺劳动人口的严重程度。这就构成了独立的寺院经济，出现了实力强大的寺院地主阶层。这种现象，还是历史上前所未见的。寺院地主力量的壮大，既是佛教空前发展的产物，也反过来为佛教的进一步的发展，提供了雄厚的物质基础。

佛教寺院，占田夺人，经济力量越来越大，会与封建国家以及世俗地主发生一定的矛盾，有时激化起来还会引起激烈的斗争。南朝、北朝都曾有过大举"灭佛"行动，如北魏太武帝、北周武帝，就曾亲自出马，下令拆庙毁像，田产没官，勒令僧尼还俗。但是不久以后，也都会有另外的统治者出面"兴佛"、恢复佛教的声势。"灭佛"而后又"兴佛"，反映了封建统治者与佛教之间，既有矛盾，也有勾结，而互相利用则是其基本的方面。这就决定了，佛教在魏晋南北朝时期，尽管遭到过一些冷遇，它的迅速扩张是无可避免的了。

"南朝四百八十寺，多少楼台烟雨中"。唐人杜牧的名句，勾画出佛寺兴旺。不少封建统治者以大量的人力物力建筑佛寺。北魏在天宫寺铸造佛像，耗铜10万斤，黄金用去600斤。又开凿洛阳龙门石窟，历时23年，费工80多万。南方的寺院建筑，往往"费竭财产，务存高广"，有的还是"层宇奢侈，博敞宏丽"，连诸王的宫殿比起来都相形逊色。这些宏大建筑，归根到底，"皆是卖儿贴妇钱"，无一不是吮吸劳动人民血汗而来。

封建统治者"兴佛"，原要借助于劝善说教，遮掩日益尖锐的阶级矛盾。不料佛教的发展，却刺激了社会矛盾更加紧张。既有压迫，必有反抗。在新的形势下，受寺院地主和世俗地主压榨的人民，处在底层受压的低级僧侣，干脆直接利用佛教的形式，组织起来，进行反抗斗争。北魏末年，和尚法庆领导大乘起义军揭竿而起，得到农民的广泛支持。他们宣传"新佛出世，除去旧魔"，不但攻占官府，惩杀贪官污吏，而且把斗争矛头指向罪恶累累的寺院地主。大乘起义军所到之处，"屠灭寺舍，斩戮僧尼，焚烧经像"，沉重打击了寺院地主和封建统治。人民群众起来"以佛攻佛"，历史辩证法的这一精彩演出，恐怕是当时封建统治者始料难及的吧。

党锢之祸

外戚、宦官干政

东汉时期，外戚、宦官专权成为汉王朝政治的一大恶毒。外戚、宦官交替乱政始于章帝。

光武帝刘秀统治时，鉴于王莽代汉的教训，不让外戚干预政事，明帝令外戚阴、邓等家互相纠察；梁松、窦穆虽尚公主，但是都由于请托郡县、干乱政事而受到屠戮。章帝后兄窦宪以贱价强买明帝女沁水公主园田，章帝甚至切责窦宪，还说："国家弃宪如孤雏腐鼠耳！"对于宗室诸王，光武帝申明旧制"阿附藩王之法"，不让他们蓄养羽翼。建武二十八年（公元 52 年），光武帝命郡县收捕诸王宾客，牵连而死的以千计。明帝兄弟楚王英被告结交方士，作符瑞图书，楚王被迫自杀。永平十四年（公元 71 年），明帝又穷治楚王之狱，被株连而致死徙的外戚、诸侯、豪强、官吏又以千计，系狱的还有数千人。

汉章帝以前，皇帝还能掌握自己的权力，外戚、宦官不能干预政治。章帝以后，皇帝多幼年继位，"主少国疑"，而由皇太后临朝称制。太后执政，往往依靠娘家人，于是外戚便粉墨登场，挟持幼帝，执掌朝政，形成外戚专权的局面。皇帝长大后，不甘心当傀儡，于是就与外戚发生种种矛盾。皇帝要夺回皇权，往往依靠自己身边的宦官。有的宦官帮助皇帝夺取权力后，又把权力掌握在手中不肯放，从而又形成宦官擅权的局面。皇帝死后，另一外戚集团又拥立幼帝，皇帝长大时又依靠宦官夺权。如此往复循环，导致了东汉外戚宦官交替专政的混乱局面。由此，当时的社会危机遂日渐加深。

公元 88 年，汉章帝死，年仅 10 岁的和帝继位。养母窦太后临朝称制，母舅窦宪总揽朝政。"一人得道，鸡犬升天"，窦氏外戚集团得势，其子弟亲戚骄纵不法，胡作非为。特别是在窦宪击破北匈奴后，窦氏更是势焰熏天，刘家朝廷实际成了窦氏天下。公元 92 年，汉和帝在宦官郑众等的帮助下，消灭了窦氏势力。郑众因功封侯，参与政事，从此宦官势力开始增长起来。

105 年，和帝死，邓皇后废和帝长子，立出生仅百日的婴儿为帝，即殇帝，临朝称制，把持政权。不久殇帝死，邓太后又立 13 岁的安帝，由其兄邓骘辅政。邓太后吸取窦氏失败的教训，抑制其子弟的权力，更多地依靠宦官控制政权。安帝亲政后与宦官李闰、江京等合谋，消灭了邓氏势力。由国舅阎显和帝舅耿宝并为校卿，典掌禁兵，宦官李闰等掌机要，形成外戚、宦官共同把持朝政的局面。外戚、宦官狼狈为奸，政治败坏，百姓深受其害。125年，安帝死后，阎显恃其妹为皇太后，独揽朝政，排斥宦官。不久，宦官孙程等得势，设法消灭了阎氏势力，迎立被废的皇太子刘保为顺帝。顺帝即位时年仅11岁，其生母李氏，前已被阎氏所害。所以顺帝即位之初，没有外戚控制朝权，而宦官因拥立有功而被封侯，势力大长。顺帝长大后对居功自傲的宦官给予严厉打击，故宦官在顺帝朝未酿成大害。

135年，梁商为大将军，朝政逐渐为梁氏外戚集团所把持。梁商死后，其子梁冀继任大将军，外戚专权达到登峰造极的地步。144年，顺帝死，梁太后抱着他两岁的儿子，将他置之宝座之上，是为冲帝。冲帝在位一年，夭死。为了利用幼弱，梁太后与梁冀商议，又从皇族中选定一个8岁的孩子，作为政权的象征，是为质帝。但是质帝幼而聪明，他在8岁的时候，便认识到梁冀是一个"跋扈将军"，因而不合傀儡的条件，所以不到一年，遂被"跋扈将军"毒死。接着而来的就是15岁的桓帝。

桓帝即位以后第一道诏令，便是大封外戚。他增加梁冀的封邑13000户；又增加梁冀所领大将军府的官属，倍于三公；又封梁冀的兄弟和儿子皆为万户侯。隔了3年，再增封梁冀1万户，合以前所封，共为3万户。并封梁冀妻孙寿为襄城君，兼食阳翟租，岁入5000万。加赐赤绂，和长公主同等待遇。第二年，又增梁冀之封为4县，赏赐梁冀金钱、奴婢、彩帛、车马、衣服和甲第，并且特许梁冀"入朝不趋，剑履上殿，谒赞不名"。朝会时，不与三公站在同一席子上，10天到尚书台办公一次。从此以后，事无大小，都要经过梁冀决定，才能执行。不但文武百官的升迁要先到梁府去谢恩，就是皇帝的近侍，也都由梁冀派遣，皇帝的一举一动，都要报告梁冀。又隔了两年，梁冀的孙子和侄孙也封了侯。总计"冀一门，前后七封侯，三皇后，六贵人，二大将军，夫人、女食邑称君者七人，尚公主三人，其余卿、将、尹、校五十七人。在位二十余年，穷极满盛，威行内外，百僚侧目，莫敢违命，天子恭己而不得有所亲豫"。

外戚的权势日高，宦官的威风就相形见绌。因而形成了外戚与宦官之间的矛盾。这种矛盾到延熹二年，随着梁后死、裙带断，便决裂了。当时皇帝与宦官同盟，发动了政变，把梁氏一门无分长少，都斩尽杀绝了。但是从外戚手中接受政权的，不是皇帝，而是宦官。

当时主谋诛梁冀的宦官，为中常侍单超、徐璜、具瑗、左悺、唐衡5人，他们同日封侯，世称之曰五侯。又小黄门刘普、赵忠等8人亦封为乡侯。此外，以冒诛梁冀之功而封侯者，尚有侯览。宦官登台以后，其威风亦不减于外戚。单超之丧，皇帝除追封为车骑将军，又赐东园秘器，棺中玉具，赠侯将军印绶，赐国葬。葬后，又派王营骑士、将军、侍御史护丧。由其死并可想见其生。从此以后，四侯骄横，天下为之语曰："左回天，具独坐，徐卧虎，唐两堕。"

梁氏被灭后，外戚势力衰落，宦官势力却大大加强，从而进入宦官专权乱政的阶段。

167年，桓帝死，12岁的灵帝即位。窦太后临朝，其父窦武以大将军辅政。窦武欲尽诛宦官，因事不密，结果反遭其害，太后被囚，窦武被杀。宦官从此独霸朝政，成为皇帝的衣食父母，为所欲为，一直到东汉末年为止。

清议和党锢

在宦官、外戚的反复争斗中，另有一种政治力量在崛起。这就是官僚、士大夫结成的政治集团。

东汉时期，士人通过察举、征辟出仕。郡国察举时，"率取年少能报恩者"，这在明帝时已是如此。征辟的情形也是一样。被举、被辟的人，成为举主、府主的门生、故吏。门生、故吏为了利禄，不惜以君臣、父子之礼对待举主、府主，甚至"怀丈夫之容而袭婢妾之态，或奉货而行贿，以自固结"。举主、府主死后，门生、故吏服3年之丧。大官僚与自己的门生、故吏结成集团，因而也增加了自己的政治力量。

东汉后期的士大夫中，出现了一些累世专攻一经的家族，他们的弟子动辄数百人甚至数千人。通过经学入仕，又形成了一些累世公卿的家族，例如世传欧阳《尚书》之学的弘农杨氏，自杨震以后，四世皆为三公；世传孟氏《易》学的汝南袁氏，自袁安以后，四世中居三公之位者多至5人。这些人都是最大的地主，他们由于世居高位，门生、故吏遍于天下，因而又是士大夫的领袖。所谓门阀大族，就是在经济、政治、意识形态上具有这种种特征的家族。东汉时期选士唯"论族姓阀阅"，所以门阀大族的子弟，在察举、征辟中照例得到优先。

门阀大族是大地主中长期发展起来的一个特殊阶层。由于他们在政治、经济以及意识形态方面所具有的特殊地位，所以当政的外戚往往要同他们联结，甚至当政的宦官也不能不同他们周旋。门阀大族在本州、本郡的势力，更具有垄断性质，太守莅郡，往往要辟本地的门阀大族为掾属，委政于他们。宗资（南阳人）为汝南太守，委政于本郡的范滂，成瑨（弘农人）为南阳太守，委政于本郡的岑晊，因而当时出现了这样的歌谣："汝南'太守'范孟博（滂），南阳宗资主画诺；南阳'太守'岑公孝（晊），弘农成瑨但坐啸。"操纵了本州本郡政治的门阀大族，实际上统治了这些州郡。

东汉后期，官僚士大夫中出现了一种品评人物的风气，称为"清议"。善于清议的人，被视为天下名士，他们对人物的褒贬，在很大的程度上左右乡间舆论，因而影响到士大夫的仕途进退。郭泰就是这样一个"清谈闾阎"的名士，据谢承云"泰之所名，人品乃定，先言后验，众皆服之"。汝南名士许劭与从兄许靖，"好共核论乡党人物，每月辄更其品题，故汝南俗有月旦评焉"。大官僚和门阀大族为了操纵选举，进退人物，对于这种清议也大肆提倡。在当时政治极端腐败的情况下，这种清议在士大夫中间，多少起着一些激浊扬清的作用。

士大夫评议汉朝政，往往矛头直指宦官，因此宦官对之恨之入骨。党锢事件可以说是东汉时期反宦官斗争的一个高潮。

安帝、顺帝相继扩充太学，笼络儒生，顺帝时太学生多至3万余人。太学生同官僚士大夫有着密切的联系，太学成为清议的中心。太学生为安帝以来风起云涌的农民起义所震动，深感东汉王朝有崩溃的危险。他们认为宦官外戚的黑暗统治是引起农民起义，导致东汉衰败的主要原因，所以力图通过清议，反对宦官外戚特别是当权的宦官，挽救东汉的统治。

在宦官外戚的统治下，州郡牧守在察举征辟中望风行事，不附权贵的士人受到排斥。顺帝初年，河南尹田歆察举6名孝廉，当权的贵人勋戚交相请托，占据名额，名士入选的只有一人。桓帝以后，察举制度更为腐败，时人语曰："举秀才，不知书。察孝廉，父别居。寒素清白浊如泥，高第良将怯如鸡。"在士大夫中，有一部分人趋炎附势，交游于富贵之门，助长了宦官外戚的声势。这种情形，使太学清议在攻击腐败朝政和罪恶权贵的同时，赞扬敢于干犯权贵的人。桓帝永兴元年（153年），冀州刺史朱穆奏劾贪污的守令，打击横行州郡的宦官党羽，被桓帝罚往左校服劳役。太学生刘陶等数千人诣阙上书，表示愿意代替朱穆服刑劳作，因此桓帝不得不赦免朱穆。延熹五年（162年），皇甫规得罪宦官，论输左校，太学生张凤等300余人，跟大官僚一起诣阙陈诉，使皇甫规获得赦免。官僚、太学生的这些活动，对当政的宦官是一种巨大的压力。郡国学的诸生，也同太学清议呼应。

太学诸生，特别尊崇李膺、陈蕃、王畅等人，太学中流行着对他们的评语："天下模楷李元礼（膺），不畏强御陈仲举（蕃），天下俊秀王叔茂（畅）。"李膺的名望最高，士人与他交游，被誉为"登龙门"，可以身价十倍。李膺为司隶校尉时曾惩办不法宦官，宦官们只好小心谨慎，连休假日也不敢走出宫门。延熹九年，李膺杀术士张成，张成生前与宦官关系密切，所以他的弟子牢修诬告李膺与太学生及诸郡生徒结为朋党，诽讪朝廷，疑乱风俗。在宦官的怂恿下，桓帝收系李膺，并下令郡国大捕"党人"，词语相及，共达200多名。第二年，李膺及其他党人被赦归田里，禁锢终身，这就是有名的"党锢"事件。

党锢事件发生后，士大夫闻风而动。他们把那些不畏宦官势力，被认为正直的士大夫，分别加上三君、八俊、八顾、八及、八厨等美称，清议的浪潮更为高涨。度辽将军皇甫规没有被当做名士列入党锢，甚至自陈与党人关系，请求连坐。

灵帝建宁元年（168年），名士陈蕃为太傅，与大将军窦武（窦太后之父）共同执政。他们起用李膺和被禁锢的其他名士，并密谋诛杀宦官。宦官矫诏捕窦武等人，双方陈兵对阵，结果陈蕃、窦武皆死，他们的宗室宾客姻属都被收杀，门生、故吏免官禁锢。建宁二年，曾经打击过宦官势力的张俭被诬告"共为部党，图危社稷"，受到追捕，党人横死狱中的共百余人，被牵连而死、徙、废、禁的又达六七百人。熹平五年（176年），州郡受命禁锢党人的门生、故吏和父子兄弟。直到黄巾起义发生后，党人才被赦免。

官僚士大夫和太学生的反宦官斗争，在当时具有一定的正义性，博得了社会的同情，因此张俭在被追捕时，许多人破家相容，使他得以逃亡出塞。官僚士大夫和太学生的反宦官斗争，只是为了缓和阶级矛盾，维护东汉王朝的正常统治秩序。但是农民起义不但没有因此偃旗息鼓，而且还发展到从根本上危及东汉统治。这时候，被禁锢的党人获得赦免，他们也就立刻同当权的宦官联合，集中力量来镇压起义农民。官僚士大夫与门阀大族息息相通，根深蒂固，总的说来力量比宦官强大。所以在农民起义被镇压下去后，他们重整旗鼓，发动了对宦官的最后一击，终于彻底消灭了东汉盘根错节的宦官势力。

黄巾起义

东汉后期的阶级斗争

和帝、安帝以后，东汉统治集团腐朽，豪强势力扩张，轮流当政的宦官外戚竞相压榨农民，农民境况日益恶劣。长期战争加重了农民的苦难。水旱虫蝗风雹和疫病连年不断，地震有时成为一种严重灾害。沉重的赋役和疠疫、饥馑严重地破坏了农村经济，逼使农民到处流亡。东汉王朝屡颁诏令，用赐爵的办法鼓励流民向郡县著籍，但这不过是画饼充饥，对流民毫无作用。流民数量越来越多，桓帝永兴元年（153年）竟达数十万户。地方官吏为了考绩的需要，常常隐瞒灾情，虚报户口和垦田数字，这又大大增加了农民的赋税负担，促使更多的农民逃亡异乡。

灵帝时，宦官支配朝政，政治腐败达到极点。光和元年（178年），灵帝开西邸公开卖官，2000石官2000万，400石官400万，县令、县长按县土丰瘠各有定价，富者先入钱，贫者到官后加倍缴纳。灵帝又私卖公卿等官，公千万，卿500万。州郡地方也多是豺狼当道。

流亡的农民到处暴动。早在安帝永初三年（109年），就有张伯路领导流民几千人，活动于沿海九郡。顺帝阳嘉元年（132年），章河领导流民在扬州六郡暴动，纵横49县。汉安元年（142年），广陵人张婴领导流民，在徐、扬一带举行暴动，时起时伏，前后达10余年之久。桓帝、灵帝时，从幽燕到岭南，从凉州到东海，到处都有流民暴动发生，关东和滨海地区最为突出。流民暴动的规模也越来越大，从几百人、几千人扩展到几万人、十几万人。一些流民队伍，还与羌人、蛮人反对东汉王朝的斗争相呼应。从安帝到灵帝的80余年中，见于记载的农民暴动，大小合计将近百次，至于散在各处的所谓"春饥草窃之寇""穷厄寒冻之寇"，活动于大田庄的周围，更是不可胜数。那时，农民中流传着一首豪迈的歌谣："小民发如韭，剪复生；头如鸡，割复鸣。吏不必可畏，民不必可轻！"这首歌谣，生动地表现了农民前赴后继地进行斗争的英雄气概。

东汉时期，起义农民首领或称将军、皇帝，或称"黄帝""黑帝""真人"。前者表示他们无须假托当权集团人物来发号施令；后者表示他们懂得利用宗教组织农民。桓、灵之间流传的"汉行气尽，黄家当头"的谶语，是起义农民政治要求的一种表达形式。

分散的农民暴动，虽然在东汉军队和豪强武装的镇压下一次又一次地失败了，但是继起的暴动规模越来越大，终于形成了全国性的黄巾起义。

起义概况

顺帝以后，以至于桓、灵时期，道教的一支——太平道，在流民中广泛地传播开来。钜鹿人张角是太平道的首领。张角称大贤良师，为徒众画符治病，并派遣弟子分赴四方传道，得到农民的信任，归附的人络绎于途。张角还和洛阳的一部分宦官联系，利用他们作为内应。据说张角自己还曾潜伏京师，观察朝政。

张角的活动，引起了东汉统治集团的注意。东汉王朝企图以赦令瓦解流民群。但是流民群在张角的影响下，仍然日益壮大。东汉王朝又准备用州郡武力大肆"捕讨"。司徒杨赐深恐单纯的镇压会加速农民起义的发动，因此主张责令郡国守相甄别流民，送归本郡，以削弱流民群的力量，然后诛杀流民领袖。稍后，侍御史刘陶等人建言，要求汉朝下诏重募张角等人，赏以国土。然而东汉统治者的这些策划，都没有达到破坏农民起义的目的。

张角的道徒，迅速发展到几十万，遍布在青、徐、幽、冀、荆、扬、兖、豫8州。张角部署道徒为36方，大方万余人，小方六七千，各立首领，由他统一指挥；并传播"苍天已死，黄天当立，岁在甲子，天下大吉"的谶语，向人民宣告东汉崩溃在即，新的朝代将要代起。太平道徒广为散布"黄天太平"的口号，并在各处府署门上用白土涂写"甲子"字样。经过这些酝酿和部署以后，大规模农民起义的形势，在城乡各地完全成熟了。

中平元年（184年）初，大方马元义调发荆、扬等地徒众数万人向邺城集中，又与洛阳的道徒相约在三月初五日同时发动起义。但是，起义计划由于叛徒告密而完全泄露，东汉王朝逮捕马元义，诛杀洛阳信道的宫廷禁卫和百姓千余人，并令冀州逐捕张角。张角得知计划泄露，立即通知36方提前起义。中平元年二月，以黄巾为标志的农民起义军，在7州28郡同时俱起，中国历史上第一次组织、准备比较严密的农民战争就这样爆发了。

势力强大的黄巾军，有如下几个部分：波才领导的颍川黄巾；张曼成、赵弘、韩忠、孙夏等人相继领导的南阳黄巾；彭脱等人领导的汝南、陈国黄巾；卜己领导的东郡黄巾；张角、张宝、张梁兄弟领导的钜鹿黄巾；戴风等人领导的扬州黄巾；今北京地区的广阳黄巾，等等。黄巾军人数极多，声势浩大，东汉统治者诬称为"蚁贼"。南阳黄巾杀太守褚贡，汝南黄巾败太守赵谦，广阳黄巾杀幽州刺史郭勋和太守刘卫。钜鹿附近的农民也俘虏安平王刘续和甘陵王刘忠，响应黄巾。黄巾军攻占城邑，焚烧官府，赶走官吏，震动京师。同年七月，汉中爆发了五斗米道首领巴郡人张修领导的起义，被统治者诬称为"米贼"。此外，湟中义从胡（小月氏）和羌人，也在陇西、金城诸郡起兵，反对东汉统治。

东汉外戚何进受命为大将军，将兵屯驻洛阳都亭，部署守备。洛阳附近增设了八关都尉。为了统一力量，东汉王朝宣布赦免党人，解除禁锢。东汉还诏敕州郡修理守备，简练器械，并调集大军，包括羌胡兵在内，对各部黄巾陆续发动进攻。

皇甫嵩、朱儁率军4万，进攻颍川波才的黄巾。波才打败了朱儁军，并在长社（今河南长葛境）把皇甫嵩军围住。波才缺乏战斗经验，依草结营，在汉军火攻下受挫，又被皇甫嵩、朱儁军与曹操的援军追击，陷于失败。汉军接着向东进攻。击败了汝南、陈国黄巾。皇甫嵩又北上东郡，东郡黄巾领袖卜己不幸被俘。

南阳黄巾领袖张曼成战死后，赵弘率10余万众继起，据守宛城。朱儁军转击南阳，围宛城3个月，战斗非常激烈，赵弘战死。十一月宛城陷落，这支义军也失败了。

钜鹿黄巾领袖张角称天公将军，弟张宝、张梁分别称地公将军、人公将军，号召力很大，是黄巾的主力。东汉先后以涿郡大姓卢植和率领羌胡军队的董卓进击张角。张角坚守广宗（今河北威县）。八月，东汉以皇甫嵩代董卓进攻钜鹿黄巾。那时张角病死，义军由张梁统率应战。十月，汉军偷袭张梁军营，张梁阵亡；又攻张宝于下曲阳（今河北晋州市），张宝败死。东汉统治者对农民进行血腥的报复，对张角剖棺戮尸，又大量屠杀农民，在下曲阳积尸封土，筑为京观。

黄巾起义爆发以后，黄河以北的农民纷纷依据山谷，自立名号，反对东汉统治。他们是博陵张牛角（青牛角）、常山褚飞燕（张燕）以及黄龙、左校、郭大贤、于氐根、张白骑、刘石、左髭、丈八、平汉、大洪、司隶、缘城、罗市、雷公、浮云、白雀、杨凤、于毒、五鹿、李大目、白绕、眭固、苦蝤等部，大者二三万，小者六七千。张燕联络太行山东西各郡农民军，众至百万，号黑山军，势力最为强大。中平五年，各地农民又相继以黄巾为号，起兵于西河、汝南、青州、徐州、益州和江南等地区。

黄巾起义发动的广泛，计划的周密，阶级对立的鲜明，在中国历史上是空前的，但是黄巾起义发生在封建割据倾向迅速发展，豪强地主拥有强大武装的年代，这种地主武装同官军联合，处处阻截和镇压农民军，迫使农民军不能集中力量发动大规模的进攻。起义高潮过去以后，黄巾余部和黑山军各部人数虽然很多，但是缺乏攻击力量，在敌人的四面八方夹攻中相继失败。

黄巾起义取得了瓦解东汉王朝的伟大成果。极端黑暗的宦官、外戚集团失去了东汉王朝的凭借，经过短暂反复以后也就从历史上消失了。

36 方一时俱起

黄巾军的领袖张角是钜鹿人，他和他的弟弟张宝、张梁在群众中宣传黄老道（太平道），医治疾病，招收门徒，四方民众扶老携幼前往投奔，信从的人非常多。张角于是派遣他的 8 名大弟子四出传道，辗转发展信徒，10 多年间，徒众达到数十万，遍布青、徐、幽、冀、荆、扬、兖、豫等 8 州（今长江中下游以北直到黄河中下游广大地区），声势浩大，官府也有所风闻。灵帝光和四年（181 年），司徒杨赐曾经指出：张角等遭逢大赦也不悔改，势力越发发展。现在如果下令州郡逮捕，恐怕增添骚扰，反会加速祸患的爆发。最好是严令地方长官选择区分流民，分别遣送回原籍。这样分散削弱了他们的党羽，然后再捕杀其首领就省力了。这说明太平道的基本群众乃是破产流亡的农民，狡猾的杨赐是打算釜底抽薪。然而造成农民背井离乡流亡四方寻求生路的根源，正是腐朽残暴的东汉王朝那暗无天日的罪恶统治。这个政权只会制造出更多的流民，怎么能指望它来解决安置流民呢？所以杨赐这个主意在当时并没有实现的可能。两年后又有人惊呼：张角的党羽已经不计其数，风闻他们还曾潜入首都察看朝政，图谋不轨。地方官害怕追究责任，都不肯报告实际情况。应当公开下诏，以封侯重赏劝募捉拿张角等首领，地方官员敢于回避则与张角同罪。这就是妄图用重赏与严刑来对付张角等，其实这也不过是统治阶级惯用的两手，未必有什么效用。加之昏庸糊涂的灵帝当时根本没有在意，这一建议也同样搁置起来了。

与此同时，张角却在积极部署准备组织起义。他把数十万信徒编组为 36 方，"方"是一支独立的部队，大方有一万多人，小方六七千人，各有其首领。

他们提出"苍天已死，黄天当立，岁在甲子，天下大吉"的口号，宣传汉王朝天命已终，太平盛世即将建立，甲子年（元184年）天下就太平了。他们计划由大方马元义先调集荆州、扬州的信徒到邺县（今河北磁县南）集中，并联络首都洛阳的信徒，约定中平元年三月五日同时发动起义。正当起义按计划部署进行的过程中，叛徒唐周向汉王朝上书告发，马元义被捕，在洛阳惨遭车裂。官府根据告密清查宫廷警卫以及洛阳民众，屠杀了太平道信徒千余人，并且通令冀州追捕张角等首领。在计划泄漏的紧急关头，张角当机立断，派人日夜兼程通知各方，在中平元年二月，7州28郡36万多人同时提前起义，这是中国农民战争史上空前绝后的壮举，其组织性、纪律性是无与伦比的。起义军以头戴黄巾作为标志，所以被称为"黄巾军"。由于他们人多势众，铺天盖地而来，像蚂蚁一样数不清有多少，所以又被诬蔑为"蚁贼"。他们到处焚烧官府，攻占城邑，吓得地方官纷纷逃跑，十天半月之间全国响应，首都震动。

但是，淳朴的农民军在开始时毕竟缺乏政治军事斗争经验。起义发动之后，张角却未能控制全局，本来很有组织的太平道信徒，反而变成了分散活动的若干支队伍，各自孤军奋战，缺乏联系配合。当时，张角称"天公将军"，张宝称"地公将军"，张梁称"人公将军"，率众兴起于钜鹿。附近的安平国（治信都，今河北冀州市）、甘陵国（治甘陵，今山东临清附近）人民捕捉国王刘续和刘忠响应起义，冀州震动。广阳郡（治蓟县，今北京）黄巾军一举攻杀地方长官幽州刺史郭勋和广阳太守刘卫，雄踞幽州。在南方，波才领导的黄巾军活动在颍川郡（治阳翟，今河南禹县）。彭脱领导的黄巾军活动在陈国（治陈县，今河南淮阳）和汝南郡（治平舆，今河南平舆北）。卜己领导的黄巾军活动于东郡（治濮阳，今河南濮阳南）。张曼成号称"神上使"，与赵弘等率领数万人起义于南阳郡（治宛县，今河南南阳）。扬州的黄巾军曾攻打庐江郡治舒县（今安徽庐江南），与太守羊续激战；戴凤领导的黄巾军也在安风(今安徽霍邱南)活动。在各地黄巾军奋起战斗时，还有"五斗米道"首领张修在巴郡（治江州，今重庆市）发动起义。北宫伯玉等领导羌胡汉各族人民在金城郡（治允吾，今甘肃永靖西北）起义，攻杀护羌校尉和金城太守。郃阳（今陕西合阳东南）人郭家等也在当地发动起义，焚烧官府，威胁附近三郡。这些起义和黄巾军互相呼应，掀起了全国性的武装斗争高潮。

在农民起义威胁到东汉政权的生存时，整个地主阶级暂时统一起来了，宦官、外戚、官僚士大夫立即摒弃前嫌，共同对付革命农民。中平元年三月，何皇后的哥哥何进被任命为大将军，统率近卫军官兵镇守洛阳，在洛阳周围函谷、伊阙等八关设置都尉，加强防卫。灵帝听从宦官吕强的建议，大赦天下党人，解除禁锢。通令全国各地修治城防，选择制造兵器，准备战守。灵帝还拿出宫中的一些私财和马匹分赐给将士，并号召公卿大臣捐献马匹弓弩。同时选派卢植北攻钜鹿张角，皇甫嵩、朱儁南征颍川波才。四月，波才击败朱儁，进围皇甫嵩于长社（今河南长葛东），官军人少，在强大的黄巾军包围下惊恐万分。皇甫嵩看出波才缺乏作战经验，营房扎在草木丛中，于是乘夜晚风大纵火烧营，波才失利。接着，曹操率领官军援兵赶到。五月，皇甫嵩、朱儁、曹操联合进兵，大破波才军，屠杀数万人。六月，官军追击波才于阳翟（今河南禹县），又乘胜攻击汝南彭脱于西华（今河南商水西），都取得了胜利。这就使黄巾军丧失了进捣汉王朝心脏首都洛阳的有利地位。接着皇甫嵩被派去进攻东郡卜己。八月，在仓亭（今山东阳谷北）大战，黄巾军牺牲 7000 多人，卜己被俘。然后皇甫嵩又奉调北上，进攻钜鹿张角亲率的黄巾主力。

原来卢植在三月领兵北进，张角初战失利，于是退保广宗（今河北威县东），卢植围攻数月不克，被撤职查办。灵帝改派董卓率精锐边兵进攻，却又在下曲阳（今河北晋州市西）被张宝打得大败。约在此时，不幸张角病故，张梁领导这一部分黄巾军继续战斗。十月，皇甫嵩同张梁在广宗大战，黄巾军兵精将勇，官军无法取胜，皇甫嵩宣布闭营休战，等待时机。他看出黄巾军有些懈怠，便连夜部署军队，鸡鸣时发动突袭，激战一整天，到黄昏时终于打败黄巾军，张梁牺牲，义军士兵被屠杀 3 万多，投河自杀的也有 5 万多人，焚毁辎重车辆 3 万多辆，妇女儿童全被掳掠，缴获不计其数。皇甫嵩还挖开张角的坟墓，剖棺戮尸，传送其头到洛阳。十一月，官军又在下曲阳围攻张宝，屠杀俘虏黄巾军 10 多万人，张宝也牺牲了。

南阳黄巾军在张曼成的领导下，三月就击杀太守褚贡，围攻郡治宛县百多天。六月，张曼成战死。赵弘继起领导，队伍发展到 10 多万人，攻占了宛县。灵帝急忙派朱儁前来镇压，朱儁同荆州刺史、南阳太守等合兵反攻宛县 3 个多月，赵弘战死。韩忠继任统帅，他思想动摇，战败投降被杀。黄巾军余部推孙夏为统帅继续抵抗，十一月，朱儁攻占宛县，杀死孙夏。统一起义的大股黄巾军就这样各自困守一隅，坐等官军逐个击破。东汉政权随即疯狂反扑，在各地大肆屠杀太平道徒党，一郡多至数千人被杀。

但是，血腥的屠杀并不能吓倒革命人民。汉献帝初年，陶谦就指出：黄巾军人数众多，"殊不畏死，父兄歼殪，子弟群起，治屯连兵，至今为患"。可见在黄巾大起义的鼓舞下，各地人民前仆后继、纷纷奋起反抗的英雄气概。主要的如中平二年（185 年），张角率众起于博陵（今河北蠡县南），褚燕率众万余人起于真定（今河北正定南），他们曾联合进攻钜鹿郡治瘿陶，战斗在张角的故乡。同时还有黑山、白波、黄龙、雷公、张白骑、李大目等 10 多支队伍，大股二三万人，小股六七千人，在这一带转战，后来联合为成百万人的大队伍黑山军，"渐寇河内，逼近京师"，一度威胁到汉政权的巢穴，前后经历了20多年才被朱儁、袁绍、曹操等陆续击败。中平五年二月，黄巾军余部郭大等在西河白波谷（今山西襄汾西）重举义旗，进攻太原、河东（今山西中南部）。四月，汝南葛陂（今河南平舆东）黄巾军攻占郡县。六月，马相在绵竹（今四川绵阳市）聚合数千人起义，杀死县令，自称黄巾军。他们迅速攻克广汉郡治雒县（今四川广汉），杀死益州刺史郗俭。旬月之间，进破蜀郡（治成都，今属四川）、犍为郡（治武阳，今四川彭山），发展到10多万人，马相自称"天子"。还派兵攻破巴郡，杀死太守赵部。十月，青州徐州（今山东东部）黄巾军又起，攻占郡县。献帝初平三年（192年），青州黄巾军也发展到上百万人，他们转攻兖州（今山东西南部），在东平（今山东东平东）击毙刺史刘岱，后来被曹操打败收编。直到建安十二年（207年），还有黄巾军杀死济南国（治东平陵，今山东章丘西）国王刘赟的记载，说明黄巾起义至少延续了20多年，给了东汉王朝以致命的打击。

东汉

三国两晋南北朝

（220—581 年）

董卓之乱

刘秀统一中国，建立了东汉政权以后，吸取了王莽篡位的教训，采取了一系列的措施来加强王权。可是，东汉的皇帝只有早期的几位能够政从己出。其余的皇帝大多因宫廷生活的奢靡等原因而成了短命之人。继位的皇帝年纪都很幼小，因此政权便落在母后及其父兄（即外戚）的手里。等到皇帝长大以后，想要收回政权，只有和自己身边的宦官商量，于是皇帝在宦官的协助下，推倒了外戚。宦官因为推倒外戚有功，并且又能包围和愚弄皇帝，所以实权便落在宦官手里，不久，这个皇帝又短命死了。于是再来一次外戚专权以至宦官擅势的过程。东汉中后期100余年的历史，可以说是外戚和宦官争夺统治权的历史。在外戚和宦官的斗争中，宦官越来越占上风。

宦官势力的膨胀，逐渐形成了"群辈相党"的政治集团。在政治上，他们把持朝政"权势专归宦官""兄弟姻戚，皆宰州临郡，辜较百姓，与盗贼无异。""举动回山海，呼吸变霜露，阿旨曲求，则光宠三族，直情忤意。则参夷五宗，汉之纲纪大乱矣。……子弟支附，过半于州郡……皆剥割萌黎，竞恣奢欲，构害明贤，专树党类……同敝相济，故其徒有繁，败国蠹政之事，不可单书。所以海内嗟毒，志士穷栖。"（范晔《后汉书·宦者列传》）

当时地方官吏贪污成风，"官非其人，政以贿成"。各种类型的地主包括贵族、世家大族、地方豪强、富商等，无不广占田地，役使农民，敲诈勒索，奢侈踰制。…因而，广大人民生活极度贫苦，终于在184年爆发了以张角弟兄为首的黄巾大起义。

统治者为了维护其统治，便动员所有的地主武装对农民起义进行镇压，并于188年，接受太常刘焉的建议，改刺史为州牧，并给予州牧领兵治民的权力。这些州牧有了领兵权之后，便乘乱纷纷扩张自己的武装力量，形成一个个割据一方的土皇帝，中央政府对其难以控制，东汉政府想借改制而加强统治的梦想破灭了，地方割据势力得以发展，为以后的军阀混战埋下了祸根。

当农民起义来临时，这种矛盾相对缓和，一旦外来压力解除，这种矛盾便再度激化。

189年汉灵帝死，长子刘辩继立为帝，其生母何太后临朝听政。于是外戚同宦官的斗争又重新激烈起来，太后兄大将军何进为了一举杀尽宦官，彻底消灭自己的对手，将世代官僚地主出身，并有一定声望和一定势力的袁绍、袁术兄弟拉到自己一边，并且接受袁绍的建议，召并州牧董卓带兵入京。董卓还没有赶到，何进已为宦官所诱杀，官僚世族袁绍等又大杀宦官。

宦官们被彻底清除以后，长期以来交替执政的外戚和宦官集团的斗争结束了。宦官、外戚退出了历史舞台，而官僚地主武装集团却纷纷粉墨登场，从此，大规模的军阀混战开始了。此时，东汉政权已是名存实亡了。

当袁绍大杀宦官的时候，董卓接到何进的密召后率军来到了京都洛阳。董卓（？—192年），字仲颖，陇西临洮（今甘肃岷县）人。性情豪放而又残忍，喜与人结交，由于他居住的地方接近西北少数民族，他便同这些少数民族的贵族势力交往，培植自己的力量，在陇西颇有名望。东汉末年因镇压少数民族起义，屡立战功，连晋官职，做到并州刺史、河东太守。后来，他参加镇压黄巾起义，并击退韩遂、马腾对京都地区的进攻，从而使他赢得了极高的声望和地位，并藉此而使他的军事力量日益壮大。董卓的军队由汉族和少数民族组成，能征善战，凶暴残忍，董卓以此为资本，时刻准备争夺天下。正值他野心勃勃之时，恰逢何进召他进京。这对于董卓来说，无异于久旱逢甘霖，他接到何进的密召后，立刻率领3000人马，直奔洛阳，这为他独霸天下创造了良机。

董卓进入洛阳时，步骑不过3000。当时京师官兵很盛，司隶校尉袁绍拥有禁军的指挥权；当时曹操任典军校尉；后将军袁术控制了大将军何进的部曲；济北相鲍信又募来一支山东兵；执金吾丁原有骁将吕布，这些力量合起来超过董卓军10倍还多。但是，由于董卓有30多年的军队生涯，具有丰富的作战经验，当时东汉朝廷里没有一个人是他的对手。董卓知道自己的势力弱小，于是，他成功地运用了虚张声势的计谋。他过四五天就带部众在夜里悄悄出营，天明"乃大陈旌鼓而还，以为西兵复至，洛中无知者"。董卓这一手居然镇住了当时的袁绍、袁术、曹操等豪杰，他们纷纷逃离洛阳，禁军及何进部曲尽都落入董卓手中。董卓又使用离间之计，使吕布与丁原不和，于是，心骄气盛的吕布杀掉了丁原，董卓又收吕布作义子，并收服了丁原部众，于是董卓的势力更加强大。

董卓进入洛阳要做的第一件事就是废掉旧帝再立新主，以此控制皇权，于是，董卓废少帝刘辩为弘农王，随后又杀弘农王及何太后，拔掉了朝官和名士所凭借的旗帜。董卓立灵帝少子陈留王刘协为帝，这就是汉献帝，汉献帝当时刚9岁，被董卓玩弄于股掌之中，董卓挟天子以令诸侯，自称太师，迁相国，封郿侯，带剑上殿，位在百官之上，俨然一个摄政王。

政治上，董卓为了收买人心，他外示宽柔，起用党人名士做朝官，外放大臣为牧伯太守，平反党人冤狱，以示不负众望。用周珌、伍琼、郑公业为尚书，让何颙做长史，荀爽做司空，陈纪、韩融等都成为列卿。外放尚书韩馥做冀州刺史，侍中刘岱做兖州刺史，孔伷做豫州刺史，张咨做南阳太守，张邈做陈留太守，甚至还任用逃亡在外的袁绍、袁术为后将军。

军事上，董卓深固根本，牢牢地控制关西。董卓招抚了凉州的马腾、韩遂，又征召关中潜在的政敌皇甫嵩和京兆尹盖勋。皇甫嵩时为左将军，有雄兵3万屯驻扶风，盖勋曾鼓动皇甫嵩与自己联兵反董卓。

但是，皇甫嵩雄略不敌董卓而听征，交出了兵权，到洛阳去做城门校尉。盖勋孤掌难鸣，也只好听征，到洛阳去就任越骑校尉。皇甫嵩到了洛阳，董卓将他逮捕下狱，迫使皇甫嵩屈服后又用为御史中丞。董卓控制了关中，所以关东兵起，他就西移长安。

董卓是个非常残暴的家伙，他和他的部队到处烧杀抢掠，为所欲为。当时洛阳城中的王公贵族非常富有，高屋大厦，金银财宝不计其数，董卓便令其军队冲进庐舍，奸淫妇女，抢掠财物，并美其名曰"搜牢"。弄得朝廷上下，人心惶惶。

董卓的专横暴行，引起了社会上各个阶层的强烈反对，190年，勃海太守袁绍、后将军袁术、冀州牧韩馥、豫州刺史孔伷、兖州刺史刘岱，河内太守王匡、陈留太守张邈、东郡太守桥瑁、济北相鲍信及逃到陈留的曹操联合起兵，共推袁绍为盟主，反对董卓。这支联军，历史上称为"关东军"。

关东兵起，董卓被迫退出洛阳，胁迫献帝西迁长安，他发掘了诸帝陵寝及公卿墓冢，收其珍宝。董卓还把洛阳及其附近200里内居民，几百万人口驱赶入关中，将房屋烧光，鸡犬杀尽。被驱赶的人民，沿途缺粮，更遭到军队的践踏和抢掠，死亡无算，积尸满路。史称"旧京空虚，数百里中无烟火"。东汉200年来政治、经济、文化中心的巍峨帝京，成了一片瓦砾场。

接着董卓又把关中弄得残破不堪。他大肆搜刮，敲剥黎民，筑坞于郿县，高厚7丈，与长安城等，号曰"万岁坞"，积贮了30年的军粮，珍藏黄金二三万斤，银八九万斤，绵绮缯縠纨素奇玩，积如丘山。董卓得意扬扬地自称："事成，雄踞天下；不成，守此足以毕老。"并且铸小钱，致使物价腾贵，一斛谷价值数十万，使百姓又蒙受一层灾难。

192年，司徒王允用计收买了吕布，使其杀死董卓。

董卓死后，王允掌握了政权，不久，董卓旧部李傕、郭汜等以为董卓报仇为名，率10万大军攻入长安，杀死王允等人，赶走吕布，又对长安城进行了新一轮的烧杀抢掠。而后，李、郭两人之间又发生大规模的火并，长安与其附近地区，成了他们相互厮杀的战场，长安城变成废墟，居民离乡背井，关中地区继洛阳之后，又成无人居住之地。大诗人王粲《七哀》诗中说："出门无所见，白骨蔽平原。"即是对当时景况的真实描述。

董卓之乱使两汉灿烂文化蒙受了无法弥补的损失，给社会带来了一场浩劫，它是东汉腐朽政治的必然产物。

经过数年混战，关西军阀彻底垮台，退出了历史舞台。而规模更大的军阀混战却在关东军阀中展开。

王允吕布谋杀董卓

初平二年（191年），董卓败于孙坚，退出洛阳，迁入长安后，诛杀异己，无恶不作，激起天怨人怒。各地豪强借讨董卓争战不休。董卓身边的一些亲信目睹董卓的所作所为及混战趋势，也私下商议除掉董卓，攫取兵权，称霸天下。这些人中有董早最为信任的司徒王允和中郎将吕布。

王允字子师。中平六年（189年），汉灵帝死后，大将军何进为诛宦官曾召王允密谋，并命他为从事中郎，继而做河南尹。献帝即位后，王允为太仆，后升迁为尚书令。初平元年（190年）正月，在关东军的讨伐下，董卓胁迫汉献帝西迁长安，自己仍留洛阳主持战事，命王允随献帝一同前往，朝廷事无巨细均托于王允。在长安时，王允就主持朝廷大政。只是因军事大权尚在董卓之手，王允自知力所不及，不敢轻举妄动。他"矫情屈意，每相承附"，为此，董卓对王允十分放心，没有猜忌。但随着董卓的残暴骄淫日甚，地主集团和人民群众群起攻之，王允认为这正是除掉董卓势力，自己夺权的好时机，便同司隶校尉黄琬、尚书郑公业等人密谋借机除掉董卓。于是他以校尉杨瓒为左将军，以执金吾士孙瑞为南阳太守，带兵东进，名为讨伐袁术，实则进攻董卓，事成之后，挟献帝回洛阳，自己控制朝政。此举因引起董卓的怀疑，没有成功。初平二年（191年）四月，董卓被孙坚战败，退出洛阳入长安后，为感谢王允入关"扶持王室于危乱之中"的功劳，封他为温侯，食邑5000户。王允"自谦"不受。最后在士孙瑞的劝说下，他才接受了二千户。翌年，初平三年（192年）春天，数月连绵阴雨，王允自忖干掉董卓已是天意，又与士孙瑞、杨瓒等人密谋，并暗中和董卓的保镖中郎将吕布取得了联系。

吕布，字奉先，五原人。他原在骑都尉丁原手下做主簿，俩人关系非常亲密。何进诛宦官召丁原发兵赴洛阳，命丁原为执金吾。何进被宦官杀死后，董卓趁机挑拨丁原与吕布关系，吕布干掉丁原，带兵投奔了董卓。董卓非常喜欢和信任吕布，俩人誓为父子，形影不离。吕布连续提升为骑都尉、中郎将，被封为都亭侯，成了董卓的贴身保镖。然而，一次，吕布因一件小事未合董卓之意，惹怒董卓。董卓拔戟刺向吕布。吕布拳捷，避之，方幸免于难。由此，吕布忌恨在心。他见到王允，向其述说了险遭董卓之害的经过，王允趁机将自己同士孙瑞、杨瓒等人的谋划告诉吕布，要吕布也参加，作为内应。吕布感念他与董卓的父子之情，尚有顾忌。王允说："你姓吕，你们并非骨肉，他投剑刺你时，哪是有父子之情。"吕布觉得言之有理，答应与王允等人诛董卓。

同年四月，汉献帝大病初愈，会群臣于未央宫。王允、吕布等商定趁此时机行刺，除掉董卓。他们派李肃等10余名亲信装扮成卫士守住宫门。董卓刚入宫门，李肃箭步上前刺之内甲。董卓胳膊受伤，坠落车下。慌乱中，他大声叫喊："吕布在哪儿？"盼其前来相救。吕布应声喝道："有诏令讨贼臣"。随即举矛刺死董卓。长安城中的百姓听说董卓被杀，"歌舞于道"，许多人卖掉珠宝衣物，买来酒肉痛饮庆贺。

曹操统一北方

在群雄纷争中，宦官家庭出身的曹操犹如一匹黑马，脱颖而出。

曹操（155—220年）字孟德，小名阿瞒。沛国谯（今安徽亳县）人。汉灵帝中平五年（188年）为典军校尉，后因刺杀董卓不成而外逃至陈留。在陈留太守张邈和他的好友卫兹的帮助下，招兵5000人，组成自己的军队，并参加关东联盟，讨伐董卓。献帝初平二年（191年），当酸枣等地的讨伐董卓的联军已经离散的时候，曹操还只是带着千余人的部队在河内寄居，没有固定地盘。是年夏，青州黄巾军号称百万，进入兖州，杀死刺史刘岱。济北相鲍信等迎接曹操做兖州牧。曹操设计屡败黄巾军，后黄巾军被迫投降。"受降卒30余万，男女百余万口，收其精锐者，号为青州兵。"从此，曹操据有兖州，并借此作为争霸的资本，开始逐步实现他统一天下的政治抱负。

在李、郭之乱中，献帝在杨奉、董承等的保护下，逃离关西，于196年，重回洛阳。此时，袁绍手下谋臣沮授建议袁绍迎献帝到邺，挟天子而伐不从。而袁绍有自立为帝之意，且又自恃强大，因此不出兵迎接献帝。曹操当时驻兵于许，听说献帝回到洛阳，便有意迎帝。

曹操接受荀彧的建议，亲自率军到洛阳去迎献帝。不久便将汉献帝转移到自己的势力范围许昌（今河南许昌），改年号为建安，迁都许昌。献帝任曹操为大将军，封武平侯。于是，曹操总揽朝政，开始"挟天子以令诸侯"。

曹操将皇帝控制在手中之后，便开始发展经济。于196年接受曹祗的建议颁布"屯田令"，实行屯田。所谓的屯田就是将农民以军事组织的形式编制起来，组成屯田客，来开垦和耕种国家拥有的土地。

屯田的实施在战乱的年代，其作用是巨大的。它不仅使大量流民安定下来，重归土地，生活有了着落，而且使残破的经济得以恢复和发展。曹操借此也解决了军粮问题，为其争霸天下奠定了物质基础。

曹操在政治上控制了皇帝，取得了主动权；经济上在统治区内实行了屯田，得到了充足的军粮。有了比较坚强的后盾，他便开始实行统一天下的宏伟计划。当时，曹操势力范围主要在黄河以南的兖州地区，他的北边是拥有青、冀、幽、并4州之地的袁绍；南边是拥有淮南扬州的袁术；东边是拥有徐州的吕布；西边是拥有荆州南阳的张绣。面对群雄环绕的形势，曹操采取北和袁绍，先弱后强，由近及远，分化拉拢，各个击破的战略方针。

197年，曹操进攻占据在南阳的张绣，198年，张绣投降曹操。

197年在袁术攻吕布兵败后，曹操出兵攻打袁术，袁术退居淮南，淮北之地尽落曹操手中。

198年，曹操东征吕布，夺得下邳，将吕布绞死。

200年，曹操又赶走新据徐州的刘备，控制了黄河以南和长江以北的大片地区，开始与占据黄河以北的袁绍争锋，爆发了历史上有名的官渡之战。

在曹操迎接汉献帝到许昌以前，曹操和袁绍分别在黄河南北发展自己的势力，双方还一直保持着友好的关系。但随着双方势力的扩张，利害冲突也跟踪而来。曹操打着"天子"招牌，操纵封赏大权，自为大将军，以袁绍为太尉。袁绍素来骄贵，声望和地位一向在曹操之上，这时，绍耻位在曹操下，不肯接受太尉官职。由于袁绍势力很大，曹操不得不把大将军让给他，而自为司空、行车骑将军。

建安三年（198年）十二月曹操擒杀吕布，取得徐州，次年三月，袁绍消灭公孙瓒，兼并幽州，于是袁、曹两大势力之间的对立显得更加突出，便不能不以战争相见了。

200年年初，袁绍命沮授为监军，亲率10万大军，从邺城（今河南省安阳市北）出发，进攻曹操的都城许昌。袁绍大军开进黎阳（今河南浚县东北），安营扎寨，将这里作为指挥部，派大将郭图、颜良进攻白马（今河南滑县东）。当时驻守白马的是曹操的东郡太守刘延，守军死伤惨重。而曹操集结在官渡（今河南中牟县东北）的军队也只不过三四万人。双方力量悬殊，白马告急。

四月，曹操北上解白马之围，用荀攸计，屯兵延津伪装渡河，好像要攻击袁绍的后方，迷惑袁绍大军渡河，使其分兵西向。目的达到后，曹操自引轻骑，集中徐晃、张辽、关羽等骁将，出其不意奔袭白马。关羽斩颜良，袁军溃败。曹操拔白马之军，迁徙白马百姓沿黄河撤退，丢弃辎重军械，诱袁绍大军渡河来追。

五至六月，袁军渡河至延津。袁绍大将文丑与刘备追击曹军，在延津南白马山中计被斩。颜良、文丑为河北名将，连战皆输，绍军夺气。

与延津之战的同时，于禁、乐进又率步骑5000，从延津西渡河奇袭袁军后方，至汲、获嘉二县，焚其堡聚20余屯。

七至九月。袁绍虽然连战皆北，仍凭其兵力优势，密集推进，与曹操相持于官渡。八月，袁军逼近曹寨，依沙堆为屯，东西数十里，曹军亦分营对垒相持。

袁绍逼近官渡的同时，于七月派刘备迁回曹军后方，与汝南黄巾军联合开辟第二战线。袁军派出的劫粮之军也连连得手。

九月，袁曹两军在官渡展开阵地战，曹军寡不敌众，还营坚守。袁军起土山地道强攻，激战异常。两军"相持百余日，河南人疲困，多畔应绍"。当时曹军粮少，曹操致书荀彧，打算撤军。荀彧回信曹操，以楚汉相争为喻劝曹操坚持战斗，谋士贾诩支持荀彧的意见，于是曹操派曹仁率领徐晃、史涣等攻破刘备在汝南的策应，还消灭了袁绍断粮道的游击军，使其运输畅通。曹操又用荀攸计，派徐晃等扰乱袁绍后方，烧了袁绍的运粮车及其辎重，杀其将韩猛。

十月，两军主力决战。袁绍再次派出淳于琼等带兵万余人押运粮车，屯放在袁绍大营北40里的乌巢。沮授与许攸向袁绍建议保护粮草之计，不被袁绍采纳。许攸见他的计谋不被采纳，心中很是不平。正在这时，留守邺城的审配收捕了许攸的家属。许攸一怒之下，投奔曹操，告知袁军储粮虚实，劝曹操轻骑烧粮。当时曹军只有一个月的军粮，为打破僵局，曹操决定出奇制胜。他亲率5000骑兵，冒用袁军旗号，月夜偷袭乌巢。天亮时，曹操抵达淳于琼的粮营。淳于琼见曹操兵少，欲邀功利，不护粮草，出营迎战。曹军殊死战，淳于琼战败，粮草被焚。

袁绍闻听乌巢军粮被烧，他不派兵援救淳于琼，反而自作主张认为曹操偷袭乌巢，可将计就计，乘机袭击曹操的大本营，以断曹操的归路，遂命大将张郃、高览前去攻打曹军大营。张郃认为这样做是在冒险，建议袁绍不可如此。袁绍不听，张郃等只好攻打官渡曹营。袁军到达官渡，前面遇到曹洪大军的顽强抵抗，后面又受到从乌巢得胜回来的曹操的猛攻，腹背受敌。张郃见袁绍成不了大事，便与高览率军投降了曹操。

粮草被烧，张郃等大军投降，袁军不打自乱，曹军乘胜全面出击。消灭袁军7万多人，袁绍慌忙带着儿子袁谭和800骑兵，渡过黄河北逃。曹操消灭北方最大军阀袁绍的主力，取得了官渡之战的绝对胜利。袁绍从此一蹶不振，建安七年（202年），袁绍在邺城病死。

官渡之战，曹操以少胜众，以弱胜强，击败了一代枭雄袁绍。袁绍之死，成就了曹操的事业，加速了他统一北方的步伐。河北智士名将田丰、沮授、颜良、文丑，成了袁绍的殉葬品。张郃、许攸等一批人杰，投附了曹操，壮大了他的势力。官渡之战，还巩固了曹操的政治地位，以及在汉官、曹氏阵营中的声望。曹操走上了他事业的巅峰。经过几年征战，曹操攻下了冀、青、幽、并4州之地，基本上统一了北方。

建安十二年（207年），曹操为了彻底消灭袁氏残余势力，并解除辽东少数民族乌桓的骚扰，曹操亲自率兵远征乌桓，杀死乌桓王蹋顿，将乌桓掠去和逃亡乌桓地区的10多万汉族人带回内地，并从乌桓军队中挑选一些骑兵编入自己队伍，成为"天下名骑"。经过20多年的角逐，中原大地重归安宁，军阀们在相互混战中死伤殆尽。

到这时，中国北方，除辽东的公孙康和关西的马腾、韩遂尚仅是名义上的服从汉朝外，其他州郡都直接隶属于曹操的管辖之下了。已完成北方统一大业的曹操仍雄心勃勃，时刻准备重新统一全国。

官渡决战

经过白马、延津两仗以后，袁、曹双方进入了一个暂时的相持阶段。袁绍虽然连败两仗，但是仍旧保持着优势力量：从军队数量来看，袁绍的军队将近10万人，曹操最多不过三四万人。从后方的经济力量说，曹操占领的兖、豫二州，是汉末以来破坏得最严重的地区之一，远不如袁绍占领的河北地区那样富庶。曹操虽然在进入许都的那一年，就开始屯田积谷，但是毕竟只有四五年的光景，还不能根本改变占领区的残破面貌。军用粮饷，也远远不及袁绍充足。

曹操是一个有才干的政治家、军事家。他虽然在物质条件方面还比不上袁绍，但是他很懂得从政治上争取人心。他一方面严令各地方官加紧催收租税，以便供应前线；另一方面，也采取了一些笼络人心的政治措施。例如：他采纳了朗陵（今河南确山西南）令越俨的建议，把阳安郡（治所在朗陵）界内所征收的绵绢，发还给百姓，减轻一些人民的负担。又如：他下令部队行军，不许马踏麦田，违者处死。所以能在一定程度上得到人民的支持，为自己在军事上战胜敌人创造了有利的条件。

袁绍没有能从失败中吸取教训，仍旧仗着他在军队数量、装备和物资储备上的优势，盲目冒进。七月，袁绍把大军集结到官渡北面的阳武，准备继续发动进攻。沮授再一次向他分析战争形势说："我方军队虽然人数多，却比不上曹军勇敢善战；曹军的弱点是军粮少，物资储备没有我方充足。"根据这个客观情况，他建议袁绍，用持久战来消耗曹军的力量，以便最后战胜曹操。袁绍仍旧不听从沮授的意见。他命令主力部队进到官渡前线，安营下寨，军营东西长达几十里。曹操也针锋相对，摆好阵势，同袁军对峙。

200年秋，曹操向袁军发动了一次进攻，没有获胜。他就改变方针，深沟高垒，固守阵地，以等待有利时机。袁绍见曹军坚守不出，命令士兵在曹营外面堆起土山，砌起高高的壁楼，在那里用箭射击曹军。箭密得像下雨一般。曹营士兵来往行动都得用盾牌遮住身体。曹操命工匠连夜赶造了一种炮车，发射石块，把袁军的壁楼击破。炮车发射石块的时候，声响如雷，因此，当时人们都管这种车叫"霹雳车"。袁军这一着没有成功，又暗凿地道，直通曹营，打算由地道里打过去。曹操针对这种地道战术，命人在营墙内挖掘长沟，进行防御。双方就这样在官渡相持了3个多月。

当时，曹操方面军队数量既少，军粮也不充足。在这种不利的处境下，曹操统治区内的很多军民都对战争前途抱怀疑，有些郡县叛变了。对此，曹操也很忧虑，他曾经写信给留守许都的荀彧，与其商量，打算退守许都。荀彧给曹操写回信，向他分析了战争的前途。信里说明，当前是战败袁绍、取得最后胜利的重要关头；曹军粮食虽然不足，但是还不至于毫无办法，只要坚持下去，战局一定会很快发生变化。他劝曹操要努力争取最后胜利，千万不要退兵，失却机会。曹操认为荀彧的见解很正确，就坚定了同袁绍周旋到底的决心。他一面命令部队继续固守官渡，一面密切注视敌人动态，以便寻找有利时机，进行最后的决战。

在两军相持阶段，军粮的补给是关系战争胜败的一个重要因素。曹操看到袁军粮草虽然比较充足，但是因为军队多，消耗也大，如果军粮发生问题，就会不战自败。曹操一方面严令后方催办粮草，接济军需；一方面，决定派人去烧毁袁军的粮草。恰巧袁绍派韩猛监押粮车几千辆，前来官渡途中。韩猛是袁绍手下的一员战将，但是他有勇无谋，而且轻敌少备。荀攸了解到这个情况，就向曹操建议派兵去劫夺袁绍的粮车。曹操派部将徐晃和史涣带兵前往打跑了韩猛，烧掉了他押送的全部粮车和军用物资。到了十月，袁绍又派人从河北运来1万多车军粮，囤积在大营以北40里的故市、乌巢（都在今河南延津县境），还特派大将淳于琼带领1万人驻扎在那里保护。由于上次粮车被烧，一度造成袁军给养的困难，因此沮授特别提醒袁绍，要他另派一员战将率领一部分部队驻防在淳于琼的外侧，以防曹军抄袭，可袁绍却没有采纳。

袁绍的另一个谋士许攸，认为曹操兵少，而且主力部队都集中在官渡，后方必定空虚。因此，他建议袁绍派出一支轻骑部队，去偷袭许都。但是，盲目自大而又顾虑多端的袁绍，并不重视许攸的意见，反而骄傲地说："不必，我一定可以在这里擒住曹操！"许攸感到袁绍这样骄傲轻敌，最后一定要失败。因此，他的思想发生动摇。正在这个当儿，许攸的家族有人犯了法，被留守邺城的审配拘捕起来。许攸在气愤之下，竟然背弃袁绍，去投奔曹操。

曹操听说许攸前来投靠，高兴得连鞋子都没有来得及穿，就光着脚跑出去迎接，并且拍手说："子元（许攸的字）远道而来，我的大事一定可以成功了。"许攸见了曹操，开口就问道："袁绍军势很盛，您打算怎样对付他？目前还有多少存粮？"曹操说："可以支持一年。"许攸知道这是假话，就说："没有这么多吧！"曹操又回答说："可以支持半年。"许攸直截了当地说："您不想打败袁绍吗？为什么不说实话呢！"曹操才对许攸说："其实军粮只够维持10多天了。你看这该怎么办呢？"许攸这才把袁绍在乌巢堆积军粮的情况完全告诉了他，并劝他率轻骑前往偷袭，把袁绍的粮食和辎重全部烧掉。

许攸的情报，真使曹操喜出望外。当天夜里，曹操留下曹洪、荀攸防守官渡大营，亲自率领步骑兵5000人，打着袁军旗号，每人手里拿着一把干柴，口里衔着枚，把所有的马嘴都束起来，从小路奔向乌巢。在行军途中，曹军忽然遇到一队袁军，盘问他们是何处兵马，曹操让士兵回答说："袁将军恐怕曹操包抄我军粮囤，特地派我们前去增援。"曹操的部队骗过了敌人的耳目，顺利地通过了袁军的防线，直奔乌巢，把袁绍的粮囤团团围住，然后放起火来。在黑夜中，只见粮囤周围，浓烟四起，火光冲天。袁军从梦中惊醒，慌作一团，不知如何是好。天亮以后，袁军守将淳于琼发现曹操兵马并不多，就把军队调出营门，攻击曹军。结果，被曹军打得大败，淳于琼只得退守营屯。

袁绍听说曹操进攻乌巢粮囤，仍旧没有引起他的注意，反而认为这是攻下官渡、歼灭曹军主力的最好机会。他对袁谭说："只要我们攻下曹操的大营，即使他打败了淳于琼，也没有退路了。"于是，他命令大将张郃、高览率兵加紧攻打曹操的官渡大营。张郃看到曹操亲领精兵围攻乌巢，恐怕淳于琼支持不住。他认为乌巢如果有失，大事也就完了。因此，他一再请求袁绍先派兵去救淳于琼。但是，袁绍在郭图的迎合下，仍旧坚持以主力进攻曹操的官渡大营，只派少数骑兵去救乌巢。由于曹操在官渡的营垒很是坚固，战士死守，袁军久攻不下，主力部队反而被吸引住了。这就给曹操拿下乌巢创造了有利条件。当袁绍的增援骑兵临近乌巢的时候，曹操的部下慌忙向他报告说："敌人援军就要到了，我们快分一部分军队去抵挡吧！"当时，正是能否攻下乌巢，决定胜负大局的紧要关头。因此，曹操严厉命令部下说："等敌人到了我们背后，再来报告！"在曹操坚决果断的指挥下，不但击溃了袁军的增援部队，而且攻下了袁军营屯，杀死了淳于琼。袁军的1万多车粮谷也被烧得一干二净。

淳于琼战败被杀的消息传到官渡前线，张郃看到大势已去，便失去了斗志。他同高览把全部攻城器械烧掉，一道到曹营去投降了。袁军粮囤被烧，军心已经动摇。这回又传来了主将投降的消息，更加慌乱，袁军一下子全都溃散了。曹操乘势领兵出击，袁军大败。袁绍和袁谭只率领着800名亲兵逃回黄河以北。曹操缴获了袁军丢下的全部军用物资和珍宝财物，并坑杀了投降过来的许多袁军士兵。在这一次战争里，袁绍的主力差不多全部被歼灭了。

袁绍经不起这样的惨败。他又气又急，得了重病。202年夏，袁绍病死了。他的几个儿子争权夺位，最后竟然互相攻杀起来，结果都被曹操各个击破。206年，曹操彻底消灭了袁氏的残余力量，全部控制了过去为袁绍所占据的地盘。

曹魏的建立

曹魏的开国者是曹丕，实际创始人却是曹操。

随着曹操统一战争的逐步胜利，曹操的政治地位也越来越高。建安十七年（212年）正月，汉献帝下诏，今后曹操参拜皇帝不称名字，入朝不趋，可佩剑上殿，一如汉初丞相萧何旧例。这年十月，大臣董昭对曹操说："自古以来，人臣匡世，未有您今日之功者；即使有您今日之功者，也未有久处人臣之位者。现在您虽愿保守名节，但是您在大臣之位，容易使人怀疑您，您不可不认真考虑。"曹操以为此话言之有理，乃与列侯诸将计议，以为丞相应当晋爵为国公，配备九锡，以表彰殊勋。荀彧却从维护汉室出发，反对这样做，使曹操极不高兴。后曹操借故将荀彧扣押在军中，荀彧知他与曹操的矛盾不会消除，于是饮毒药自杀。

建安十八年（213年）五月，汉献帝以冀州10郡封曹操为魏公，仍旧以丞相兼职冀州牧，加赐九锡等殊礼。不久，曹操开始建造魏社稷、宗庙。十一月，曹操又在自己的封国初置尚书、侍中和六卿等官职，以荀攸为尚书令，凉茂为仆射，毛玠、崔琰、常林、徐奕、何夔为尚书，王粲、杜袭、卫觊、和洽为侍中，钟繇为大理，王修为大司农，袁涣为郎中令，行御史大夫事，陈群为御史中丞，初步建起魏氏政权。次年，汉献帝又下诏：曹操位在诸侯王之上，改授金玺等物。又过了两年，汉献帝下诏，把曹操爵位由魏公升封魏王。曹操成为魏王后第二年，汉献帝又下诏，魏王曹操设天子旌旗，出入称警跸。又以曹操世子五官中郎将曹丕为太子。至此，虽然曹操名为魏王，表面上低于汉帝一级，实际上已是真皇帝，汉献帝徒有虚名，早成为傀儡和曹操的政治工具，国家的政治、军事、经济等权力，全操在曹操父子手里。

从曹操迎汉献帝都许昌，控制了朝廷时起，一些忠于汉室的大臣，曾多次想谋杀曹操，从他手中夺回实权。建安五年（200年），车骑将军董承等人就想谋杀曹操，不料事情泄露，董承等人全被曹操诛杀。建安十九年（214年），伏皇后也写信给父亲伏完，陈述曹操残忍威逼汉献帝，令伏完密杀曹操，结果伏完不敢下手，反被曹操得知。曹操令御史大夫郗虑收回伏皇后的玺绶，将伏皇后和她生的两个皇子，以及室宗100多人杀戮。次年，曹操又逼汉献帝立他的女儿为皇后。建安二十三年（218年），太医令吉本与少府耿纪、司直韦晃等人反叛，火烧丞相长史王必的军营，欲抢走汉献帝投降刘备，最后也兵败被杀。建安二十四年（219年），魏相国西曹掾魏讽，勾结长乐卫尉陈祎密谋袭击邺城，陈祎恐惧告发，曹丕下令捕捉魏讽，这次牵连被杀者达数千人，魏相国钟繇也由此而被免官。通过一次次斗争，拥护刘氏宗室的势力全部被清除，曹氏取代刘氏为帝的条件已经完全具备，但曹操却不想由自己来取代刘氏。这年十二月，孙权袭杀关羽，曹操任命孙权为骠骑将军，封南昌侯。孙权遣使者来致谢，并上书向曹操称臣，劝曹操顺应天命，早即帝位。曹操把来信传示诸将，说："这小子是想把我架上火炉去烧烤我呵！"大臣陈群、大将夏侯惇等人也劝曹操不要犹豫，早正大位，曹操见部下都拥护他称帝，才吐露了真心话，说："如果我真有天命，那我当周文王吧。"表示他愿极力为儿子当皇帝创造条件，他自己却不愿称帝。

魏黄初元年（220年）正月，曹操病死在洛阳，太子曹丕即魏王、丞相、冀州牧之位。这年七月，左中郎将李伏、太史丞许芝上表，奏称："魏当代汉，见于图纬，其事甚众。"群臣也纷纷上表，劝曹丕顺应天人之望，禅代刘氏。十月，汉献帝被迫遣御史大夫张者奉皇帝玺绶诏册，禅位于魏。曹丕假意推让一番，乃令在繁阳筑坛。坛建成后，曹丕登坛，由公卿、列侯、诸将、匈奴单于、四夷使者数万人陪同，接受皇帝玺绶，正式即皇帝位，是为魏文帝，改元黄初。十一月，魏文帝曹丕下诏，改汉献帝为山阳公，追尊父亲武王曹操为魏武皇帝，正式建立了曹氏政权，中国历史也随之进入三国时期。

吴的统治

当中原大地群雄争霸、混战不已的时候，长江以南江东地区也有一股势力正在不断壮大，那就是孙氏父子。

孙坚（156—192年），字文台，吴郡富春（今浙江富阳）人。自称是春秋兵法家孙武的后代。黄巾起义时，孙坚见天下大乱，便率领乡里少年和招募的兵丁1000多人，参加镇压起义军，因军功后累升官至长沙太守，并参加关东联军，讨伐董卓，势力不断壮大。后投靠袁术，袁术表孙坚为破虏将军、豫州刺史。初平三年（192年），袁术同刘表争夺荆州时，孙坚为先锋，连败刘表大将黄祖。在围攻襄阳时，被黄祖的士兵暗箭射死，年仅37岁。

孙坚死后，他的儿子，年仅17岁的孙策继承父亲的遗志，来完成其父未竟的事业。孙策（176—200年），字伯符，人长得英俊，并且才华横溢。他率领父亲的旧部，继续投靠袁术。

袁术虽然很赏识孙策的才华，但袁术对孙策并不重用，他所重用的只是他的故吏，使年轻的孙策才华无处施展。

194年，扬州刺史刘繇率兵攻打袁术所置的丹阳太守吴景。孙策借机向袁术请命，攻打刘繇。

袁术放虎归山，孙策如鱼得水。孙策出寿春时只有千余人马，他沿途招募军队，由于纪律严明，行至历阳（今安徽和县），已拥众五六千人。这时周瑜领兵来迎，孙策力量更为壮大，开始向东南进军，攻击扬州刺史刘繇。

刘繇，东莱人，汉宗室后代，兖州刺史刘岱之弟。刘繇任扬州刺史时，遭到袁术的逼迫，治所寿春被袁术占领。刘繇便攻占曲阿（今江苏丹阳），赶走袁术任命的太守吴景。与刘繇同郡的太史慈来投奔他，太史慈出身寒微，虽勇猛有才，但却不被刘繇重用。刘繇迂腐，不用人才，军队又缺乏训练，因此战斗力不强。而孙策作战英勇，"所向皆破，莫敢当其锋"，又善识人用人。刘繇哪是孙策对手，手下大将张英、樊能战死，太史慈投了孙策，刘繇只好弃军而逃。孙策很快占据了曲阿，夺了丹阳郡，在江南站稳了脚跟。

当时江东各地，豪强林立，地方宗族部伍，各不统属，主要有吴郡太守许贡，会稽太守王朗，以及地方豪强如乌程邹他、钱铜，吴郡严白虎，前合浦太守王晟和自称吴郡太守驻屯海西的陈瑀等。孙策采取先打弱敌，后打强敌的策略，首先扫荡地方豪强，即先打小敌邹他、钱铜、王晟等，然后拔掉严白虎、陈瑀。三四年间，东灭吴郡太守许贡，降服会稽太守王朗、豫章太守华歆，聚众3万余人，将领除孙坚旧部程普、黄盖、韩当外，又集聚了周瑜、蒋钦、周泰、董袭、凌操等人。谋士有张昭、张纮、秦松等，俨然大家气象。

196年，曹操迎献帝都许昌，袁术却在淮南自称皇帝。孙策写信给袁术与其决裂，上表献帝联络曹操。曹操表孙策为讨逆将军、吴侯。孙策讨袁，独力发展，智谋远略超过了其父亲孙坚。

孙策为了获得江东人民的支持，他下令士兵不许抢劫百姓财物，扰乱民生。对刘繇部下实行宽大政策，既往不咎，来去自由，所以孙策军队很得人心。另外，孙策作战勇敢，在战斗中总是一马当先，敌军闻孙策无不心惊。经过几年的努力，孙策占据了会稽、丹阳、吴郡、豫章（今江西南昌）、庐陵（今吉水东北）、庐江（今安徽庐江西南）6郡之地，基本上控制了扬州地区。政治上也摆脱了袁术的控制，开始称霸江东。

建安五年（200年），孙策打猎时，被吴郡太守许贡的门客用毒箭射死。孙策有勇有谋，又善识人用人，他的早逝，是孙吴政权的重大损失。孙策临终，把印绶交给了19岁的弟弟孙权。

孙权继位后，采取各种措施巩固了吴国的政权，为吴国在三国鼎立中站稳脚跟奠定了基础。

首先，孙权尊礼重臣，团结旧部。东吴将帅程普、吕范、朱然、蒋钦、周泰、陈武、董袭等人，都是孙策聚集留给孙权的宝贵财富。但孙权与旧将"未有君臣之固"，能否威众，将取决于他的措置是否得宜。张昭为文臣领袖，周瑜为武将之魁。孙权待张昭以师傅之礼，而兄事周瑜，又以程普、吕范等为腹心将帅。张昭、周瑜等人认为孙权可以共成大业，真心事奉。张、周心服，这就稳定了全军。

其次，"招延俊秀，聘求名士"。以鲁肃、诸葛瑾等为宾客，众士归附，人心悦服。

在孙权"亲贤贵士，纳奇录异"（《三国志·鲁肃传》）的推诚用人政策下，远近奇士，争相效命，使得孙吴人才济济，虽逊于曹魏，却远远超过了蜀汉。虞翻，曹操征之不去。甘宁，蜀将，冒难来投。由孙权举拔的文武大臣如银汉星光，灿烂夺目。顾雍、诸葛瑾、步骘、严畯、阚泽、薛综、士燮、鲁肃、吕蒙、周泰、凌统、徐盛、潘璋、丁奉、朱然、吕范、朱桓、陆逊、陆抗、吕岱、周鲂、钟离牧、潘濬、陆凯、胡综、陆绩、诸葛恪等，都得到了效命的机会，各尽其能。纵观江东才俊，近3/4为孙权所简拔。"蜀汉之义正，魏之势强，吴介其间，皆不敌也，而角立不相下；吴有人焉，足与诸葛颉颃，魏得士虽多，无有及之者也。"

孙权治国，除上述用人之策外，还有另外两项基本国策：一是扶植部曲，二是镇抚山越。这里先说扶植部曲，具体措施如下：

其一，抚纳豪右，扩大立国基础。东汉末年，"天下大乱，豪杰并起"，当此时，"家家欲为帝王，人人欲为公侯"，地方豪强组织的私兵部曲，遍地林立。要站稳脚跟，须取得地方豪强的支持。在战乱之中，江东大族也希望有一个强大的军事集团来保护他们的利益，孙氏势力在江东的迅速发展成了他们的理想人物。此外江北外籍部曲希望在江东建立根基，一方面竭诚拥护孙氏，另一方面也希望与江东土著豪强和平共处。孙氏一方面要保护土著豪强，一方面要发展外来部曲在江东立足，扩大统治基础，这样扶植部曲就成为必然的施政措施了。

为了共同的政治、经济利益，江东大族与江北世族、孙氏部曲联合起来组成了江东政权，外御强敌，内抚山越。

其二，授兵奉邑制与复客制。授兵、奉邑、复客是孙吴部曲领兵制的3个环节，这是新形势下的宗族领主制。孙权统事，命张昭与孙邵、滕胤、郑礼等人，"采周、汉，撰定朝仪"。江东林立的豪强宗族，是事实上半割据状态的封建宗主制，宗主与部曲之间有很强的人身依附关系。孙权承认这一现实，给予诸将授兵、奉邑、复客，既不同于周代的分封，又不是汉代的中央集权，是杂糅周汉制度的混合体，姑名之宗族领主制，也可以说是孙氏政权结纳豪右在政治经济上的一种分利。

其三，联姻结缘。授兵制、奉邑制、复客制，在政治、经济上保护了豪右的利益，孙权认为还不够，还在思想感情上建立密切的关系，就是用联姻手段来巩固世族的联盟。这种以婚姻关系的拉拢，用血缘为纽带，有力地把江东、江北、皇权之间的利益与关系焊接起来，有利于孙吴政权的巩固，也有利于世家部曲势力的发展。江南世族发展方兴未艾，江东大族也可以说是在孙权扶植下才壮大起来的。孙氏政权施行的封授领兵制度，使江南部曲人数迅速膨胀，发展成为一个且耕且战的兵户阶层，为两晋南北朝江南世族庄园的发展铺平了道路，对历史产生了深远的影响。

镇抚山越，是一个民族政策问题。孙吴全盛时据有荆、扬、交三州之地，这里居住有众多少数民族：荆州西部有武陵蛮，交州有南越，扬州有山越。武陵蛮和南越处在孙吴的边远地区，山越处在腹心地带，即孙吴统治中心扬州。山越遍布于扬州各郡山岭地区，人口居扬州之半，因此，山越割据，成为孙权的心腹大患，又欲驱略其民补兵垦田，所以自始至终贯彻了一条强征压服的路线，而不是招抚。高压征服的具体措施，主要有以下几项：

其一，分割郡县。孙吴不断设置新郡，目的就是"立郡县以镇山越"。分割郡县，用能征惯战的高级将领担任郡守县令，将山越分割征讨。

其二，分部诸将镇抚。孙权趁北方多事之秋，于200年—207年，集中全力镇抚山越，能征惯战之将，下到郡县做太守、县令，分别负责剿抚。孙吴征讨山越，斩杀2万余人，俘获、诱纳的强者，被编作部曲为兵的有十五六万人。以一兵一户计，山越人被编为兵户的前后有10余万户。诸将征讨所得，孙权就承认征讨者据有部曲。

其三，围困山越，驱赶下山。孙吴镇抚山越采取高压政策，前期与后期手段略有不同。前期以贺齐为代表，主要用驱赶、杀掳的办法，"拣其精健为兵，次为县户"。后期以诸葛恪为代表，主要用围困、招诱，即威恩并施的办法，驱赶山越人下山。

孙吴的高压掠夺政策，给山越人民带来了深重的苦难，激起山越人民不断反抗。他们凭借深山险阻，经常揭竿而起，攻打郡县，杀掠官吏豪强。但另一方面，孙吴的民族政策将汉越人强制统一编户为大融合奠定了政治基础。山越人从山上被驱赶到平地，宣告了他们原先分散、闭塞、隔绝于世、老死林莽这一落后保守生活习俗的结束，客观上有利于山越民族的进步、进化。山越人强者为兵，弱者补户，使社会组织与汉族一体化，十分有利于语言习俗的交流，不仅加速了民族融合，而且两族混一杂居，有利于生产技术交流，共同推进了对江南地区的经济开发。

曹植在文学上的成就

曹植，字子建，曹丕之弟，是建安时期最负盛名的作家之一，为三曹之冠，《诗品》称为"建安之杰"。曹植留下的诗歌有70余首，五言居多，奠定了五言古诗的基础。

曹植的文学创作以220年曹丕称帝为界限，明显分为前后两个时期。曹植"生乎乱，长乎军"，早年随曹操南征北战，培植了强烈的功名事业心，所以前期诗歌主要表现他的壮志，如《白马篇》《名都篇》就是代表作，抒发了建功立业的雄心壮志，以及雄健刚劲、意气风发、乐观豪迈的激情。曹植曾与曹丕争太子位，政治斗争失败后备受迫害和压抑。后期诗歌以抒发个人的主观愤懑感情为主，而在客观上深刻地暴露了统治阶级内部的残酷斗争，具有深刻的思想意义。如《赠白马王彪》《呼嗟篇》《野王黄雀行》。曹植诗中也有反映人民生活疾苦的篇章，如《泰山梁甫行》就描绘了一幅边海人民贫困生活的画面。

在曹氏父子中，文学成就最大的要数曹植，他是建安时代最杰出、最有代表性、对后世影响最大的一位作家。曹植现存的作品，不仅数量多，而且形式繁富，除诗、赋、章、表、书、论等外，还有颂、碑、赞、铭、咏和哀辞等各种文体。

曹植诗歌在艺术创作上有突出的成就。他学习汉乐府民歌，创作五言诗，对中国古代五言诗体的发展做出了积极的贡献。他尤善于运用比兴手法，借助于其他事物来进行譬喻，并象征巧妙地加以表达，如《野田黄雀行》。

在修辞手法上，曹植也超脱乐府古辞中句与句之间的"顶真"手法，发展为章与章之间的"顶真"，如《赠白马王彪》一诗，全诗共七章，除第一章外，其余六章的后一章首句必和前一章末句相呼应。后一章用前一章的结尾来起头。这样，不仅使全诗的音节更加合拍、匀称，增加读者的兴趣，而且由于各个章节之间的上递下接，层层相因，使这首长达七章的诗篇在结构上联成一个整体，在思想感情上一层深一层，而读者的感情也随之起伏，深深地被诗歌所吸引。诗品有评："骨气奇高，词采华茂。"

三国时的绘画艺术

三国时期，绘画取得了一定成就，出现了一批著名画家和许多著名作品。

三国时最著名的画家当推曹不兴。不兴或名弗兴，吴吴兴人。以善画名冠一时，长于人物及衣着。曾在长达 50 尺的大幅绢上画人物，因心灵手快，须臾即成。所绘人物，头面手足，胸臆肩背，不失尺度，衣纹皱折，尤别开新样。《三国志·赵达传》（卷六三）注引《吴录》言：孙权使不兴"画屏风，误落笔点素，因就以作蝇。既进御，权以为生蝇，举手弹之。"足见曹不兴写生之妙，已达到以假乱真的程度。曹不兴特擅长画龙。唐人朱景玄《唐朝名画录》记载曹子兴之佛画，后人称其为画史上的"佛画之祖"。

马钧的发明创造

马钧，扶风（今陕西兴平市）人，三国时代著名的机械革新家、发明家。他出身贫苦，很注意观察生活实际，尤其是对于生产工具，再加上他的勤奋研究，努力发明，在机械方面做出了极大贡献。

在纺织机上，马钧注意改革，他把六十蹑、五十蹑减为十二蹑，使织绫机提高了 5 倍的效率，促进了丝织业的生产。经过这么一改，织绫机很快就推广开了，马钧也从此出了名。

后来，马钧在曹魏政权做给事中（官名），住在洛阳。在他的住处附近有一片坡地，可以用来做菜园子，就是引水灌溉不方便。马钧在前人创造的用来吸水洒路的翻车（即水车）的基础上，设法加以改进，制成了既轻巧又便于操作，连小孩子都能使用的翻车，叫龙骨水车。这种水车，利用了齿轮和链唧筒的原理。车身是用木板作槽，当中用小木条和木板做成链子，连成一圈，套在木槽里，而在板槽的另一头连着一个有两个曲板的轮轴。这样，只要把板槽的另一头放进水里，人在上面不断地踏动曲板，水就能从板槽间连续地推刮上来。这种水车比原来的水车功率提高了很多倍，所以很快便流传到民间，促进了农业生产的发展。

马钧得到魏明帝的同意，便造起指南车来。但是，史书上只提到过黄帝曾靠指南车辨别方向打败蚩尤，并没有传下实物，就连图样也没有。马钧只能靠自己的想象重新设计制造。由于他平时肯钻研，又掌握了机械运动的原理，不久便制成了。马钧用他的劳动创造，赢得了满朝官员的称赞和敬佩。

可惜，马钧制造的指南车也没有能留传下来。但马钧是创造指南车的先导者，这是可以肯定的。《三国志·魏书》的《方技传》和《明帝纪》《宋史·舆服志》均有明确记载。我们现在所看到的古代指南车模型，则是仿宋朝燕肃、吴德仁所造的。据《宋史·舆服志》记载，这种指南车主要是利用齿轮原理。车的结构是一辆独辕的两轮车，在车厢中央有一个平放的大齿轮，连接有一些小齿轮，上面竖立一个木人。当车子走动时，先把小木人的手指向南方（或指别的方向均可），如果车子向左转，右边车轮带动小齿轮，再牵动大齿轮，便使大齿轮向相反方向转动。所以不论车子往哪方转，木人指向都不会改变，因而能起到指示方向的作用。

马钧还曾利用水力推动齿轮使物体转动的原理，制造了一种叫"百戏"的玩具。它能让小木头人在木盘上做各种动作，包括唱歌、跳舞、击鼓、吹箫、跳丸、掷剑、缘（攀缘）垣、倒立等，这种构造精巧的玩具，很能看出马钧的匠心。

马钧对武器的革新也很关心。

马钧的发明创造是多方面的。他制造的织棱机、龙骨水车、指南车等，都给后继者开辟了道路，提供了经验。他在龙骨水车、指南车中所运用的机械原理，外国要迟上一千七八百年才开始应用。这是很值得称道的。马钧的刻苦钻研、大胆革新，勇于实践的精神，值得我们学习和继承。

裴秀的科技成就

裴秀，字秀彦，河东闻喜（今山西今县）人，出身于官僚世家，曾担任过司空等职，掌管土地、制图等工作。在制作地图方面做出了很大贡献。

他的最大成就是制成"制图六体"，即制图所应遵循的方法和规律，共有 6 条。它们是：一、"分率"，即比例尺；二，"准望"，即方位；三，"道里"，即距离；四，"高下"；五，"方邪"；六，"迂直"。其中后 3 条说明各地间由于地势起伏、倾斜缓急、山川走向而产生的问题。裴秀认为以上 6 条是相互关联、相互制约的。如果地图上没有比例尺的标记，则不能确定距离的远近。如果只有比例尺的标记，而无方位，则某地的方向虽然从某一方向看是对的，但从其他方向看就不对了。如果只有方位的确定，而无道路的实际路线和距离的表示，那么在有山水相隔的地方就不知该怎样通行了。如果只有路线和距离的标记，而无地面高低起伏和路线曲直的形状，则道路的远近必定与其距离不符，方向也弄不清。所以 6 条准则必然综合运用，相互印证，才能确定一个地方的位置、距离和地势情况。因此可以说，现代地图学所需要的主要因素，除经纬线和投影以外，裴秀都已谈及了。我国绘制地图的方法基本上都依据裴秀所规定的"六体"。

其次，裴秀编绘了《禹贡地域图》18 篇，重新勘察，绘制了当时的地图。

另外，裴秀又将原有粗重的用 80 疋缣制作的《天下大图》，加以改造，以"一分为十里、一寸为百里"的比例进行缩制，使之成为容易省览的小而明确的《方丈图》。这种缩小了的《方丈图》就是现在所说的小比例尺（1：1800000）地图。到刘宋时，文学家谢庄（421 年—466 年）制造出一个方丈大的木质地形模特，后来北宋沈括、南宋黄裳与朱熹，都用木材、面糊、木屑、胶泥及蜡等制造地形模型。这些都是裴秀方丈图的继续演进，说明裴秀对后代地图学的发展具有深远的影响。他是我国古代一位杰出的地理学家。

西晋赋税制度

西晋政府在占田制基础上，又规定了赋税制。

户调法即按户征收赋税的制度，如丁男做户主，每户每年纳绢 3 匹，绵 3 斤。如户主是妇人或次丁男，绢绵减半。有些边郡纳三分之二，远郡纳三分之一。边地非汉族人，按住地远近，每户纳賨（赋）布一匹或一丈。

田租——西晋田租每亩 8 升，朝廷按下列田亩数收税。户主占田 70 亩，户主妻 30 亩，一户共纳占田租 100 亩（8 斛）。一户内正丁男纳课田租 50 亩，正丁女纳 20 亩。次丁男纳课田租 25 亩，次丁女不课。边地非汉族人不课田，按住地远近，每户纳义米 3 斛或 5 斗。住地极远，纳米不便，改纳钱每人 28 文。田租的规定及以钱代物的制度促进了政府的财政收入的增加。

对两汉户赋用钱，曹操改为每户纳绢 2 匹绵 2 斤。晋户调比魏制加一匹绢一斤绵。曹操定户调在东汉末大乱时，晋初社会经济已经恢复了一些，按州郡远近有所增减，应是一种合理的制度。两汉有口赋钱算赋钱和三十税一的田租。曹操废两汉租赋制，户调以外，不取口赋、算赋，田租改为每亩收租4升。晋斟酌汉魏旧制，改田租为每亩8升。并规定16岁以上至66岁的男女为正丁，15岁以下至13岁，61岁以上至65岁的男女为次丁，12岁以下、六十六岁以上的男女为老小。除户主夫妇纳占田租，次丁女和老小不纳田租，其余正丁男女和次丁男都得纳课田租。如果纳租者并无实田，那就纳口赋算赋。晋武帝时齐王司马攸说，现在土地有余，务农的人却少了，附业（种课田）多有虚假。晋惠帝时束晳说，占田课田，往往有名无实。这都说明占田制、课田制，只是一种意在督促农户加辟耕地的赋税制。它比魏重，比汉轻，对当时农户说来，还不算是过重的负担。它的又一特征是立户赋税重，附业较轻，因之，西晋虽增收课田租，但一户所包容的人口，比汉魏仍有增长的趋势。在土地有余、人力不足的情况下，农户内人口增加，是有利于生产的。户调式制度的实施，是晋代独有的一个特色，晋武帝司马炎通过制定这些措施增强了国力。

文学上的"太康中兴"

西晋文学最为繁荣的时期是太康（280年—289年）、元康（291—299年）年间。钟嵘称："太康中，三张、二陆、两潘、一左，勃尔复兴，踵武前王，风流未沫，亦文章之中兴也。"（《诗品序》）太康间最活跃的诗人正是张载、张协、张亢和陆机、陆云、潘岳、潘尼与左思。宋人严羽《沧浪诗话·诗体》根据这时作家作品的风格，称之为"太康体"。太康诗风，大致如刘勰所说，"采缛于正始，力柔于建安"（《文心雕龙·明诗》）"体情之制日疏，逐文之篇愈盛"（《文心雕龙·情采》），即诗歌创作多追求形式华美，而内容则比建安、正始时期较为贫弱，显得骨气不足，而形式过于华丽和严整，有本末倒置之感。出现这种情况，是由于社会暂时呈繁荣安定景象，许多文人为之欢欣鼓舞，禁不住攀龙附凤，歌功颂德，这就使他们的诗歌内容受到局限。也正是由于社会暂时稳定，文人们才有时间和精力来深入研究文学创作问题。如陆机作《文赋》专论为文之道，对形式技巧问题加以探讨；左思花了10年时间制作《三都赋》，考证名物不遗余力。同时，从曹丕的时代起，文学已开始逐渐从经学的附庸地位中独立出来，进入自觉发展的轨道。建安文人如曹植就已相当重视词采的华茂，讲究形式技巧，太康诗人沿着这一轨迹加以发展，也是文学发展的趋势使然。太康诗人追求形式华美，从积极的角度说，可以说是文学更加自觉的一种表现。其缺点是未能正确地处理好文学形式与内容的关系，这种倾向一直延续到南北朝之末，其教训是值得总结的。尽管如此，这一时期的诗歌创作还是有成就的。就作家而言，陆机、潘岳、张协及左思的成就较高。尤其左思，其"三都赋"名噪当时，为人传颂。

西晋辞赋的发展

辞赋产生于汉代，经过汉末以来的发展，到晋时达到极盛时期。

从晋武帝泰始元年（265年）到晋恭帝元熙二年（420年）刘裕代晋，共155年。这是魏晋南北朝辞赋最发达的时期。这时有作品存留至今的辞赋作家有119人，今存辞赋作品（包括残缺）521篇，占魏晋南北朝辞赋总数的将近一半。这时辞赋的发展又可分为西晋和东晋两个时期。西晋时期，大赋的数量有所增加，如左思《三都赋》、成公绥《啸赋》、木华《海赋》、郭璞《江赋》，都属于这一类。这些赋，虽各有一定可取之处，但未能脱出汉大赋的规模。西晋的词赋形式过于华丽，善于堆砌辞藻、典故，作品数量庞大。这时有成就的赋仍然是咏物抒情之作。而且词采华美，骈偶已成为主要倾向。如同骈文在这时正式形成一样，骈赋也在这时正式形成。陆机、潘岳、左思是西晋的著名诗人，也是著名的辞赋作家。

陆机赋今存29篇，其中较著名的是《叹逝赋》《豪士赋》与《文赋》。

潘岳赋今存29篇（包括《哀永逝文》与《吊孟尝君文》等赋体文），其赋以长于抒情见称，《秋兴赋》《西征赋》《闲居赋》是其颇负盛名的代表作。

左思赋今存者不多，完整的仅《三都赋》《白发赋》。

左思少年时曾学书法鼓琴不成，后发奋读书。虽出身庶门，其貌不扬，木讷口吃，但其文章华丽，文采飞扬，于西晋太康前后，撰成《三都赋》。

《三都赋》在文学史上被称为千古绝唱。是由蜀都赋、吴都赋、魏都赋等3篇独立而又相联结的赋组成。记述三国时期，成都、建业、邺3个名都的山水物产、风俗人情，因左思写作态度严谨精审，所记风俗博物，都以方志、地图等资料做参考，故能详实地反映当时的社会生活状况。书成后，一方面文辞富丽、语言华实，另一方面书中内容涉及许多时人关注之焦点，如平吴、统一大江南北等，于是引起人们极大的兴趣，张华称其可与班固《两都赋》、张衡《两京赋》相媲美。皇甫谧为之作序，张载等作注，卫权作略解。当时洛阳富室传抄《三都赋》，致使城内纸价飞涨，"洛阳纸贵"成为千古佳话。

玄学清谈之风

整个魏晋南北朝时期，民族矛盾、阶级矛盾交织，晋武帝司马炎死后，惠帝即位，朝政由贾后之党把持，紧随着是八王之乱的发生，北方少数民族乘乱进入中原，形成五胡乱华的局面，经过几十年的大动乱，西晋灭亡，西晋社会政治极端黑暗腐败，士族各集团间互相残酷屠戮，使士大夫知识分子朝不保夕，随时有杀身灭门之祸。这是玄言清谈得以在西晋发展的社会原因。《文心雕龙·时序》说："自中朝贵玄，江左称盛，因谈余气，流成文体。"此所指中朝，即惠帝以后时期。《诗品序》亦说："永嘉时，贵黄老，稍尚虚谈，于时篇什，理过其辞，淡乎寡味。"

另外从思想发展来看，魏晋时期，黄巾起义的革命风暴刚过，曹氏和司马氏不同豪族集团的权利之争又激烈展开。地主阶级需要防范农民革命再起，又要适应政治舞台上攘夺纷争的局面，极力寻求一种新的思想工具。东汉风行一时的"谶纬之学"，以神学来解释儒学，经过王充等人的批判，已经失去原来的迷惑作用。朝廷提倡的经学，也已经发展成为僵化的章句之学。有时五字之文，注说要定二三万言。不少学者，"幼童而守一艺，白首而后能言"。这种烦琐经学，很难再适应魏晋时期的动荡形势。于是，坐谈玄理的"玄学"便应运而兴了。

所谓"玄学"，即玄虚之学，风行于魏晋时期的一种唯心主义哲学，这种哲学思想，开始于曹魏正始年间（240年—249年），创始人是何晏、王弼；发展于西晋元康年间（291年—299年），代表人物是嵇康、阮籍；最后完成于永嘉年间（307年—312年），代表人物是向秀、郭象。这些人生活于魏晋之间，他们的思想代表着当时的主要思潮，因而"玄学"又往往称为"魏晋玄学"。

它是以精神性的"无"，作为思想体系的核心，强调"以无为本"。玄学家们认为，万事万物这些实际存在的"有"，都产生于"无"。这个"无"很神秘，看不见也摸不着，"道之而无语，名之而无名，视之而无形，听之而无声"，可见，这是精神性的东西。但是"无"又神通广大，能"开（创造）物成（就）务（事业）"，能产生一切，又主宰一切。很明显，这种"贵无"论，是一种客观唯心主义的哲学。

"贵无"论体现在政治上，便主张"无为"，或曰"自然"。玄学家们认为，统治者要无为而治，老百姓也要无为而处，一句话，不要打乱门阀士族的现成统治秩序。汉初黄老思想也讲"无为"，着重讲统治术。此时玄学所说的"无为"，重点却在讲处世术，玄学家们想要寻求一条顺时应变的处世之道，在乱世之中。保全自己，当然也要保全门阀地主的腐朽统治。对老百姓，则要求他们放弃一切欲望，"顺天知命"，安于受剥削受压迫的地位，不要再起来造反。玄学家的这种说教，对于防止黄巾再起，解除人民革命思想武装，反倒能有所"为"。

玄学家们又从"无为"出发，为维护封建的纲常名教进行辩解。他们说"名教出于自然"，或"名教即自然"。就是说，封建的尊卑、上下关系，合乎自然，生而固有，不能否定。这个论点，把儒家"名教"与道家"自然"结合为一体，反映出魏晋玄学的特点，正是揉合儒道而形成的一种新的唯心主义思想体系。

玄学家推重"三玄"，指的是道家名著《老子》《庄子》和儒家经典《周易》，也是儒道之说并蓄。正因有此特点，玄学比起两汉时期的单纯儒家说教，要具有更大的欺骗性。

玄学的一个重要特点是清谈。清谈又称"清言"或"玄谈"，始于东汉末年的人物品题。曹魏政权建立以后，为了适应其打击豪强地主的政治需要，推行"九品中正制"，以此吸纳庶族士人入仕，使之成了识别人物、选拔官员的"才性之学"，使清谈从单纯品题的人物变为抽象的才性问题的讨论。刘邵的《人物志》就是关于才性问题的代表作。正始以后，司马氏把持朝纲并进而篡立。政治进入了中国历史的最黑暗时代，为了逃避罗网，文士们绞尽了脑汁，他们认为，躲避政治陷害的最好办法是少讲话，不讲话，或者讲一些无关痛痒的废话和模棱两可的"玄言"。司马昭称阮籍为天下第一谨慎之人，他每次谈话，都言语玄远，从不评论时事，臧否人物。嵇康讲话也意在言中，但不留下任何把柄，以此作为全身之道。尽管如此，也难免被猜疑，因而名士们还以酒和药作为护身符，服寒食散和借酒浇愁成为一种时尚。这种怪诞放达行为的思想和理论依据乃是来源于老庄的自然无为思想。在这一时期，清谈融入了《老子》《庄子》《周易》，所谓"三玄"的思想，使之玄学化。

永嘉之后，为西晋清谈的盛行时期。西晋中期清谈名士首推王衍和乐广。王衍信奉玄学"贵无"思想，《晋书·王衍传》说："魏正始中，何晏、王弼等祖述《老》《庄》，立论以为'天地万物皆以无为本。无为者，开物成务，无往不存者也。阴阳恃以化生，万物恃以成形，贤者恃以成德，不肖恃以免身。故无之为用，无爵而贵矣。'衍甚重之。"这段话解说了王弼、何晏玄学之核心思想，即"以无为本"。这成为王衍清谈之理论依据。《王衍传》还说："衍既有盛才美貌，明悟若神，常自比子贡。兼声名籍甚，倾动当世。妙善玄言，惟谈《老》《庄》为事。"王衍自比子贡，具有调和玄、儒之倾向。

《晋书·乐广传》说："广与王衍俱宅心事外，名重于时。故天下言风流者，谓王、乐为称首焉。"这说明乐广与王衍为当时清谈首领。

乐广谈理较王衍为高。当时清谈，要以简练的言辞表达精深的义理，所谓"言约旨远""清辞简旨"，王衍与乐广谈，便觉己之烦，说明他于义理尚有不通畅，而不如乐广玄学修养深。夏侯玄、裴楷、王戎、卫瓘、王衍等，皆为著名清谈名士，他们称美乐广，固然由于乐广善言名理，而乐广亦因之获致高名。

乐广为清谈名流，反对放诞不羁。当时放荡不羁已成风气，乐广以"名教内自有乐地"加以非难，是调和自然和名教主张，是为旷达不必越礼。

西晋中期清谈名士还有裴楷、庚敳、谢鲲、卫玠等人，但直到郭象才成为玄学的集大成者，他在其《庄子注》中将玄学的范式最后完成。在郭象的著作中，除强调"独化""无为"外，玄学的辩言析理的方法也得到了完成，其表现就是言意之辨。这一方法与品鉴风格同样是得意忘言：找到对象形质背后的神韵、意义，这使玄学让人感到玄的本质，他的《庄子注》也不是语言注解，而是进行逍遥游。因此郭象哲学取消了本体论，也取消了对象：他肯定的不是事物自身的存在，而是它们的独化（与意一样），事物的生化和变化。郭象完成的玄学体系抛弃了存在和其本性，而使存在物的化（其实是意即神韵的一种）成为哲学对象，这是理学的本质路线。

玄学和清谈，是一定历史条件下的产物，它风行于魏晋时代而不衰，和门阀地主阶级占统治地位有密切关系。当门阀地主逐渐走下历史舞台时，玄学也必然要跟着衰落下去了。

陈寿与《三国志》

《三国志》是唯一保存至今同时又是兼记魏、蜀、吴三国史事的优秀著作，这是中国史学上的一大幸事。

陈寿，字承祚，蜀汉巴西安汉（今四川南充）人，为经学大师谯周的学生。勤奋博学，为人质直，有良史之才。晋平蜀后，陈寿经张华推荐，官至佐著作郎。280 年（太康元年）开始编写《三国志》，以王沈的《魏书》、韦昭的《吴书》、鱼豢的《魏略》等书为参考，并自己搜集蜀汉故事，经 5 年笔耕，于 285 年撰成史学不朽之作《三国志》。《三国志》由魏、蜀、吴三志 65 卷组成，（其中《魏志》30 卷、《蜀志》15 卷、《吴志》20 卷）为纪传体通史，但只有纪传，没有表、志。书以取材精良、文笔简约、言辞质直而受到好评。

《三国志》书成时"时人称其善叙事，有良史之才"。司空张华"深善之，谓寿曰：'当以晋书相付耳。'"《晋书·陈寿传》中讲：陈寿撰《三国志》与司马彪撰《续汉书》大致同时，但他比司马彪早卒约 10 年。他们是西晋最有成就的两位史家。

《三国志》记事，起于东汉灵帝光和末年（184 年）黄巾起义，迄于西晋灭吴（280 年），不仅仅限于三国时期（220 年—280 年）的史事，故与《后汉书》在内容上颇有交叉。从《三国志》看陈寿的史才，首先是他对三国时期的历史有一个认识上的全局考虑和编撰上的恰当处置。三国鼎立局面的形成，三国之间和战的展开，以及蜀灭于魏、魏之为晋所取代和吴灭于晋的斗争结局，都被其在纷乱复杂中从容不迫地叙述出来。在编撰的体例上，陈寿以魏主为帝纪，总揽三国全局史事；以蜀、吴二主史事传名而纪实，既与全书协调，又显示出鼎立三分的格局。这种体例上的统一和区别，也反映在著者对三国创立者的称谓上：对曹操，在《魏书》中称太祖（曹操迎献帝至许昌后称公、魏公、魏王），在《蜀书》《吴书》中称曹公；对刘备，在《蜀书》中称先主，在《魏书》《吴书》中均称名；对孙权，在全书中一概称名。此外，在纪年上，著者虽在魏、蜀、吴三书中各以本国年号纪年，但也注意到以魏国纪年贯串三书，如记蜀后主刘禅继位、改元时书曰"是岁魏黄初四年也"（《蜀书·后主传》），记孙亮继位、改元时书曰"是岁于魏嘉平四年也"（《吴书·三嗣主传》）。这些都表明陈寿对于三国史事的总揽全局的器识和在表述上的精心安排。他以一部纪传体史书兼记同时存在的3个皇朝的历史，这是"正史"撰述中的新创造。

陈寿的史才，还在于他善于通过委婉、隐晦的表达方法以贯彻史家的实录精神。他先后作为蜀臣和蜀之敌国魏的取代者晋的史臣，对于汉与曹氏的关系、蜀魏关系、魏与司马氏的关系，在正统观念极盛的历史条件下，都是在历史撰述中很难处理的大问题，但陈寿却于曲折中写出真情。

陈寿的史才还突出表现在叙事简洁。全书以《魏书》30卷叙魏事兼叙三国时期历史全貌，以《蜀收》15卷、《吴书》20卷分叙蜀、吴史事兼三国之间的复杂关系，而无冗杂之感，反映出陈寿对史事取舍的谨慎和文字表述的凝练。有人评论《三国志》"练核事情，每下一字一句，极有斤两。"但记载又过于简洁，对一些重要的历史事件和人物事迹，语而不详，甚至遗漏，由是南朝宋文帝命裴松之作补注。

陈寿在撰述旨趣上推重"清流雅望"之士、"宝身全家"之行的士族风气，所以他对制定"九品官人法"的陈群赞美备至，对太原晋阳王昶长达千余字的诫子侄书全文收录。

陈寿在历史观上有浓厚的神秘色彩和天命思想，他用符瑞图谶、预言童谣来渲染魏、蜀、吴3国君主的称帝，用"天禄永终，历数在晋"《魏书·三少帝纪》来说明晋之代魏的合理性，他断言"神明不可虚要，天命不可妄冀，必然之验也"（《蜀书·刘二牧传》）。这种推重"清流雅望"和宣扬天人感应的政治观点和历史观点，是陈寿史学中的消极因素，也在一定程度上局限了《三国志》的史学价值。后人将《三国志》《史记》《汉书》《后汉书》合称"前四史"，认为是"二十四史"中的代表性著作，这是充分肯定了《三国志》在史学上的地位。

古文经学与今文经学

自西汉末今古文经学发生斗争开始，至东汉末，以郑玄混合今古文，伎今文失去统治地位而宣告结束。西汉以来博士所传令文章句之学，和汉儒贾（逵）马（融）等人的古文经学，都在晋怀帝永嘉之乱中归于消灭，以前的两次结束正为全部消灭做了必要的准备。原始儒学（秦以前）变为两汉经学（今文古文两派），两汉经学变为魏晋经学，至此，经学本身也就无可再变，只等唐人替它作《正义》，保存汉魏各学派的一些残余。

原始儒学含有朴素的唯物论思想，宗教成分很稀薄，不能完全适合统治阶级的需要。两汉今文经学派（以董仲舒为首）力图变儒学为宗教，奉孔子为教主，造谶纬来神化孔子，遭古文经学派（以王充为首）的反对，终于无所成就。老子《道德经》本来也属于唯物论方面，魏晋士人却把它解释为唯心论，结合庄子的诡辩论，创立玄学。玄学盛行后，经学便衰退到次等位置上去了。不过，玄学也不是宗教，而统治阶级迫切需要的却是宗教，玄学必然要继经学而衰退。在经学、玄学相继衰退过程中，佛教逐步兴盛起来，自魏晋起至隋唐止，经学在思想领域的统治地位，逐渐被佛教夺去，玄学和道教也夺得一部分，经学仅能保持传统的崇高名义而没有实在的领导地位。

古文经学只讲训诂名物，并无思想性，但唯物论倾向一般是存在着的。曹操禁内学（谶纬），晋武帝禁星气谶纬之学。这种禁令多少受古文经学的影响，当然，主要的还是政治上原因。

西汉景帝时，在挖掘孔子旧宅时发现孔子宅墙壁中所藏《古文尚书》，比伏生所传《今文尚书》的 29 篇（注家分为 34 篇）多出 16 篇（分成 24 篇）。孔安国传《古文尚书》，司马迁是孔安国的学生，但《史记》所录《尚书》诸篇，仅《殷本经》载《汤诰》百余字，《周本纪》《齐世家》载《泰誓》若干语，或是《孔壁尚书》遗文，其余不出《今文尚书》范围。16 篇大抵是些断篇残简，因之汉世不曾流传。魏晋时出现伪《古文尚书》，托名孔安国作传（注），并新添 25 篇。《孔传》和新篇或疑是王肃所造，或说是郑冲（与王肃同时人）所传。按王肃专造伪书（如《孔丛子》《孔子家语》），郑冲是无耻官僚（晋太傅），为了求宠，很可能传授王肃的是伪书。晋武帝置十九博士，其中有《古文尚书》孔氏，足见东晋梅赜只是献伪书，不是自造伪书。自梅赜献伪书，一直被认为是孔壁古文而流传下来的，到清初阎若璩，作《古文尚书疏证》，才完全证明它是伪书，从而确定了传统经学的正统地位。

两汉今文经师，一般是抱残守缺、穿凿附会的陋儒。古文经师比今文经师学问广博很多，但仍不能解脱传统的束缚。最显著的是《易》学，古文经师拘泥于像数卜筮，支离琐碎，可厌之处不比今文《易》学少些。王弼开始以玄理说《易》，推翻两汉今古文《易》学，标志着经学从两汉家法师法的束缚下解脱出来，思想活动比较自由一些了。魏晋经学以博采众说，不守一家之法一师之说为特征，就是思想比较自由一些的表现。

中国文化东传日本

　　3 世纪下半叶到 6 世纪，中国的先进文化大规模传入日本，促成了日本古坟文化的兴起，并最终代替弥生文化，推进了日本历史文化的进程。在此期间，代表古坟文化的大和政权开始形成，并逐渐成为日本列岛的中心，在 4 世纪下半叶基本统一日本，使日本进入古代文明的繁盛阶段。这一时期，日本通过朝鲜半岛继续吸收中国的先进文化，不断从朝鲜获得铁矿和铁制工具、兵器，并开始交结百济。同时日本也同中国直接联系，经常派遣使者，先后和曹魏、东晋、刘宋、南齐、萧梁等政权建立邦交，以获得册封，加强文化的交流，壮大自己的国力。238 年以后的八九年间，日本倭女王卑弥呼就向曹魏派出 4 次使节，并献赠男生口、女生口、斑布等礼品，不久魏也 2 次派使者到日本，并带去大量中国锦绢、珠宝等。应神天皇（270—309 年）时代，大批汉人从朝鲜移居日本，他们从中国带来了先进的养蚕织丝技术，更进了织机，改良了蚕种，为日本的丝织业开创了一个新的局面。除佛教东渡外，中国对日本在精神文化上的影响还表现在文教、儒学等方面。例如应神天皇时，汉字正式传入日本宫廷。约在 405 年，百济博士王仁向应神天皇献《论语》十卷、《千字文》一卷，使汉字和儒家经典正式传入日本，结束了日本无文字的历史。此后，日本的文字逐步从汉字中借音、借形产生出来，开始了记录本民族语言的文字历史时代。可见，中国古代的文明具有很大的先进性。

王叔和的《脉经》

　　西晋太医王叔和曾编辑张仲景的《金匮要略》《伤寒论》等书，并集中了秦汉以来医家切脉的经验，于 266—282 年间写成一部《脉经》，它是我国现存最早的一部系统论述脉学的专著。

　　脉学是中医诊断学的重要组成部分。《内经》中记载的诊脉方法，主要是"三部九侯"遍身诊法和"人迎寸口"法。《难经》论脉诊较《内经》有所发展，推崇诊脉"独取寸口"，并把寸口脉划分为寸脉和尺脉二部，以分别诊察阳分、浅表病证和阴分、内里病证。由于独取寸口的诊脉方法简便易行，因而逐渐代替了《内经》的脉法而为临床医家所采用。《难经》之后，有不少医家对脉学深有研究，并撰有一些专门著述，可惜均已失传。西晋时期的名医王叔和，摘录《内经》《难经》《脉法》及扁鹊、华佗、张仲景等人关于脉学的著述，结合自己的临证诊脉经验，编撰了《脉经》一书。

　　王叔和，名熙，高平人，约生活于 3 世纪前半期，曾任三国魏太医令。

他除撰《脉经》一书外，还对当时已经散乱的张仲景的《伤寒杂病论》进行了搜集和整理，使之完整地保存流传下来，为医学的发展做出了重要贡献。他所撰《脉经》共 10 卷 98 篇。

《脉经》对各种脉象的诊断意义作了大量的论述，除指出迟则为寒、濇则少血、缓则为虚、洪则为热等等单一脉象的主病之外，还对多种兼脉的主病作了说明，如"脉来细而微者，血气俱虚；沉细滑疾者，热；迟紧为寒"等。

《脉经》首次把脉象归纳为浮、芤、洪、滑、数、促、弦、紧、沉、伏、革、实、微、涩、细、软、弱、虚、散、缓、迟、结、代、动等 24 种，对每种脉象的形象、指下感觉等都作了具体的描述，并指出了一些相似脉象的区别，分 8 组进行了排列比较，初步肯定了左手寸部脉主心与小肠、关部脉主肝与胆，右手寸部脉主肺与大肠、关部脉主脾与胃，两手尺部主肾与膀胱等寸关尺三部的定位诊断。更可贵的是《脉经》并非单纯根据脉象机械地诊断疾病，而是将脉象同其他临床表现及具体病种结合起来，灵活地用于疾病的诊断，指导疾病的治疗，因而同一种脉象，在不同的具体情况下则具有不同的诊断意义，医生必须脉症合参才能认识疾病的本质。这对正确评估脉诊在中医诊断学中的地位而防止对脉诊的神秘化具有重要意义。

王叔和以"脉经"命名其书，是因为脉学是书中的主要内容，而严格说来，《脉经》并不是一部脉学专著，因为该书卷六论五脏六腑病证；卷七论汗、吐、下、刺、灸、水、火等法可用与不可用之证；卷八论内科杂病；卷九论妇科病和小儿杂证。虽然有时十分强调脉象的诊断意义，但也多有只谈诊治、不及脉象之处。即使从诊断学角度而言，书中也不仅论述脉诊一法，而是涉及望诊、闻诊、问诊多方面的内容。如卷五载有"扁鹊华佗察声色要诀"一篇，着重论述了面、目、耳、唇、甲、齿、脐、发等部位的色泽或形态变化的诊断意义，反映了丰富的望诊知识。闻诊方面，则提到"病人尸臭者不可治"；问诊则涉及汗、大便、疼痛、视力、既往病史等内容，其中提到"病人头目久痛，卒视无所见者，死。"临床上有不少颅内占位性病变的患者，大多先有头痛症状，随着颅内压力的逐渐增高，导致视神经乳头水肿而突然视力丧失，此类危重病证在古代一般没有妙法可施，所以书中断为死证是符合实际的。《脉经》一书从望、闻、问、切多个方面，反映了魏晋时期诊断技术的进步，对后世诊断学的发展起到了重要的奠基作用。为后世中医脉学的发展做出了贡献。

南北对峙的时代背景

两汉以至魏晋，为了便于控制，也为了补充兵源和劳动力，朝廷经常通过强制和招引，使边远地区的少数民族人相继内迁。西晋时，西自今青海、甘肃，东经宁夏、内蒙古、陕西、山西、河北以至辽宁，南到河南，都有少数民族百姓与汉人错居杂处。其中除辽河流域的鲜卑和青海、甘肃的氐、羌外，大都由原住地迁来。早在晋初，由于晋政权和地主豪强的压迫和剥削，也由于少数民族的权贵谋求恢复他们在本族中已失去的权位和满足他们的掠夺贪欲，以民族形式组织起来的暴动甚至战争已不断发生。到惠帝时（290—306年）皇室间的夺权斗争由宫廷扩散到地方，混战使人民饱受痛苦，也削弱了西晋政权的统治力量。惠帝晚年，阶级矛盾和民族矛盾一齐激化，西晋王朝崩溃。从304年巴賨李雄和匈奴刘渊分别建立政权开始，到439年魏灭北凉止，136年间，在中国北部和四川先后建立了习惯上称之为十六国（其实不止16国）的各族割据政权。其中除4个汉族政权（西凉、北燕、前凉、冉魏）外，建立这些政权的统治者为匈奴（包括匈奴卢水胡和匈奴铁弗部）、羯、鲜卑、氐、羌五族，史称"五胡"。

以383年东晋和前秦的淝水之战为界，十六国的建立可分前后两期：前期的政权有：①成汉、②汉和前赵、③后赵、④前燕、⑤前秦、⑥前凉，还有鲜卑拓跋部的代和冉闵的魏不在十六国内。后期的政权有：⑦后秦、⑧后燕、⑨南燕、⑩北燕、⑪后凉、⑫南凉、⑬西凉、⑭北凉、⑮西秦、⑯夏，此外还有西燕不在十六国内。

人民的生产与生活

在这个历史时期，各族之间征服与被征服，统治与被统治的关系经常变换，民族压迫与反压迫的斗争反复进行。长期的动乱，统治者的狂暴屠杀和劫掠，漫无限止的劳役，给各族人民带来了巨大灾祸。在战乱中生产极其困难，有时人民需要背着盾、带着弓箭到地里劳动。为了生活与生产，大量的劳动人民不得不投身坞壁主或在部落贵族的武装庇护下成为荫附户口。各族政权为了便于奴役，常常通过军事征服把各族人民迁到自己国都的周围；一个政权消灭，另一个政权建立，随着统治中心的转移，又进行另一次的迁移。这种频繁的迁来迁去，使人民的生活与生产更加不能安定。

总的看来，这一时期中国北部的社会经济遭到了严重破坏，但是不同区域、不同时期，情况也不尽相同。经过流民起义建立起来的成汉政权地处西南，李雄统治的30年内（304—334年）"事少役稀，百姓富实"，益州成为全国最安定的地区。在北方，前凉统治的河西走廊和前燕统治下的辽河流域，都比较安定。西晋末年乱时，中原人民纷纷避难，大致黄河以南的人民南下江南；关中秦、雍地区人民小部分南流巴蜀、荆州，大部分西迁河西走廊；河北人民北入辽东、辽西。前凉、前燕地处边远，地广人稀，大量人民的流入提供了开发荒地的劳动力。前燕慕容皝统治时（333—348年）开放供贵族游猎的官地，仿照曹魏分成办法，让流人佃种，显然有利于荒地的开发。前凉的农业、畜牧业都有所发展，特别是317—376年较稳定的政局，保证了自古以来著称的丝绸之路畅通，凉州州城姑臧成为国际、国内东西使节、商旅往来的枢纽。

黄河南北与关中地区是遭受战祸最剧、社会经济破坏最严重的地区，但在战事间歇期间，有的统治者为了巩固其政权，不得不推行一些有利于生产的措施，使被破坏的社会经济有所恢复。后赵石勒经过一番杀掠，在占领河北后颁布的租调征收额却比西晋减轻，还曾派使者出去劝课农桑；石虎统治之初（335年左右），征集的大量租谷，下令每年输送100万斛到京都，其余储藏在水道旁的粮仓。大量租谷当然为剥削农民所得，但也表明后赵境内农业有所恢复。曾经一度统一北方的前秦，政治比较清明，苻坚信任汉人王猛，抑制氐族权贵，奖励关心农业生产的清廉官吏，史籍称赞当时"豪右屏气，路不拾遗"，平定前燕后，据说"关陇清晏，百姓丰乐"，从国都长安到境内各地商贩在驿道上往来不绝。这些话虽不能尽信，却也反映了继前、后赵破坏之后，关中的农业、手工业和商业在这时获得了恢复和发展。继前秦的后秦姚兴统治时（394—416年）虽然兵戈不息，也还注意政治，曾下令解放百姓由于饥荒而自卖的奴婢，并注重刑罚，惩治贪污，这些措施直接或间接有利于前秦末年大乱后关中经济的恢复。其他如西凉李暠（400—417年在位）在玉门、阳关扩大耕地，注意农业，史籍记载"年谷频登，百姓乐业"；北燕冯跋曾减轻赋役；南凉秃发乌孤也注意农桑，他们统治的一隅之地也曾为生产提供了较有利的条件。

各族所建政权的性质

建立政权的诸少数民族原先处于不同的历史发展阶段。有的早已解散部落，人民已成为州郡编户，他们有的早就和汉人一同生活在封建社会里，部分秦、雍氐羌就是这样，但多数还保留部落组织形式，其中有的可能已进入封建社会，却还带有浓厚的氏族社会残余，并州的匈奴可能处于这种情况；有的似乎还逗留在家长奴役制阶段，比如鲜卑。不论诸族原先的发展阶段怎样有差异，由于他们置身于一个成熟了的封建社会中，在封建经济的基础上建立政权，因此基本上都是封建政权。

编户与荫附户口

当时大量人民成为坞壁主和部落贵族的荫附户口。坞壁主不少是大姓豪强，坞壁随着军事形势的变化兴废无常，大姓豪强却一直存在，也一直占有多少不等的荫附户。前燕、后燕的部落贵族都拥有大量军营荫户，后秦贵族也领有营户，他们都成为军事封建贵族，占有今山东的南燕，荫附之家"百室合户，千丁共籍"（包括汉族大姓和鲜卑贵族）。据说这种荫附之风是因袭前秦、东晋之弊。荫户是贵族豪强的私属，有的丧失土地，在主人田地上佃作，有的带着土地以求庇护，他们不承担国家赋役，只对主人负有义务。这种义务从贡纳、力役以至分成制地租有很多差别，但都是封建性剥削。还有许多登记在州郡户籍的所谓编户，他们是封建国家赋役剥削的对象。和历朝一样，为了保证国库收入和劳役来源，各族君主往往进行户口检查，使荫户复归于编户。一次检查也可能收得效果，但从来也没有能够防止百姓继续流入私门。上述荫户基本上都是汉人，关于少数族人的封建化过程，记载缺略，但可以断言，他们也终于和汉人一样，或者成为州郡编户，或者成为私属。

少数民族政权与汉族士庶的关系

各少数民族政权是在众多汉人居住的地域上建立的，为了巩固其政权，各族统治者毫无例外地都力图取得固有封建势力的合作。后赵石勒颁布法令，不准侮辱"衣冠华族（即士族）"，并恢复为士族服务的九品官人法，派遣专职官员掌管士族定品和参加选拔。对于汉族人民，石虎是个非常残暴的异族君主，蓄意"苦役晋人"，作为消除反抗力量的措施；另方面他也尊重传统的士族特权，不仅继续承用九品官人法，而且下令对被征服的前赵境内（雍、秦二州）士族也给予免役和优先选任官吏的权力。辽河流域涌入大量流人，因此前燕政权一开始就任用作为流人首领的中原士族参与统治，有的甚至领兵征伐。而后来的后燕、南燕也都承用这一以汉制汉政策。后燕慕容宝曾"定士族旧籍"，前秦苻坚也恢复"魏晋士籍"，其目的都在于区别士庶，一面承认士族的免役特权，又一面清除挤入士族行列的庶族，以免减少劳役征发对象。以上举的只是一些明显事例，其他各少数民族政权在不同程度上都有迹象表明他们对于士族特权的尊重，也都吸收士族豪门参加统治。

教育与文化

为了获得统治者需要的人才，加强与固有封建势力的合作，有些少数民族统治者还设置学校。前赵刘曜设置太学、小学，选拔百姓25岁以下、13岁以上资质可教的1500人为学生，太学生后来通过考试，授予官职。所谓"百姓"实际上应是士族豪门子弟。后赵设置太学、四门学、郡国学，学生是将佐和豪右的子弟，将佐可能也包括部分少数民族人。前燕慕容皝设置"官学"，入学的是大臣子弟，称为"高门生"，达千余人，他还自著开蒙读物《太上章》和《典诫》15篇作为教材。南燕慕容德南渡称帝，座席未暖，就设置太学，选公卿、士族子弟200人为太学生。后秦姚兴时，来自各地的一些老儒生在长安开馆授徒，聚集生徒一万多人。姚兴经常接见这些老儒，还鼓励诸生游学洛阳。特别是他设置律学，召集地方上没有专职的"散吏"入学，其中学得好的便派回原来郡县主管刑狱。律学的设置开唐代的先声。那时甚至在不太安定的南凉，秃发利鹿孤当政时也曾设立学校，置博士祭酒，教导贵族大臣子弟。设学授经，固然是为了统治者的需要，但客观上有利于遭到严重破坏的传统文化的保存与传播，而且促使部落上层分子加快接受汉文化，对于民族融合具有积极意义。前燕王慕容皝能够著书作教材，前秦苻坚弟苻融、从子苻朗都读书能文，通晓佛学、玄淡。苻朗的著作《苻子》，至今还有片断流传。姚兴能讲佛教经典，又通晓佛学。他们接受传统文化，表明少数族上层分子汉化的深度。

前凉政权抗拒了刘曜、石虎的入侵，凉州（今甘肃武威）是北方最安定的地区，传统的汉魏制度和文化在那里受到尊重。前凉政权建立前，张轨任凉州刺史，到任后建立学校，征集辖区内九郡士族官僚子弟 500 人入学。西凉李暠也曾立学，增置高门生至 500 人。根据吐鲁番出土的文书和石刻，西凉和北凉都曾在境内策试秀才。由于凉州没有遭到严重破坏，保留汉魏旧籍较多。314 年，晋愍帝定都长安时，前凉张寔曾进献经史图籍。437 年北凉沮渠牧犍向南朝刘宋进献各类书籍 154 卷，其中多数是凉州人的著作。

佛教的传播与发展

在这个动乱的时代里，佛教获得了巨大的发展。历尽苦难的人民对于现实世界感到无能为力，佛教乘虚而入，引导人们把希望寄托在佛天保佑与来生福报上。统治者也需要从佛教教义里得到精神上的支持，因而积极提倡佛教。石勒、石虎尊崇来自西域、善于法术的大和尚佛图澄，据说曾立寺 800 余所。石虎"苦役晋人"，不少百姓削发为僧，在寺院的庇护下逃避劳役。汉代以来不准汉人为僧，石虎说我是"戎"人，理当尊奉"戎神（即佛）"，下令不论华夷贵贱，都可以出家。佛图澄收了许多徒弟，其中不少名僧，特别是释道安。道安是冀州常山（今河北石家庄元氏西北）人，俗姓卫，先后在黄河南北、襄阳、长安宣扬佛法，获得东晋、前秦统治者的尊崇。他在整理和翻译佛经，编制佛经目录，制订仪轨、戒律，特别在宣传佛法方面，对于当时佛教的兴盛起了很大的作用。和道安同时稍后，原籍天竺的鸠摩罗什是个博学多闻、通晓汉语的僧人。那时罗什在龟兹，379 年道安由襄阳到长安，劝苻坚迎罗什东来。382 年苻坚命大坚吕光西征，要求吕光平龟兹后，迎接罗什到长安。但吕光还军，前秦业已大乱，吕光随即割据凉州，罗什也留居凉州 17 年。直到 401 年，后秦姚兴才把罗什迎至长安。姚兴十分尊敬罗什，待以国师之礼，在他主持下译出佛教经论近 300 卷。当时僧人群聚长安，参加译经的数以千计。前、后秦时，长安是北方的佛教中心，关中佛学达到十六国时期的最高峰。佛图澄的法术，释道安的传教，鸠摩罗什的译经，为佛教奠定了大发展的基础。前凉自张轨以来一向信仰佛教，早就有译出的佛经流传内地。北凉沮渠蒙逊尊崇中天竺僧人昙无忏，他也深通汉语，在姑臧译出佛教经论多种。当时凉州继长安之后成为北方译经中心，凉州所属的高昌郡也是个译经场所，沮渠蒙逊从弟京声曾到于阗求经，东还到高昌还译出其中一部分。

东西交通

当时常有僧人西行求经，留下东西交通最可靠的记录。其中最值得称道的是法显。399年他从长安出发，经历十分艰苦的行程，越过葱岭，渡印度河，以达北天竺，又从海道回国，几经危难，412年才到达刘宋所属的青州长广郡（今山东青岛北）。他所著的《佛国记》记载国内西域各族和今印度、巴基斯坦的历史传说和地理，是研究东西交通的要籍。

河西走廊是通往西域的要道，建立于此地的政权除后凉外，都自认为是凉州地方政权。他们接待来自国内外的使节、僧人、商旅，并继续管理国内西域各族事务。前凉于327年将原由戊己校尉管理的高昌屯田区改为高昌郡；后凉吕光派其子吕复为西域大都护，镇守高昌；西凉李暠也命儿子为西夷校尉，管理西域。北凉沮渠蒙逊、牧犍父子受拓跋魏任命为"西域羌戎诸军事、凉州牧"，受刘宋任命为"西夷校尉、凉州牧"。蒙逊灭西凉后，曾接见鄯善国王，并受西域各国的贡献。通过河西走廊和西域，通往天竺、波斯、大秦等国的通道在这个动乱时期仍然通行。当时除出玉门经鄯善，沿南山北坡西行的南道和出玉门经伊吾、高昌、龟兹西行的北道外，有时因为战乱，绕过河西走廊由西平（今青海西宁）入吐谷浑境，通过柴达木盆地至鄯善，也是一条道路，此路又是西域经益州和江南交往的通道。经由这些道路，西域和内地、中国和西方各国间的经济、文化交流继续进行，中国的丝和纺织物以及蚕桑丝织技术这时传到高昌、焉耆、龟兹等地，并有可能传到波斯、大秦。随着佛教的东来，西方雕塑艺术的传入，世界著称的艺术宝库——敦煌石窟，就是这时开凿了。

分裂与融合

十六国时期是一个民族分裂的时期，同时又是各族大融合的时期。由于各族统治者的暴行和暴政，给人民带来严重灾祸。社会经济和文化遭到严重破坏，但被破坏的经济在不同时期有所恢复，西南、西北、东北几个地区在不同程度上还有所发展。被破坏的传统文化终于保存了下来，而且在一定程度上吸收了西部和北部的各族文化，甚至还吸收了外来文化。经由这场动乱，内迁各族的社会形态发生了很大变化，有的进一步接受汉族成熟了的封建制度，有的由家长奴役制进入封建社会。各族成员都按照各自的阶级成分逐渐与汉族地主或农民两大阶级融合。在 136 年，有的种族名称基本上已经消失，例如匈奴、羯、巴氐、河西鲜卑，都已成为汉族的组成部分。

十六国概况

前凉

十六国之一。汉族张寔所建，都姑臧。盛时疆域有今甘肃、新疆及内蒙古、青海各一部分。历 8 主，共 60 年。

晋惠帝时，张轨为凉州刺史，治姑臧。延用当地有才干的人共同治理凉州，课农桑、立学校，阻击入侵的鲜卑部，保境安民，多所建树。自洛阳沦陷（311 年）后，中原和关中地区人民流入凉州的很多。于是他在姑臧西北置武兴郡，分西平（今青海西宁）郡界置晋兴郡，以处流民。又铸五铢钱，通行境内。314 年张轨病死，长子张寔继任，晋愍帝司马邺任命寔为都督凉州诸军事、凉州刺史、西平公。西晋亡后，自 317 年起，张氏世守凉州，长期使用晋愍帝的建兴年号，虽名晋臣，实为割据政权，史称前凉。

张骏、张重华父子统治时，前凉达于极盛，境内分置凉、沙、河三州，设西域长史于海头，在今吐鲁番地区设置高昌郡，其疆域"南逾河、湟，东至秦、陇，西包葱岭，北暨居延"。353 年张重华死后，张氏宗室内乱不绝，凉州大姓也起兵反抗。10 年争权夺位的斗争，使国势大衰，到张天锡时已失去今甘肃南部。376 年，前秦主苻坚以步骑 13 万大举进攻，张天锡被迫出降，前凉亡。

张氏的前凉政权依靠凉州大姓，并始终对东晋表示忠诚，借以维系人心。各代统治者除张祚外，都自居晋朝的刺史或州牧，接受晋的封号。张骏为了和东晋通使命，甚至不惜向成汉李雄称臣，以求假道。前凉先后与前赵、后赵发生过战争，多次击败刘曜、石虎的进攻，但慑于对方军事力量的强大，也曾向前赵、后赵称臣纳贡。

张氏子孙世代保守的凉州，是当时中国北部较为安定的地区，都城姑臧是西北地区的政治、经济和文化中心。河西走廊原是通往西方的陆路交通要道，商业繁荣，农业和畜牧业生产也较发达。西晋灭亡后，内地流亡人民相继到来，劳动力增加，生产经验传播，凉州的社会经济更有发展。当时的凉州还是中国北部保存汉族传统文化最多和接受西域文化最早的一个重要地区。

成汉

十六国之一。巴賨贵族李雄所建。都成都，盛时有今四川东部和云南、贵州的各一部分。历6主，共44年。

西晋末年，秦、雍二州连年荒旱，略阳、天水等6郡賨人和汉人等不得不流徙至梁、益地区就食。他们入蜀后，由于地方官吏的贪暴和政府限期迫令流民还乡，流民领袖、略阳賨人李特等利用流民的怨怒，于301年在绵竹（今四川德阳北）聚众起义。303年义军攻成都，晋益州刺史罗尚联络诸堡坞的地方大族，袭杀李特。特弟李流继续领兵作战，不久病死。特子李雄继领其部众，于同年攻下成都，逐走罗尚，据有益州。304年李雄称成都王，306年改称皇帝，国号大成，都成都。334年雄病死，兄子李班继位。同年雄子李期杀班自立。338年特弟李骧之子李寿杀期自立，改国号为汉，史称成汉。343年寿死，子李势继位。347年东晋桓温伐蜀，李势兵败出降，成汉亡。

秦雍6郡流民起义在巴賨李氏和6郡大姓的领导下，演变成为外来大族与土著大族的斗争。外来大族一度势危，只是由于涪陵大族徐举和青城范长生的归附，才转危为安，建立起成汉政权。范长生是世领部曲的大姓，又是天师道教主，在成汉建国过程中起了重要作用。李雄称王后，拜范长生为丞相。尊称"范贤"；称帝后，加为天地大师，封西山侯，免除其数千家部曲的课役，令其自收租税。通过对范长生的优待尊重和对部曲制的承认，两类大族相互妥协，形成联合统治，同时，巴賨贵族间也推行了部曲制。

李雄统治时，战事稀少，政刑宽和。赋税也较轻，男丁每年纳谷3斛，女丁半之；户调绢数丈，绵数两。李雄死后，宗室间为争夺帝位不断发生内乱，安定局面被破坏。李寿父子统治时务为奢侈，大兴土木，滥施淫威，致使上下离心，百姓不满，终于在东晋进攻下迅速灭亡。

汉

十六国时匈奴贵族刘渊所建政权。先后都左国城（今山西离石北）、蒲子（今山西隰县）、平阳（今山西临汾西）。历3主，共14年。

西晋八王之乱中，成都王颖结纳刘渊为外援，遣渊回并州调发匈奴五部之众以助攻战，拜渊为北单于。渊至左国城，被匈奴贵族刘宣等推为大单于，建庭离石，拥有5万之众。刘渊等为恢复匈奴贵族以往的权势，利用匈奴族人民对西晋统治者的反抗情绪和西晋统治阶级内部混战的有利形势，起兵反晋。304年，刘渊于左国城即王位，建国号曰汉。随即向晋展开军事进攻。马牧帅汲桑、上郡四部鲜卑陆逐延、氐酋长单徵、东莱人王弥及石勒等均归附于渊，受汉官爵。308年，刘渊徙都蒲子。十月，渊改称皇帝，迁都平阳。

此后，石勒在河北各地屡败晋军。部众发展到 10 余万之多。刘渊遣将败晋军于延津，沉杀男女 3 万余口于黄河。310 年，刘渊病死，太子刘和继位，渊第四子刘聪杀和自立。十月，聪遣刘曜、王弥率大军攻掠河南诸州郡。次年六月，破洛阳，俘晋怀帝司马炽。316 年，聪遣刘曜等攻关中，十一月破长安，晋愍帝司马邺被俘，西晋亡。至此，中原广大地区都纳入汉的版图，是其全盛时期。但石勒的势力也在发展，形成割据，汉政权直接控制的地区只限于山西和陕西各一部。刘聪在其直接控制地区实行胡汉分治政策：设左、右司隶，各领户 20 余万，万户置一内史，构成统治汉族人民的组织系统；又继承刘渊时制度设大单于，其下设单于左、右辅，各主六夷 10 万落，万落置一都尉，以统治各少数民族百姓。在非直接控制地区则设置州牧、郡守。刘聪穷兵黩武，荒淫残暴，不断激起各族人民的反抗，加以饥荒，国势渐衰。318 年，刘聪病死，太子刘粲继位，旋即为匈奴贵族靳準所杀，汉亡。

前赵

十六国之一。匈奴贵族刘曜所建，实为汉政权的继续。都长安（今陕西西安）。历一主，共 11 年。318 年，汉主刘聪死，子粲继立，为匈奴贵族靳準所杀。镇守长安的刘聪族弟刘曜闻变，发兵攻靳準。十月，曜自立为皇帝。与此同时，石勒亦以讨伐靳準为名，率军攻破汉都平阳，于是，自平阳、洛阳以东之地尽入勒手。319 年，曜徙都长安，改国号为赵，史称前赵。此后刘曜、石勒常相攻伐。328 年，两军大战于洛阳城西，刘曜饮酒过量，兵败被擒，前赵主力被消灭。石勒军乘胜西进，曜太子刘熙弃长安，逃奔上邽（今甘肃天水）。329 年，勒军攻占上邽，杀刘熙，前赵亡。

刘曜继承刘汉政权胡、汉分治的政策。一方面以子刘胤为大司马、大单于，置单于台于渭城（今陕西咸阳），自左、右贤王以下皆用少数民族豪酋充当。另一方面又大体沿用魏晋九品官人法，设立学校，肯定士族特权，与汉族的豪门望族相勾结，以维护其统治。此外，还仿效刘渊、刘聪徙民都城地区的办法，将被征服的各族人民大量徙置长安一带，以便直接控制。前赵全盛时，拥兵 28 万余人，据地有今陕西、山西、河南、甘肃各一部，当时，关陇氐、羌，莫不降附。前凉张茂，亦遣使贡献。

后赵

十六国之一。羯族石勒所建，都襄国（今河北邢台），后迁邺。盛时疆域有今河北、山西、陕西、河南、山东及江苏、安徽、甘肃、辽宁的一部分。历 7 主，共 32 年。

石勒从 305 年起兵后，辗转归于汉刘渊，为渊部将。311 年石勒军全歼西晋主力，并会同刘曜、王弥之众攻破洛阳。312年以后，石勒以襄国为基地，发展成为今河北、山东地区的割据势力。318年，汉内乱，他率军攻破汉都平阳（今山西临汾西）。319年，刘曜自立为帝，建前赵，迁都长安。石勒脱离前赵，自称大单于、赵王，定都襄国，史称后赵。石勒攻灭鲜卑段氏，又进据河南、皖北、鲁北。329年攻破长安、上邽，灭前赵，并有关陇。至此，北方除辽东慕容氏和河西张氏外，皆为石勒所统一。后赵以淮水与东晋为界，初步形成南北对峙局面。330年石勒改称大赵天王、行皇帝事，同年称帝。

333年石勒病死，太子弘继位，以勒侄石虎为丞相、魏王、大单于，总摄朝政。

334年，石虎废石弘，自称居摄赵天王。以后，石虎诛杀弘及勒诸子，迁都于邺。337年改称大赵天王。349年称帝。

石勒初起时，往往对攻下的坞堡壁垒征收义谷，有时也以掠夺方式获取军粮。约在313年始采用租调剥削方式。314年下令州郡检查户口，征收田租户调，规定户赀出帛二匹、租谷二斛。称赵王后，较留意于农业生产，常遣使者循行州郡，劝课农桑。故当石虎统治之初，租入殷广，邺都的中仓每年有百万斛的租谷输入，沿水次诸仓也储积了不少粮食。

后赵采用胡、汉分治的政策，设置大单于统治各少数民族百姓，又设置专门的官职管理胡人词讼和出入，甚至强行规定称汉人为"赵人"，胡人为"国人"，并严禁呼羯为胡。

石勒、石虎均沿用刘汉的徙民办法，将被征服地区的各族人民迁往其统治的中心襄国、邺及其周围地区，以便控制。对人民的统治，除以州、郡行政系统管理外，同时存有以军事组织形式管理并占有人口的制度。

石勒初起时，对西晋王公卿士、坞堡主及士大夫多加杀戮。以后则在俘虏中区分士庶，将士族集为"君子营"，以示优待。并选用某些士族为官。称赵王后，石勒对一些士族委以要职，明令不准侮易衣冠华族。恢复魏晋以来的九品官人制度，使士族取得了特权。石勒两次清定九品，又设立太学、小学和郡国学，培养将佐和豪族子弟。石虎即位后，也肯定士族特权，并将对关东士族的优待扩大到关中的望族。

石虎是十六国时期有名的暴君。在其统治期间，军旅不息，众役繁兴，征调频仍，刑罚严酷。他有意"苦役晋人"，严重地破坏了农业生产，使阶级矛盾和民族矛盾日益激化，起义不断发生。其中，梁犊起义规模最大。348年石虎杀太子石宣，把无辜的东宫卫士10余万人谪戍凉州，其中有万余人于次年到达雍城（今陕西凤翔南），他们在高力督（石宣挑选身强力壮者守卫东宫，号"高力"，设置督将率领，称高力督）梁犊的领导下发动起义，各族人民纷纷参加。义军所向披靡，及至长安，众已10万，击败石苞，东出潼关，两次大败大司马李农。石虎继续派兵镇压，又利用氐族贵族苻洪和羌族贵族姚弋仲的武装力量合兵进攻，使梁犊兵败牺牲。这次起义虽然失败，但动摇了后赵统治的根基。349年石虎病死，后赵内乱，诸子争立，互相残杀。305年，石虎养孙汉人冉闵（即石闵）乘政局混乱，杀石鉴，灭后赵，政权落入冉闵之手。次年，称帝于襄国的石祇也被冉闵消灭。

前燕

十六国之一。鲜卑贵族慕容儁所建。都邺城。盛时有今河北、山东和山西、河南、安徽、江苏、辽宁的一部分，西接前秦，与东晋以淮水为界。有户245万余，人口998万余。历3主，共34年。

魏晋之际，鲜卑慕容氏自辽西迁于辽东北。294年，其酋长慕容廆徙居大棘城（今辽宁义县西北），开始了定居的农业生活。307年前后，慕容廆自称鲜卑大单于。西晋亡后，慕容廆得汉族士人辅佐，以大棘城为中心据有辽水流域，受东晋官爵。子慕容皝继立。于337年称燕王，建燕国，史称前燕，皝继续尊奉东晋，并用兵扩展领地。342年迁都龙城（今辽宁朝阳），东破高句丽，攻灭鲜卑宇文部及夫余，成为东北地区的强大国家。348年皝死，子儁继立，349年进攻后赵，夺得幽州，迁都于蓟（今北京西南）。352年击灭冉魏，占有河北，儁乃抛弃东晋旗号，自称燕皇帝。357年迁都邺城。儁自恃强盛，检括人口，欲使步卒满150万，以攻灭东晋和前秦。360年儁病死，11岁的太子暐继位，儁弟慕容恪辅政，前后7年，前燕王朝政治稳定，恪还率兵攻占东晋的河南、淮北土地。369年东晋桓温北伐，燕军连败失地，后慕容垂在襄邑大败晋军，桓温退走。370年前秦苻坚命王猛率六军攻燕，破邺城，俘慕容暐，前燕亡。

慕容廆时即招徕流民，在辽水流域设置侨郡（皝时改郡为县），许多山东、河北一带的汉族世家大族纷纷迁徙辽西，投靠慕容氏。又将被征服地区的各族人民大批迁徙到自己的统治区内。除以州郡县管理编户外，还用军事化方式占有大量称为营户、军封或荫户的人口，也有被榨取高额地租的屯田民户。慕容氏自慕容廆起即与汉族士大夫合作，共同统治。前燕政权循魏晋九品官人法，肯定士族特权，承认坞主壁帅势力，使境内大族势力有所发展。368年，一次就搜括出荫户20余万户。又兴立学校，培养统治人才。慕容皝时能留意农桑，兴修水利，国势日盛。到慕容暐时政治腐败，矛盾交错，终致亡国。

冉魏

十六国时期汉族冉闵所建政权。都邺城。历一主3年。

冉闵，字永曾，魏郡内黄人（今河南内黄西北），父瞻，原属乞活军，闵为石虎养孙。改姓名石闵，是石赵统治集团中较重要的将领，以勇敢善战著称。349年石虎死，诸子争立，互相残杀，闵乘后赵政局混乱，又得大司马李农之助，于350年杀石鉴，自称皇帝，国号大魏。复姓冉氏，仍都邺城，史称冉魏。石鉴死后，石祗（石虎子）据襄国称帝，又联合羌酋姚弋仲和鲜卑族前燕慕容儁，与冉闵常相攻伐。351年石祗为其部将刘显所杀。352年闵攻破襄国，杀刘显，消灭了后赵的残余势力。其时，慕容儁势力渐盛，南下冀州，冉闵率军抵抗，兵败被俘，前燕军攻入邺城，冉魏亡。

冉闵在建立魏国的过程中煽动民族仇恨，对胡羯不论贵贱、男女、老少一律诛杀，共死20余万人，以致汉人高鼻多须者多被滥杀。这一民族报复政策导致了自己的孤立。冉魏建立后，立即与东晋政府联系，请求派兵共同讨伐胡人；又清定九流，实行九品官人法，以争取汉族地主阶级的支持。在经济上，开仓散粮，以求得百姓的拥护。在军事上，竭力与后赵残余势力石祗、羌酋姚弋仲、前燕慕容俊争衡。由于残酷的民族仇杀和连绵的战争，加之饥馑，先前被迁到冀州、司州的胡汉各族人民数百余万各还本土，路上互相杀掠，饥疫死亡甚众。冉魏辖地渐小，人口锐减，农业生产陷于停顿，于352年终为前燕所灭。

前秦

十六国之一。氐族苻健所建。都长安（今陕西西安）。盛时疆域东至海，西抵葱岭，南控越嶲，北极大漠，东南以淮、汉与东晋为界。历6主，共44年。

333年，后赵主石虎徙关中豪杰及氐、羌于关东，以氐族酋长苻洪为流民都督，率氐、汉各族百姓徙居枋头（今河南汲县东北）。石虎死，苻洪遣使降晋，接受东晋官爵。350年，冉闵诛胡羯，关陇流民相率西归。此时苻洪拥众10余万，自称大都督、大将军、大单于、三秦王，欲率众还关中，尚未成行，被人毒死。洪子苻健继领其众，称晋征西大将军，自枋头西入潼关。关中氐人纷起响应，苻健遂攻占长安，据有关陇。351年自称大秦天王、大单于，国号大秦，史称前秦。352年改称皇帝，都长安。

354年，东晋桓温率军攻秦，苻健坚壁清野，晋军攻入潼关后，因粮食不继而退兵。355年苻健死，子苻生继位。357年苻生堂兄苻坚杀苻生自立。苻坚即位后的十几年内，前秦国内相对安定，在十六国那个动乱的年代，呈现一派"小康"气象。在此基础上，前秦势力逐渐强大，他集中氐族武装力量，开始了统一黄河流域的征战。370年灭前燕，371年灭仇池（今甘肃威县西北）氐族杨氏，373年攻取东晋的梁、益二州，376年灭前凉，同年乘鲜卑拓跋氏衰乱灭代，382年苻坚命吕光率军进驻西域。至此，前秦统一整个北方，与东晋形成南北对峙局面。

苻坚自恃强盛，不断对东晋发动进攻，战事主要在东线徐州一带和西线襄阳一带进行。379 年前秦攻占东晋战略重镇襄阳，而进攻淮南的行动受阻，进攻江陵的军队也被击退。苻坚遂决定重新部署，全力发动对东晋的进攻。382 年，他召集群臣，提出亲率百万大军一举灭晋。臣僚多不赞成，有的还极力谏阻，但他执意不从。383 年下诏进攻，八月以苻融为前锋都督，率步骑 25 万先行，九月苻坚亲统步兵 60 余万、骑兵 27 万为后继。益州、凉州、河北等地的前秦军也纷纷出动。东晋谢安当国，命谢石为征讨大都督、谢玄为前锋都督，率水陆 8 万迎敌。十月，两军会战于淝水，前秦军大败。溃散的前秦军饥饿寒冻，死亡十之七八。苻坚中箭，仓皇逃至淮北，沿途收集残兵，到洛阳时有众 10 余万。年底，回到长安。

淝水之战后，前秦帝国四分五裂，被前秦征服的丁零、鲜卑、羌等各族贵族纷纷起兵反前秦。丁零翟斌起兵河南，鲜卑慕容垂起兵河北，鲜卑慕容泓起兵陕西华阴，羌姚苌起兵渭北。慕容泓不久为部下所杀，其弟慕容冲被拥为主。冲率军进围长安，苻坚于 385 年留太子苻宏守城，自率数百骑出奔五将山（今陕西岐山东北），后为姚苌擒杀。六月，苻宏率数千骑弃城出逃，辗转投奔东晋，长安遂为慕容冲攻占。至此，前秦已名存实亡，但它在各地的残余势力则延续了近 10 年之久。

苻坚死后，镇守邺城的苻丕遭慕容垂长期围攻，于 385 年弃城，率男女 6 万余口退至晋阳（今山西太原西南），自立为帝，386 年，苻丕与西燕慕容永军在山西激战，前秦军大败，丕逃奔河南，为东晋军所杀。其后，关陇氐人拥立苻坚族孙苻登称帝于枹罕（今甘肃临夏）。苻登与后秦姚苌连年争战。394 年，苻登与姚苌子姚兴作战，兵败被杀，前秦灭亡。

苻坚统治时，重用汉人王猛，实行抑制氐族贵族豪强、扩大皇权的政策。在政治、经济等方面采取了一系列巩固统治的措施。他恢复魏晋士籍，承认士族特权，吸收汉族士人参加政权，扩大胡汉联合统治的阶级基础。提倡儒学，兴立学校，培养统治人才。注重农桑，兴修水利，修立亭驿，发展工商。消灭前燕后实行徙民政策，将关东被征服的鲜卑、乌桓、丁零等族 10 万户徙至关中，充实近畿，便于控制；又将关中的氐族 15 万户移至关东，分置于各要镇，用以加强控制新征服地区的人民。前秦此时，政治较为清明，社会相对安定，国力达于鼎盛。但自淝水战败后，迅速走向衰落和瓦解，北部中国再度陷于分裂。

后秦

十六国之一。羌族姚苌所建。都长安（今陕西西安）。盛时控有今陕西、甘肃、宁夏及山西、河南的一部分。历 3 主，共 34 年。

西晋永嘉（307—312 年）年间，羌部落的一支由豪酋姚弋仲率领从赤停（今甘肃陇西西）迁徙到隃糜（今陕西千阳东）一带居住。后赵时石虎徙关中豪杰及氐、羌于关东，333年，以姚弋仲为西羌大都督，率羌众数万迁于清河之滠头（今河北枣强东北）。石虎死后，弋仲遣使降晋，受东晋官爵。352年弋仲病死，子姚襄继领部众，与东晋关系破裂。姚襄欲率众还关中，357年与前秦军战于三原，兵败被杀。襄弟姚苌率众降于前秦，为苻坚将领，累建战功。淝水战后苻坚回长安不久，鲜卑贵族慕容泓起兵反前秦，姚苌参与讨泓战败，逃奔渭北，得羌人及西州豪族尹详等支持，也起兵反前秦。384年苌自称大将军、大单于、万年秦王，史称后秦。姚苌率军进屯北地（今陕西耀州区），渭北羌胡10万余户归附，势力发展很快，385年擒杀苻坚。及至慕容永率鲜卑30余万离关中东归，姚苌于386年入据长安称帝，国号大秦。

393年姚苌病死，太子姚兴继立，次年，打败前秦的残余势力苻登，灭前秦，据有关陇。并乘西燕败亡，取得河东。随后又相继攻占东晋的洛阳，臣服西秦，攻灭后凉。416年姚兴病死，太子姚泓继位，东晋刘裕北伐，进攻后秦，收复洛阳。后秦宗室骨肉相残，自相削弱。417年刘裕进取潼关，攻占长安，八月姚泓兵败出降，后秦亡。

后秦统治者为了补充劳动力和兵源，常将被征服地区的各族人民大批迁徙到都城长安及各军事要地，以便控制。对于境内各族人民的统治，后秦除以州郡系统进行管理外，还实行以营领户、以户出兵吏的制度。营户不隶州郡，而由姚氏宗室和达官贵人分领。一般营户既要当兵作战，又要提供军粮；但由后秦皇帝亲领的大营营户则受到优复，仅从征战。后秦又有不属州郡而由军镇管理的镇户。

在十六国后期的帝王中，姚兴是较有作为者。他为了巩固统治，初期注意选才纳谏，又相继采取了一些有利于社会经济、文化发展的措施。如：百姓因荒乱自卖为奴婢者，下令一律放免为良人；简省法令，慎断刑狱，奖励清廉，惩治贪污；设置律学，调集郡县散吏学习法律，郡县疑狱可上送廷尉审理；提倡儒学，允许收徒讲授，长安儒生达一万数千人。此外，又大兴佛教，奉名僧鸠摩罗什为国师，译出经论300余卷，境内佛教大行。姚兴晚年，因国用不足，增收关市之税，盐竹山木，无不有赋，加重了人民的负担。

后燕

十六国之一。鲜卑族慕容垂所建。都中山（今河北定县）。盛时有今河北、山东及辽宁、山西、河南大部。历7主，共26年。十六国后期中原地区最强盛的一个王国。

前燕慕容暐在位时，慕容垂因宗室内部矛盾投奔前秦，为苻坚将领。淝水之战后，垂至邺拜谒先人陵墓。时丁零族翟斌于河南起兵反前秦，镇守邺城的苻丕（苻坚庶长子）命垂及宗室苻飞龙前往镇压。途中垂袭杀飞龙，与前秦决裂。384年，垂自称大将军、大都督、燕王，建元立国，史称后燕。有众20余万，进围邺城。385年苻丕自邺城撤往晋阳（今山西太原西南），河北之地尽属后燕。386年，垂自立为帝，定都中山。392年消灭割据河南的丁零族翟魏政权，394年灭西燕，基本上恢复了前燕的版图。

395年慕容垂命太子宝率军8万进攻北魏，在参合陂（在今山西阳高境）大败。396年慕容垂亲率大军往攻，一度夺取了平城（今山西大同东北）。同年四月垂病死，子宝继位。北魏拓跋珪以步骑40万来攻，夺取晋阳，进围中山。397年宝突围北奔龙城（今辽宁朝阳），开封公详、赵王麟先后据中山称帝，十月北魏攻下中山，河北郡县尽为魏有，后燕被分截为两部分。

398年，鲜卑贵族兰汗杀宝，宝子盛又杀兰汗自立。401年盛为臣下所杀，垂少子熙立。407年汉人冯跋等杀熙，拥立宝养子慕容云（高句丽人，本姓高氏）为主。409年，云为其宠臣离班等杀死，后燕亡。

后燕大体承袭前燕制度，除州郡县治理的编户之外，还有不隶郡县而属军营的人口。后燕慕容氏以坞堡主为守宰，与汉族豪强大族合作，共同统治。慕容宝时核定士族旧籍，分辨清浊，尊重士族特权，大族势力得以发展。他又下令校阅户口，罢除军营封荫之户，分属郡县，招致怨恨和反对。后燕原不采用胡、汉分治的政策，但慕容垂时已由太子宝领大单于，置留台于龙城。慕容盛时曾立燕台于龙城，以统诸部杂夷。慕容熙即位，将北燕台改为大单于台，置左右辅。后来在龙城实行了胡、汉分治。

西秦

十六国之一。陇西鲜卑族（一说属赀虏）酋长乞伏国仁所建。都苑川（今甘肃榆中东北）。盛时有今甘肃西南部和青海一部。历4主，共47年。

鲜卑乞伏氏在汉魏时自漠北南出大阴山，迁往陇西并定居于此。前秦主苻坚在位时，乞伏鲜卑酋长、国仁父乞伏司繁被命为镇西将军，镇勇士川（今甘肃榆中东北）。司繁死，国仁代镇。淝水之战，苻坚败亡，国仁招集诸部众至10余万。385年，国仁自称大将军、大单于、领秦河二州牧，筑勇士城为都（在勇士川内，后即苑川郡城），史称西秦。388年国仁死，弟乾归继位，称河南王，迁都金城（今甘肃兰州西北）。394年前秦主苻登败死，乾归尽有陇西之地，改称秦王。400年迁都苑川。同年败于姚兴，遂降附后秦，为其属国。407年乾归被姚兴留居长安，两年后回到苑川，复称秦王。412年乾归死，子乞伏炽磐继位，称河南王，迁都枹罕（今甘肃临夏）。414年攻灭南凉，十月改称秦王。428年炽磐死，子乞伏暮末继位，政刑酷滥，民多叛亡；又屡为北凉主沮渠蒙逊所侵逼。430年暮末欲东趋上邽（今甘肃天水），归附北魏，途中遭夏主赫连定阻击，退保南安（今甘肃陇西东南）。431年夏军攻围南安，暮末出降，西秦亡。

西秦的统治者为巩固和扩大其统治区域，连年与后秦、南凉、北凉、大夏等国进行战争，并将被征服地区的各族人民强制迁徙于其统治中心或军事要地。

后凉

十六国之一。氐族吕光所建，都姑臧。盛时有今甘肃西部和宁夏、青海、新疆各一部。历4主，共18年。

前秦主苻坚统一北方后，于382年命吕光率兵7万、铁骑5000，进军西域。吕光下焉耆，破龟兹，西域30余国陆续归附。淝水之战后，前秦趋于瓦解。吕光于385年率兵载物东归。前秦凉州刺史梁熙以兵5万拒之于酒泉，吕光击败梁熙军，入据姑臧，自称凉州刺史。386年，光自称凉州牧、酒泉公，都姑臧，史称后凉。389年改称三河王，396年自称天王，国号大凉。399年光病死，太子吕绍继位，光庶长子吕纂旋杀绍自立。401年，光弟吕宝之子吕隆又杀纂自立。吕隆以南凉、北凉不断侵逼，内外交困，于403年请降于后秦主姚兴，后凉遂亡。后凉初建时，国势颇盛。但立国不久，境内各族便纷纷割据，建立政权。后凉与四周各族政权频繁交战，势力渐弱。吕光死后，诸子争立，互相杀夺，百姓饥馑流亡，死亡大半。至灭亡前夕，姑臧城谷价斗值5000文，民人相食，饿死10余万人；国境除姑臧而外，仅存昌松（今甘肃武威南）、番禾（今甘肃永昌）两郡之地。

北凉

十六国之一。卢水胡（或作匈奴族）酋长沮渠蒙逊所建。都张掖（今属甘肃）。盛时有今甘肃西部及青海、宁夏、新疆各一部，西域各国均遣使贡献。历两主，共39年。397年后凉进攻西秦战败，吕光杀死从征的部下沮渠罗仇兄弟，罗仇侄蒙逊以会葬为名，与诸部结盟起兵反抗吕光，并与从兄男成推后凉建康（今甘肃高台西北）太守段业为凉州牧、建康公。399年段业入据张掖，自称凉王。401年段业杀男成，蒙逊以此起兵，攻破张掖，杀段业，自称大都督、大将军、凉州牧、张掖公，建国北凉。后屡次出兵击败南凉，并几次进围姑臧。410年南凉秃发傉檀被迫放弃姑臧，退回乐都。412年10月蒙逊迁都姑臧，称河西王。421年蒙逊灭西凉，取得酒泉、敦煌，据有河西走廊。433年4月，蒙逊死，子牧犍（亦作茂虔）继位。439年北魏大军围攻姑臧，牧犍出降，北凉亡。蒙逊弟无讳等率残余势力西走，后立国于高昌，460年为柔然所灭。

北凉沮渠氏联合境内汉族大姓势力，以郡县方式管理人民，征发赋役。又大兴佛教，译经造像。还不时与刘宋互通使节，使河西与江南的文化交流得以继续保持。北魏灭北凉，徙凉州民3万余户至平城（今山西大同）一带，其中一批东迁的学者，对北魏的文化有重大影响。

北燕

十六国之一。汉人冯跋所建。都龙城（今辽宁朝阳）。盛时有今辽宁西南部和河北东北部。历两主，共28年。

冯跋（？—430年），字文起，长乐信都（今河北冀州市）人。父冯安，慕容永时仕西燕，为将军。西燕亡，冯跋东徙龙城，为后燕禁卫军将领。慕容熙荒淫无道，407年，冯跋等杀慕容熙，拥立后燕主慕容宝养子慕容云（即高云）为主。云称天王，以跋为使持节，都督中外诸军事、录尚书事，掌军国大权。409年，云被其宠臣离班等所杀，冯跋又杀离班等，自称燕天王，仍以燕为国号，都龙城，史称北燕。430年，跋病死，其弟冯弘杀跋诸子自立。冯弘之世，北魏连年进攻，掠徙北燕民户。435年，弘遣使请高句丽出兵迎弘。436年，北魏大军又攻龙城。五月，冯弘在高句丽军的保护下率龙城百姓东渡辽水，奔高句丽。北魏军入占龙城，北燕亡。

冯跋统治时，能留心政事，革除后燕苛政，简省赋役，奖励农桑，惩治贪污，社会较为安定，有利于农业生产的恢复和发展。又建立太学，选派2000石以下子弟入学读书，培养统治人才。除以州郡治民之外，还以太子冯永领大单于，置前后左右四辅，推行胡、汉分治的政策。冯跋、冯弘都曾派遣使者到江南，当时南朝称北燕为黄龙国。

夏

十六国之一。匈奴铁弗部赫连勃勃所建，都统万（今内蒙古乌审旗南白城子）。盛时有今陕西北部、内蒙古南部和甘肃一部。历3主，共25年。

391年勃勃父刘卫辰被北魏攻杀，勃勃投奔后秦。后秦主姚兴以勃勃为安北将军、五原公，配以五部鲜卑及杂虏两万余落，镇朔方（今陕西延安）。407年勃勃袭杀后秦高平公没奕于，众至数万；六月，自称大夏天王、大单于，国号大夏。夏国初建，不立都城，流动袭击，消灭后秦的有生力量；413年始发民10万筑统万城为都。417年东晋大将刘裕北伐灭后秦，留其子义真守长安。次年，勃勃攻下长安，即皇帝位，并追歼义真所率晋军。425年，勃勃死，子昌继位。426年北魏攻占长安，次年又攻统万，昌战败逃往上邽（今甘肃天水）。428年北魏攻克上邽，俘赫连昌；昌弟赫连定率余众数万至平凉（今甘肃平凉西南）称帝，继续与北魏作战。431年定击灭西秦，掳其民10余万口欲渡黄河西去，六月渡河时遭北魏属国吐谷浑到袭击，赫连定被俘，夏亡。

夏国的统治者凭借武力，经常强徙被征服地区的各族人民统万及各军事重镇。境内不立郡县，只设城堡、军镇，实行军营统户制，城镇所属户口即是军营所统户口。赫连勃勃以残暴著名，为筑统万城和制造兵器，杀死无数民工和数千工匠。对外连年战争，穷兵黩武，以掠夺人口和财富。

南燕

南燕（398年—410年），十六国时期慕容氏诸燕之一，由慕容德所建。统治范围包括今山东及江苏的一部分，国号为燕。

慕容德原是后燕宗室范阳王。后燕慕容宝继位后，其叔慕容德镇守邺城。

397年，北魏攻后燕都城中山（今河北定州），慕容宝北奔龙城。十月，北魏破中山，后燕被截为两部分。慕容德以魏将来攻，邺城难保，于398年率户4万南徙滑台，称燕王，史称南燕。隆安四年（400年），慕容德在南郊正式称帝，大赦天下，改年号为建平。

当初，慕容德派人去长安接他哥哥慕容纳之子慕容超，义熙元年（405年），慕容超才被接回南燕。慕容德晚上梦见父亲慕容皝对他说："你既然没有儿子，为什么不及早立慕容超为太子？不然，恶人就要篡位了。"慕容德醒后告诉他的妻子说："这是先帝的神明所告，体会这个梦的意思，我就要死了。"于是下诏立慕容超为皇太子，大赦境内，儿子继承父亲的每人爵升二级。当月，慕容德去世，时年70岁。连夜做了十多口棺材，分别从四个门抬出，秘密地安葬在山谷里，最终无人知道他的尸体葬在什么地方，对外谎称葬于东阳陵。慕容德共在位六年，谥号献武皇帝，庙号世宗。慕容超即皇帝位，大赦境内，改年号为太上。

慕容超不久以后就派慕容镇等人攻打青州，慕容昱等人攻打徐州，慕容凝、韩范攻打梁父。慕容昱等进攻莒城，攻了下来，徐州刺史段宏投奔北魏。封融又招集盗贼们袭击石塞城，杀死了镇西大将军余郁，青州一带的人都很害怕，人人心里有着别的想法。慕容凝策划杀死韩范，准备袭击广固。韩范知道了，攻打慕容凝，慕容凝逃往梁父。韩范兼并了慕容凝的军队，攻打并攻陷梁父，慕容凝投奔姚兴，慕容法出逃北魏。慕容镇攻克青州，慕容钟杀了自己的妻子儿女，挖地道出了青州，独自骑马投奔姚兴。

东晋义熙五年，（南燕太上五年，409年）夏，刘裕的部队进驻在东莞，慕容超派左军段晖、辅国贺赖卢等六人率领五万步兵骑兵进据临朐。不久，晋军越过了大岘，慕容超害怕，率领四万士兵到临朐去向段晖等人靠拢，对公孙五楼说："应该进据川源，晋军到来以后没有水，也就无法打仗了。"公孙五楼率领骑兵飞速地去占领川源。刘裕的前驱将军孟龙符已经到达川源，公孙五楼大败而回。刘裕派谘议参军檀韶率领精锐兵马攻破了临朐，慕容超非常害怕，独自骑马逃到城南段晖那里。段晖的军队又战败，刘裕的部队杀了段晖。慕容超又逃回广固，把外城里的人都迁入小城里固守。不久，刘裕的军队围攻广固城，四边合围。

东晋义熙六年，（南燕太上六年，410年）正月初一，慕容超登上天门，在城上召见群臣，杀马犒赏将士，文武百官都有升迁封授。刘裕从四面进攻，杀死和打伤了很多敌人，悦寿打开城门接纳刘裕的军队。慕容超和身边的数十人出城逃跑，被刘裕的军队抓住。刘裕数说慕容超不投降的罪状，慕容超神色自若，一言不发，只把母亲托付给刘敬宣而已。慕容超被押送到建康（今江苏南京），南燕就此灭亡，慕容超在街市被斩首，时年26岁。慕容超死后无谥号、庙号，有史家称他为南燕末主。慕容超同时也是除系出同源的吐谷浑外，五胡十六国时期源自鲜卑慕容部的最后一位帝王。

南燕时期，鲜卑贵族即与汉族士大夫合作，共同统治。慕容德称帝，下诏承认旧士族特权；又建立学官，选公卿以下及二品士门子弟入太学，本地大族势力得以保存和发展。由于鲜卑贵族和汉族大姓竞相荫庇人口，形成"百室合户""千丁共籍"的局面，严重影响国家的赋役征发。慕容德下令检括户口，出荫户5.8万。还立铁冶，置盐官，以增加国库收入。

南燕的国土，东到大海，南达泗上，西至巨野泽，北临黄河，共有15个郡、82个县，约33万户，基本上就是原西晋的青州。

统治范围包括今山东、河南、江苏各一部分。慕容德将南燕国土一分为五：青州，治所设在东莱（今山东莱州）；幽州，治所设在发干（今山东沂水县西北）；徐州，治所设在东莞（今山东莒县）；兖州，治所设在梁父（今山东泰安南）；并州，治所设在阴平（今江苏沭阳）。所以南燕官方在提到本国疆域时，常自称"五州之地"。

南　朝

5世纪初至6世纪末南北朝时期，在中国南方与北朝对峙而立的是宋、齐、梁、陈4个朝代。宋（420—479年）由刘裕建立，传8帝；齐（479—502年）由萧道成建立，传7帝；梁（502—557年）由萧衍建立，传四帝；陈（557—589年）由陈霸先建立，传5帝。581年，隋灭北周，是为开皇元年。九年，隋灭陈，南北统一。

南朝四朝都建都于建康。其疆土以刘宋时最广，黄河以南，淮水以北以及汉水上游大片地区皆属于宋。大明八年（464年）计有扬、南徐、南兖、南豫、徐、青、冀、兖、豫、东扬、江、郢、荆、湘、雍、梁、南秦、益、宁、广、交21州。宋明帝时，淮北的徐、兖、青、冀4州和豫州的淮西诸郡被北魏占领，南朝疆土从此压缩到淮水以南。齐对刘宋的州郡进行了部分调整，据《南齐书·州郡志》，齐世计有23州。梁设州转多，最多时达107州。陈朝时，雍州、益州归北周，荆州归后梁，北面与北齐划江为界，疆域最为狭小，全境初分为42州，后来又多设新州，史称数倍于前。政区划分的加细，反映土地的开发和生产的发展，同时也是对人民加重剥削的表现。南朝还有双头州或双头郡（即两州或两郡同治一地），大都设在军事要地或边荒区域。

宋齐梁的政治

刘裕，彭城郡人，侨居京口。萧道成和萧衍是兰陵郡人，侨居武进，都出身于侨人中的低级士族。他们建立军功后，主要依靠侨人及土著中出身寒门的谋士与武将，分别以军事重镇京口、淮阴、襄阳为根据，形成政治军事势力。然后乘前朝皇帝或昏庸暴虐，或年幼无能，进入首都建康，以禅让方式夺取了政权。

加强皇权

宋武帝刘裕从东晋"王与马共天下"的政治局势吸取教训，努力加强皇权，以巩固统治。晋宋以来，皇室多与高门联姻，外戚易有权势，所以刘裕临终遗诫："后世若有幼主，朝事一委宰相，母后不烦临朝。"宋齐梁朝较有作为的皇帝，大都继承了刘裕的传统。南朝170年间，没有出现母后听政，因而也杜绝了外戚专权。南朝世家大族虽然社会上经济上的优越地位未变，主要政治权力实际已不掌握在他们手里。

南朝的中央官制，基本沿袭东晋，又有其特点。尚书、中书、门下三省的长官位高望重，而实权不大，但往往仍由宗室诸王任尚书令和中书令。吏部尚书及所属的吏部郎，掌握官职的任命，在南朝还一直受重视。宋孝武帝置两名吏部尚书，以分其权。但宋、齐两代皇帝主要倚靠中书通事舍人（4名）处理政务。通事意为呈递文书，凡臣下陈奏和皇帝诏令，都通过他们，实际上成为最接近也最能左右最高决策者皇帝的人。刘宋时，江夏王刘义恭任录尚书事，而尚书省无论大小事，都由中书通事舍人戴法兴专断，义恭畏服而已。齐时中书通事舍人茹法亮威权甚盛，位至三公、出身琅玡王氏的王俭只得慨叹："我虽有大位，权寄岂及茹公！"齐武帝曾说，"学士辈不堪经国，唯大读书耳。经国一刘系宗（宋、齐两代都任中书通事舍人）足矣！沈约、王融数百人，于事何用？"齐明帝时，诏命专出舍人之手，天下文簿版籍的副本，也归他们掌管，俨然兼中书省与尚书省的长官于一身。"宁拒至尊敕，不可违舍人命"，成为当时朝廷官僚中的信条。梁武帝时，仍选拔有才干者任中书通事舍人，或以他官兼领此职。但他主要依靠的不在寒庶，而是明习吏事的低级士族，如范云、徐勉任吏部尚书，周舍、朱异任中书通事舍人。宋、齐以来，中央的军事统帅权和武器的控制权，也由中领军、中护军转移到寒人操纵的外监与制局监手中。有时制局监也由中书舍人兼任。但南朝中央朝廷所能支配的兵力，远不如地方兵力强大。

地方官制如都督、刺史、太守等，亦同东晋。刺史多带将军开府，而州与府各置僚属。州之佐吏别驾、治中等治民，府之佐吏长史、司马等治兵。但军府的佐吏地位一般较州僚属为高，府官长史常兼首郡太守或代行州事。郡太守如带将军，军府佐吏亦高于郡佐。皇子年幼为方镇，则行事、长史以至出身寒庶、地位低下的典签主持一州事务。刘裕在地方行政方面巩固皇权、抑压世家大族的措施，是只命皇子或宗室诸王担任重要方镇。齐、梁亦遵此惯例。如扬、南徐、江、荆、雍等军事、经济、政治要害诸州的刺史、都督，宋、齐、梁三朝几乎都是刘萧两姓，与东晋王、庾等大族雄踞上游、控制京畿的局面迥不相同。一般州的刺史与郡的太守，有时以地方土著豪强担任。府州机构中官员人数，常由州府长官决定。州郡俸秩供给，往往随土所出，无有定准。郡县长吏任期 6 年，后减为 3 年。

统治阶级的内部矛盾

南朝中央与地方势力之间亦即建康与上游诸州之间的矛盾，由东晋皇室与大族之间转化成皇室内部的矛盾。宋孝武帝时，南郡王刘义宣、臧质从荆州起兵。明帝时，晋安王子勋、邓琬从江州起兵，当时袁𫖮在雍州，临海王刘子顼在荆州，都与江州联盟，以 3 州为中心，东扬、湘、益、广等州也都响应，形成"普天同叛"的局面。苍梧王时，桂阳王刘休范亦从江州起兵。南朝时，异姓举兵反对建康朝廷的，不是来自任何高门士族，萧道成、萧衍之外，齐时有王敬则、陈显达、裴叔业、崔慧景，而是寒庶或晚渡北人出身的武将。在政治和军事上，世家大族已经没有实力，所以南朝皇帝的防闲猜忌，也转向了在中央或地方掌握权势的宗室诸王。宋文帝由于疑忌而加害诸王，几个兄弟都未幸免。孝武帝时，对诸王车服器用乐舞制度作了苛严限制，达 24 条之多。还规定王国境内各官对诸王只称下官，不得称臣，罢官以后对诸王不再致敬，以防止诸王与其臣属的关系过于亲密。刘宋 60 年中，皇族被杀者 100 余人，南齐宗室也多被皇帝诛翦，宋齐两朝皇室内部的矛盾斗争异常激烈。

元嘉之治

元嘉是宋文帝统治时期（424—453 年）所用的年号。在这一时期，由于文帝君臣竭心尽力，使得政治清明、经济发展、文化昌盛，呈现出一派欣欣向荣的气象。这种局面是两晋南北朝中极为少见的，颇受后人赞誉，被称为"元嘉之治"。

宋文帝先后任用徐羡之、傅亮、王弘、王昙首、王华、刘义康、殷景仁、刘湛、刘义恭、谢纪微、范晔、沈演之、庾炳之、江湛、徐湛之、何尚之、王僧绰等有才干的人担任宰相或其他要职，他们大都竭心尽职，为统治秩序的正常运转做出了贡献，如刘义康，精于吏治，引用贤人。最高统治集团虽然有过矛盾和裂痕，并未形成大的动乱，没有影响统治的稳固和社会的安定。

文帝君臣都很关心吏治和狱讼，以确保整个统治机构能正常而有效地运转。文帝在元嘉三年（426年）派使臣到地方上检查吏治，观省风俗，访求民隐，听取下层意见，然后予以奖惩。单在这一年，文帝就3次亲临延贤堂听讼，以使刑狱公允。元嘉五年（428年），文帝又下令臣属不要隐讳，指出得失，以便改正。元嘉九年（432年），又针对益、梁、交、广等偏远地区（今四川、两广等地），专门派人向民众了解地方官为治的情况，以考察官吏。元嘉时期，吏治算是相当清明的。有一次，担任司徒左长史要职的颜延之以强凌弱，被请求罢其官，文帝就把颜延之免官。

文帝君臣大都很关心民间疾苦，尤其对突发的疾疫、旱涝等灾害都能及时采取措施，予以补救，以保持整个社会机器的正常运行。文帝即位之初，就下令免去民众拖欠的租谷和旧债，元嘉四年（427年），国都疾疫，派使慰问，分发医药，若有死亡而无家属的人，给予棺材埋葬。次年，国都地区发生水灾，派使赈济救助。元嘉八年（431年），扬州（今苏南、浙江一带）大旱，命减息徭役。元嘉十年（433年），赐给孤老、六病等无生活能力的人每人5斛谷。元嘉十二年（435年），国都和三吴等地发生大水灾，立即从其他地区调粮米几百万斛救济，免去遭灾郡县欠债。这种记载是很多的。一直到元嘉三十年（453年），国家每每减免百姓欠债、租布，赐孤老谷帛，使得百姓生活基本上安定，无背井离乡、流离失所之苦。

宋文帝对农业非常重视，多次下令劝课农桑。元嘉八年（431年），宋文帝指出：近来农桑停滞，无所事事的人增加，荒地也得不到开垦，官吏也无督促。一遇水旱灾情，就有人缺衣少吃。命令各级地方官员要高度重视采取得力措施，要奖励训导农民，使人尽其力，地尽其利。政府还贷给贫穷百姓田粮种子。元嘉二十年（443年），文帝再一次发布命令，强调各级官吏要切实采取措施，劝课农桑。宋文帝还下令准备籍田，要亲自种地以为天下表率。元嘉二十一年（444年），文帝还亲自对一些农业种植品种问题发出指导性意见，下令南徐、兖、豫等地今后应督促种麦，以解决粮食缺乏。立即从彭城（今江苏徐州）等地调集粮种，委派刺史贷给百姓。而徐、豫等州土地适宜种稻，而百姓多种植陆地作物，命令该地官员要主持重修水利，尽快修整旧陂，加以改造；如原为稻田而改为陆作的，应恢复种稻。文帝又一次强调各地官员要劝课农桑。想从事农业而粮种匮乏的人，可从政府那里借贷。元嘉二十九年（452年），下令遭战乱的地区要及时种地，需要粮种的由政府随时提供。

为了发展农业，各级政府特别重视兴修水利，元嘉五年（428年），张邵出为雍州刺史,到襄阳(今湖北省襄樊)后,修筑长围,修立堤堰,开垦田地好几千顷,当地民众因而富裕。元嘉七年(430年),宋豫州刺史刘义欣命部属殷肃修治芍陂(今安徽寿县)。芍陂本有良田1万多顷,因堤堰久坏,秋天、夏天常常受旱灾。以前本有旧沟可引水入陂,但长时无人治理,被树木堵塞。殷肃令人供木开榛,疏通水路,从此万余顷良田不遭旱灾。元嘉二十一年(444年),宋武陵王、雍州刺史刘骏命刘秀之修治襄阳六门堰,因为六门堰坏了很长时间,使数千顷良田无水灌溉,国家和个人都受到很大损失。刘秀之修复以后,整个雍州屡获大丰收。元嘉二十二年(445年),宋疏浚淮水,开垦湖塾废田1000多顷。排涝也是兴建水利工程的重要目的。刘宋为疏导吴兴一带水道壅塞,以解决该地区频繁发生的水患,在进行大量实地考察的基础上,制订出了周详的施工计划,可惜却因政治性原因,这项重要的水利工程未能进行,但已足证刘宋政权对水利的重视。

两晋时政府不铸钱,建国之初因钱贷缺少,国用不足,一些大臣纷纷建议铸钱,因群起反对未能实行。元嘉七年(430年),文帝下令设立钱署,铸四铢钱。元嘉二十四年(447年),下令铸大钱。铸钱的效果虽然不是很好,但它反映了刘宋统治集团对经济问题的高度重视。

宋文帝的这些措施稳定了正在趋于没落的自耕农阶层,使他们的情形能比较稳定,农村经济也在不断发展。史家称赞这一时期,民不外劳,役宽务简,氓庶繁息,余粮栖亩,夜不闭户。百户之乡,有市之邑,歌谣舞蹈,触处成群。

宋文帝时期,文化方面的发展也是引人注目的。元嘉十五年(438年),宋文帝立玄、史、文、儒四学。玄学以何尚之、史学以何承天、文学以谢元、儒学以雷次宗教授。许多人都聚集他们门下学习,如后来的南齐创始人兰陵萧道成就曾在雷次宗门下攻读。元嘉十九年(442年),文帝始设国子学,后又于元嘉二十四年(447年)亲临国子学,策试学生,下令表彰奖励优秀者。元嘉十九年(442年),文帝下令鲁郡(今山东曲阜)重造孔子庙、孔子墓、重修学舍,召集生徒。并迁孔景等5户到孔墓旁,免去他们的租赋,专门看管孔墓。他们种植了600多棵松树,表达了对这位至圣先师的仰慕。

宋文帝对军事问题也很重视,元嘉期间是曾3次北伐,试图统一中国,但都失败了。原因一是北方无机可乘,出兵时机不好;二是文帝用将非才,只用其亲信而不用真正的军事人才,如檀道济;三是文帝不善军旅武略,却每每遥制兵略,搞瞎指挥。军事问题是"元嘉之治"的败政,尤其是元嘉二十七年(450年)北伐失败,使北魏饮马长江,撤退时掳掠兖、徐、兖、豫、青、冀6州,宋朝由此转衰。

彭城王专政

彭城王刘义康是刘裕第四子、文帝弟，宋永初元年（420年）封王。后来任都督荆湘等八州诸军事、使持节、荆州刺史，把荆州管理得有条有理。元嘉六年（429年），文帝征刘义康为侍中，都督扬、南徐、兖三州诸军事、司徒、录尚书事，领南徐州刺史，与王弘并置辅佐领兵，共辅朝政。而王弘出身门阀士族琅玡王氏，不愿久任宰相，以避免引火烧身，以前就屡次表示要让位于义康。至此，常称病不理事，以示不恋权位，远离朝权，有事就推给义康，义康因此得以独揽宰相大权。义康还急于追求更多的权力，与王弘兼管朝政，心中还不是很满足，要求兼任由王弘担任的扬州刺史，还因为文帝亲信任用王弘之弟王昙首，更不高兴。王弘也屡次表示既老又病，要求退休。王昙首也屡求外出担任地方官，都未被文帝批准。刘义康对其他人说，王弘长时间生病，治理国家怎么能躺在床上。王昙首劝王弘把府中半数文武拨给刘义康，文帝只批准给其两千，义康才高兴。元嘉九年（432年），王弘病故，文帝才让刘义康兼任扬州刺史。文帝提高能干的刘义康的地位是他维护皇权抗衡高门士族的根本措施，但同时也限制宗室刘义康权力的过分发展，以免威胁到皇权的稳固，文帝不许王弘退职并以殷景仁掌握禁军兵权。王弘等人死后，文帝一方面赋予殷景仁更大权力；另一方面，接受殷景仁的推荐，任命刘湛为领军将军，以抗衡刘义康权势的增加。而刘湛、殷景仁两人关系本来很好，可刘湛以为景仁原来地位不如己而现在比自己高，很不服气，嫌隙逐渐产生，刘湛知道文帝很信任殷景仁，没办法改变。而刘湛原曾为义康府佐，现义康专擅朝政，就投入义康门下，想借宰相之力搞掉殷景仁。迫于刘义康、刘湛的压力，殷景仁称病在家，请求辞职，文帝不许，令在家养病。刘湛还想派人装成劫盗杀掉殷景仁，而自己有刘义康做后台，文帝也不会把他怎么样。文帝知道后，把景仁官府迁到皇宫附近，挫败了刘湛的密谋，刘义康的僚属和谀附刘湛的人彼比相约不敢登殷景仁的家门。而刘义康主簿刘敬文的父亲不明白其中的缘故，到景仁家请求帮忙任为郡太守，吓得刘敬文赶快去找刘湛道歉。

文帝身体一直不好，好几次都险些丧命。刘义康尽心侍奉，药和饭都要亲口尝尝才给文帝服用，有时几天不睡。内外许多事务都由义康处理，不再奏请文帝。加上他性好吏职，检查文牍，十分在行，文帝也因此让他掌管日常事务，义康的奏请文帝没有不批准的，州刺史以下的职位，全让义康决定用谁，连生杀大事，也常由义康决定。于是他势倾天下，朝野争相讨好义康。义康门口常有几百辆车，即使是地位低下的小人物，义康都倾身引接，不曾懈怠疲倦。义康记忆力还特别好，一次见面终身不忘，许多人都很佩服他。有能力的士人，多被义康引入自己府中。能力不强的和违忤皇帝的多作为台官，这就严重危害了文帝的皇权，当然不能被文帝长期容忍。而义康不识大体，自认为兄弟最亲，不很注意君臣次序、礼仪，自己私置奴仆6000人也不请示文帝。地方所献物品，都把最好的献给义康，把次好的送给文帝用。义康权势如此之大，现在刘湛又站在义康一边极力推崇他，义康更无人臣的样子，文帝暗暗不平，殷景仁也提醒文帝义康权力太重，应该加以限制，文帝心里很赞成这个建议，开始直接扼制刘义康及其党徒势力的扩张，刘义康想以党徒刘斌为丹阳尹，文帝不许，而且以后又屡次断然拒绝了刘义康类似的要求。

元嘉十九年（436年），文帝久病不愈，刘湛向刘义康建议，认为文帝一旦死去，威名赫赫的江州刺史檀道济很难驾御，应早日除掉。檀道济为宋朝名将，从刘裕起就屡立战功，是宋王朝难得的军事统帅，左右很多心腹也都经历许多战斗，几个儿子也颇有才气，朝廷既怀疑又害怕。这时文帝病危，刘义康奏请皇帝召檀道济入朝，羁留好几个月。文帝病好后，遣其还州。人还未走，文帝病情又重，十分危险，义康假称圣旨将其拘捕，檀道济并其子及左右腹心均被杀害，还加以种种罪名诬陷。敌对的北魏举国上下都十分高兴。

元嘉十六年（439年），司徒义康进位大将军，上升到他个人权力的顶点。刘湛、刘斌，大将军从事中郎王履及主簿刘敬文、祭酒孔胤秀，都是义康宠爱的亲信。见文帝多病，都认为文帝一旦病故，应立年纪大的刘义康为君主。有一次文帝病危，令刘义康草拟顾命诏书，义康回府哭着告诉刘湛和殷景仁。刘湛声称天下艰难，怎么能是幼主可以驾驭的。义康、景仁都不搭腔，而孔胤秀等人马上到档案库，调阅东晋咸康末年成帝死立其弟康帝的经过及仪注。但文帝病却好了，听说这件事，一直不动声色。刘湛、刘斌等一直密谋想使刘义康当皇帝，邀结朋党。有不同意见的人，他们就百方诬构。从此，文帝和义康两个集团形势就很清楚地分开了，导致了统治集团内部的分裂，损害了刘宋的统治。这年秋，文帝也不再到义康主管的东府去了。文帝与义康矛盾已达白热化的程度，担心酿成大祸。在殷景仁等人的策划下，元嘉十七年（440年）底，他们采取断然措施，乘刘义康入宫之机，将其强留中书省，以青州刺史杜骥率兵护卫，以防备非常事件发生。大举逮捕刘义康的党徒，将刘湛、刘斌、刘敬文、孔邵秀、孔胤秀等人诛杀，将刘湛弟刘素等多人流放。派人把刘湛等罪状宣告给刘义康，刘义康只得请求辞职退位。文帝以义康为江州刺史，出镇豫章。以萧斌为义康谘议参军，领豫章太守，掌管大小事务，令龙骧将军萧承之率军监视。还允许义康亲信跟随，待其钱财丰厚，书信赏赐不断，朝廷大事还让他知道。文帝征南兖州刺史义恭为司徒、录尚书事。此时刘义恭因刘义康刚被处理，不怎么管事。彭城王刘义康的专政结束了，它带来的影响是很深远的。其后，义康及其党徒仍在频繁活动，妄图东山再起。前龙骧参军、巴东扶令育到国都上书皇帝，力劝文帝召刘义康还朝，使兄弟协和，君臣辑睦。文帝看过奏章，杀扶令育。鲁国孔熙先，博学文史，多才多艺，为官不得志。其父孔默之为广州刺史时，曾犯贪污罪，因刘义康讲情，免于处罚。孔熙先因而想报效义康，他根据观察天文，研究图谶，得出文帝肯定不会善终，还肯定是由骨肉相残，而且江州要出天子。他知道深为文帝信任的大臣范晔不满足于现在的地位，就通过范晔外甥谢综结识了范晔，极力讨其欢心，极力鼓动他反对文帝。范晔在义康府中多年，义康待他很好。后因范晔在义康母亲死不久，喝酒唱歌，被义康降职，撵出府中。义康通过其记室参军范晔外甥谢综求释前嫌，和好如初。孔熙先等人通过种种关系，联络了许多人，其中包括丹阳尹徐湛之等。元嘉二十二年（445年）十月，孔熙先、范晔、徐湛之等人欲乘文帝宴送荆州刺史刘义季等人时令护卫领队许耀刺杀文帝，范晔临场胆怯，没有发出命令，图谋不成。徐湛之担心举事无成，就向文帝报告了范晔等人的图谋。文帝让徐湛之搞清其来龙去脉，拿到证据。然后派人将孔熙先、范晔等人全部抓获，并予以处死。文帝废义康全家为庶人，徙安成郡（今属江西省），派兵监视。元嘉二十四年（447年），豫章胡诞世（其兄遵世参与孔熙先谋反被杀）等人据郡反抗，想奉刘义康为主，被迅速平定。元嘉二十八年（451年），北魏兵临长江，举国震动。文帝担心居心不良的人可能奉义康制造动乱，于是派人杀掉刘义康以绝后患。

文帝轻率杀掉刘义康，实开宋王室骨肉残杀之先河。

刘劭政变

刘劭，字休远，是文帝嫡长子。6岁时，被立为皇太子。12岁出居东宫，娶殷淳女为妃。13岁，加元服。刘劭好读史书，喜欢武事。亲自管理东宫，喜欢接待宾客，想干什么，文帝就让他干。宋文帝与执政的彭城王刘义康矛盾很深，担心刘劭的安全，就大大增加了东宫的卫戍部队，和卫戍皇宫的羽林军一样多。

文帝末年重视农业，劝课耕桑，还让宫内带头做榜样。有女道士严道育，本为吴兴人，自吹通灵，可以役使鬼神，因丈夫劫人财物被没入宫。因刘劭妹妹东阳公主奴婢王鹦鹉得以出入公主家，道育自吹能辟谷服食，赢得公主、刘劭、刘濬等人的信赖。刘濬是文帝宠妃潘氏生的儿子，刘劭母袁皇后因性妒而含恨死去，刘劭很恨潘妃和刘濬，刘濬害怕将来刘劭当皇帝他会受罪，就特别讨好刘劭，两人关系变得十分亲密。刘劭、刘濬犯过许多过失，文帝训斥了他们好几次。现在他们让严道育祈请上天，想不再让文帝知道他们的过失，严道育满口答应，刘劭等对她十分尊敬，称为"天师"。后来，刘劭、刘濬就和严道育、王鹦鹉、东阳主奴陈天兴、黄门陈庆国共为巫蛊，在玉石上雕刻文帝像，把他埋到含章殿前，妄图用这种宗教法术来让文帝早日死亡，刘劭提升陈天兴任队主。东阳公主死后，王鹦鹉应该出嫁，但刘劭兄弟担心密谋外泄，将其嫁给刘濬心腹吴兴沈怀远为妾，文帝后来听说天兴是奴而得领队，训斥刘劭，刘劭把事告诉刘濬，濬回信说不行就干掉他。鹦鹉原曾与陈天兴私通，既嫁怀远，害怕内情外露，就让刘劭秘密杀掉天兴。同党陈庆国害怕遭受同样的命运，就把巫蛊的事报告给了文帝。文帝大惊，派人逮捕王鹦鹉，抄家时得到刘劭兄弟来往书信，都是诅咒巫蛊的话，又起出所埋玉像，文帝严厉责备刘劭兄弟，刘劭兄弟也只有谢罪。严道育逃跑未被抓获，文帝很生气，派了很多人到处搜捕。道育却换上尼姑衣，先藏东宫，又跟随刘濬到京口（今江苏镇江），住在百姓张旿家。刘濬改镇江陵（今湖北江陵），带道育到东宫，还想带她到江陵。这时有人报告严道育在京口张旿家，文帝派人抓捕，只抓到她的两个奴婢，供出严道育已随刘濬还都，文帝认为刘劭、刘濬已和严道育断绝来往，这时才知他俩还与其来往，既震惊又痛心，下令让京口把严道育押解回京，然后审断，治刘劭、刘濬之罪。刘濬闻讯大惊，赶快告诉刘劭。文帝想废掉太子刘劭，赐刘濬死。先和侍中王僧绰商量，让他寻找汉魏以后废太子诸王典故，送给宰相徐湛之和吏部尚书江湛参阅。然后与王僧绰、徐湛之和江湛共商另立太子事宜，第三子刘骏不为文帝喜爱，文帝一直让他在外地为官，不能留在建康。四子刘铄、七子刘宏同为文帝喜爱，但铄妃是江湛之妹，江湛劝帝立刘铄。宰相徐湛之之女是文帝第六子刘诞的妃子，所以徐湛之劝帝立刘诞，王僧绰认为无论立谁都只能速速决断，不然的话，就应对刘劭、刘濬像当初一样，不再疑惑，否则将后悔无及，贻笑千载。文帝却仍犹犹豫豫，想立七子刘宏又嫌他排行不好，每夜都与湛之谈话，还常让徐湛之端着蜡烛，在房间周围检查巡视，以防有人偷听。君臣很长时间也确定不了立谁为太子，文帝却把商议的内情告诉给潘妃，潘妃又告诉刘濬，刘濬又赶快告诉刘劭，刘劭就秘密与其心腹队主陈叙儿、詹叔儿、斋帅张超之等人商量发动政变。

刘劭性格狡黠而刚猛，文帝也很依赖他。作乱前，每天晚上慰劳将士，有时还亲自行酒。王僧绰密告文帝戒备。元嘉三十年（453年）三月十五日夜，刘劭谎称帝诏令其在天明时分率部守卫宫城，又令其私养勇士2000多人全副武装准备战斗。召集萧斌、袁淑、殷仲素、王正见等人，刘劭哭着对他们说他被父皇冤枉，行将被废，已决定于次日起事，希望大家齐心协力。然后挨个拜求，大家都大吃一惊，袁淑反对，但在刘劭胁迫下众人纷纷表示同意。次日凌晨，刘劭外穿朝服内着军装，和萧斌同车，侍从像往常入朝礼仪的样子呼喊，袁淑不服被杀。进入万春门。按照旧例，东宫部队不准入城，刘劭骗门卫说奉皇帝命令讨逆贼，命令后队跟上，张超之等冲入云龙门和斋阁，直接登上合殿。文帝晚上一直与徐湛之密谋，这时蜡烛还没灭。卫兵们晚上睡觉还没醒。文帝见超之进来，举起茶几抵挡，五指被砍掉，遇害身亡。徐湛之、江湛等人相继被叛兵杀害。经过短暂的交锋，刘劭部队击败了文帝卫队的抵抗，又杀潘妃和太祖亲信数十人。召刘濬让他率众屯驻中堂，刘劭以太祖名义召大将军刘义恭、尚书令何尚之及其他百官，然后即皇帝位，下诏称徐湛之、江湛等人弑逆被平定，但文帝身亡，大赦，改元太初。署置百官，杀掉一些异己分子和不为刘劭喜欢的宗室如长沙王刘瑾、临川王刘烨等。收回原给诸王和各处的武器，封赏有功人员，刘劭还博访公卿，询问治国之道，开放可以开放的田苑山峰，贷给贫民，政变获得成功。

太子刘劭弑逆的消息传开后，普天同愤。文帝第三子武陵王、江州刺史刘骏正带领江、豫、荆、雍四州军队讨伐西阳（今湖北黄冈）的蛮族，他与沈庆之定议举兵，只花几天时间，就将内外整肃。荆州刺史南郡王刘义宣与司州刺史鲁爽等人举兵响应。讨伐军东下，传檄四方，使共讨刘劭，州郡纷纷响应。刘劭闻知四方起兵，宣布戒严，把诸王和大臣移到城内以便于监视。元嘉三十年（453年）四月底，讨伐军大将柳元景率军从溢口出发，刘骏、沈庆之等率大军随后东下讨伐，刘劭拒绝了萧斌率水军西上决战或保据梁山的正确建议，反而采纳刘义恭固守京城的错误提议。讨伐军抵南洲，出降者接连不断，讨伐军进至新亭，刘劭令萧斌率步兵，褚湛之率水军，与鲁秀、王罗汉等率兵万人，围新亭，刘劭将士都受重赏，士气很高，拼死战斗，讨伐军虽然水陆受敌，但士气更旺。刘劭部队快要攻克新亭垒时，鲁秀却击鼓退兵，讨伐军乘机反攻，大败刘劭兵，死伤很多。刘劭亲自带领部队来攻新亭，讨伐军又大败之。刘劭退还朱雀门，胆战心惊，逃回台城，部属如鲁秀、刘义恭也投降讨伐军。刘劭迎接蒋侯神像、苏侯神像到宫内，乞求保佑，让刘铄写祝文诅咒刘骏。五月，刘骏即皇帝位于新亭，给文武加官晋爵。讨伐军随即攻下建康，活捉刘劭、刘濬，获得彻底的胜利。

刘劭杀父自立，后又杀宗室长沙王瑾、临川王烨，及刘楷、刘颙、刘玠等，还遣使安成郡杀刘义康六子，又因刘义恭出逃，刘骏杀其十二子。刘骏胜利后又杀刘劭及四子，刘濬及三子，又因刘铄素来不相上下，以毒杀之。从此，刘宋宗室自相残杀愈演愈烈，宋王朝也因此灭亡。

与北魏的战争

宋文帝元嘉年间和梁武帝统治前期天监、普通年间，南朝政治比较稳定，经济比较繁荣。这两个时期，南朝具有对北方进行战争的较强实力。当时广大北方统一于鲜卑族建立的北魏，它在南朝人心目中，已不是刘、石那样"乱华"的外族，而是更具有对立的封建政权性质。

宋武帝永初三年（422年），魏夺得滑台（今河南滑县）。宋少帝景平元年（423 年），又克洛阳、虎牢（今河南荥阳西），占领司、兖、豫州。元嘉七年（430 年），宋北与赫连夏结盟，向北魏进兵。魏以兵少撤退，一度宋获得河南四镇，如滑台、洛阳、虎牢、碻磝（今山东茌平南），并沿河置守。半年余以后，又先后失四镇。二十七年，宋军大举北进，江夏王刘义恭驻彭城（今江苏徐州）为总指挥。宋军夺取碻磝，围攻滑台与虎牢之后撤退。柳元景从襄阳向北进军，到潼关后也退回。魏太武帝拓跋焘率大军南攻，经过彭城，南下至瓜步（今江苏六合），声言将要渡江，建康震动。魏军留住了 18 天，二十八年正月北撤。魏军杀伤掠夺，南兖、徐、兖、豫、青、冀六州备遭残破。魏军士马也死伤过半。二十九年，宋军又攻占碻磝、虎牢，无功而还。宋明帝泰始三年（467）至五年，曾响应晋安王子勋起兵反对明帝的徐州刺史薛安都、兖州刺史毕众敬、青州刺史沈文秀、冀州刺史崔道固，先后投降北魏，从此南朝失去了四州与豫州的淮西之地。

梁天监三年（504 年），魏取梁司州。四年，又取梁汉中地带，并有乘势夺蜀之议。十月梁临川王萧宏统军北伐，"器械精新，军容甚盛，北人以为百数十年所未之有"。但由于萧宏怯懦，指挥无方，竟于次年九月大败而回。六年，梁军进攻北魏，在钟离（今安徽凤阳）获得大胜。十年，梁将马仙琕又在朐山（今江苏连云港）大捷。齐末南朝失去寿春，梁武帝力图收复，筑浮山堰堰淮水以攻寿春，服役的人"死者相枕"。因淮水暴涨，堰成后数月全部崩坏，缘淮城戍村落 10 余万口漂流入海。大通元年（527 年），陈庆之在涡阳（今安徽蒙城）大败魏军。中大通元年（529 年），陈庆之乘北魏阶级矛盾与统治阶级内部矛盾激化之机，率军送魏宗室元颢入洛阳，由于孤军深入，后援不继，为魏军所败而归。当时南北双方都不处于绝对优势或劣势，因而多次交战终无决定性结果。

侯景之乱与南朝的衰败

侯景之乱是对梁朝后期腐朽统治的沉重一击，南朝从此衰落不振。侯景出身怀朔镇兵，随尔朱荣镇压六镇起义。后归高欢，官至河南道行台。高欢死后，因与其子高澄不和，而投降西魏，又被高澄击败。太清元年（547 年），又拥十三州请降于梁。梁武帝以为侯景归附是他夜梦中原牧守皆以地来降之兆，所以不顾朝臣反对，接受侯景，封其为河南王、使持节督河南河北诸军事、大行台。武帝晚年迷信佛教，政治腐败，"政散民流""人人厌苦，家家思乱"。二年，侯景自寿春南下，只有兵 8000 人，马数百匹，就渡过长江，包围台城130 余日。侯景免北人奴隶为良民，编入军中，人人感恩，为之致死。梁诸道援军虽然数十万人集于建康，但将帅各有打算，相互猜忌，彼此观望，不能通力合作抗击侯景。三年，侯景终于攻破台城，梁武帝被囚，病饿忧愤而死。

傀儡简文帝萧纲继位，不久即被侯景杀害。大宝二年（551年），侯景自立为帝，国号汉。他西攻荆州刺史湘东王萧绎，承圣元年（552年）为萧绎将王僧辩和自广州北上的陈霸先所败，被杀。侯景攻占建康三年，称帝120天。建康和三吴富庶之区无事日久，遭战乱后人口凋敝，城邑残破。公侯富人在会稽者多南渡岭南，世家大族遭受沉重打击。

侯景败亡后，益州刺史武陵王萧纪称帝于蜀。萧绎也称帝，定都江陵，是为元帝。元帝攻灭萧纪，而西魏乘机夺取了益州。他又和侄儿湘州刺史河东王萧誉、雍州刺史岳阳王萧詧内讧，攻击萧詧，萧詧被迫乞援于西魏。承圣三年，魏军攻下江陵，杀元帝，俘"衣冠士族"男女数万口，驱入长安为奴婢。这是对南朝门阀士族的又一次大打击。西魏立萧詧于江陵，是为后梁，实际仍然是西魏的傀儡，而襄阳入于西魏。侯景乱后，萧氏诸王兄弟叔侄自相屠杀，使南朝进一步大伤元气，上游失去屏障，西境急遽收缩，陈朝初年形成"文轨所同，千里而近，人户著籍，不盈三万"的衰败局面。

宋

南朝第一个王朝。刘裕创建。都建康，宋初疆域北以秦岭、黄河与北魏为界，西至今四川，西南至今云南，南至今越南横山，东和东南直抵海滨，是东晋南朝时期疆域最大的王朝。历8帝，共59年。

刘裕，京口人，寒门出身。早年曾为北府兵将刘牢之参军。桓玄篡晋后，刘裕联合部分北府旧人举兵攻灭桓玄，从此掌握晋室军政实权。义熙六年（410年），刘裕灭南燕，取得今山东大部分地方。镇压卢循起义后，又消灭割据益州（今四川）的谯纵，十三年灭后秦，取得潼关以东、黄河以南的大片土地。元熙二年（420年），刘裕代晋称帝，改元永初，国号宋，历史上又称刘宋。

刘裕鉴于东晋门阀专政、王权弱小、方镇割据的积弊，在中央任用寒人掌典机要，地方则多由宗室出任方镇，以求加强专制皇权。宋世士族门阀虽然位遇很高，但军政实权却大为削弱，从而使国内的统一程度和中央权力都大为增强。刘裕还采取了一系列抑制豪强兼并，减轻人民负担和恢复农业生产的措施，使农民的境遇有所改善。

永初三年（422年）刘裕死，长子刘义符继位。两年后，大臣徐羡之等废杀义符，立其三弟刘义隆为帝（宋文帝）。刘义隆继续执行刘裕的政策，在东晋义熙土断的基础上，清理户籍，下令减轻或免除人民积欠政府的"逋租宿债"。劝农、兴学、招贤、开炉铸钱，使人民得以休养生息，社会生产有所发展，经济文化日趋繁荣。宋文帝元嘉之世（424—453年）是东晋南朝国力最强盛的时期，史称"元嘉之治"。

刘宋时，黄河以北的北魏日益强大。早在刘裕统治末年（422—423年），北魏已陆续夺去滑台（今河南滑县东）、虎牢（今河南荥阳汜水镇）和洛阳等重镇。北魏统一北方后，又调集 60 万大军南下。元嘉二十七年（450 年），魏太武帝拓跋焘亲率 10 万大军进攻悬瓠（今河南汝南），被宋军击败。宋军又分数路北进。其中柳元景一路自户氏（今属河南）出发，在当地汉族人民积极支持下，连克弘农、陕县和潼关。但由于宋军主力王玄谟部久攻滑台不下，为北魏主力击溃，宋文帝只得令柳元景部亦撤退。同年冬，拓跋焘率兵号称百万，南下直抵瓜步（今安徽六合东南），准备渡江进攻建康。由于江淮人民坚壁清野，魏军抄掠无所获，人马饥乏；加之宋军在沿江数百里内建立起坚固的防线，魏军只得北撤。魏军这次南侵，对江、淮、青、济广大地区进行了前所未有的野蛮破坏；所至之处，一片焦土，宋朝国力从此大为削弱。

元嘉三十年，太子刘劭杀文帝自立。同年，文帝第三子江州刺史武陵王刘骏起兵诛劭，即帝位，是为孝武帝。他为了加强对地方军政的控制，无论"长王临藩"或"素族（指皇族以外的士族）出镇"，都派典签分掌实权，严加监视。诸王和镇将因遭疑忌，先后起兵作乱，于是皇室内部、君臣之间相互残杀，愈演愈烈。孝武帝在位时，杀叔父刘义宣，并杀 4 个亲弟。宋明帝刘彧时，又杀尽孝武帝诸子，还把尚存的 5 个亲弟杀掉 4 个。被疑忌的文臣武将，有的被杀，有的叛国投敌。如幽州刺史刘休宾、兖州刺史毕众敬、徐州刺史薛安都、冀州刺史崔道固、青州刺史沈文秀等，先后投降北魏，刘宋失去了淮河以北大片土地，南朝疆域再次缩小。

东晋以来，门阀士族地主大量占山固泽，政府虽一再禁止，但效果不大。大明年间（457—464 年），孝武帝企图改禁为限，规定：地主原占山泽一律归地方所有；此后占山护泽以官品为准，数量由一顷至 3 顷，原占已足此数的不得再占；在此规定以外擅占山水者，按强盗律治罪。从此，占山护泽合法化，而数量的限制仍无法实行。

元嘉以后，宋王朝对人民的剥削亦日益加重。当时实行计资分等纳调，地方官为了提高户等以增加税收，桑长一尺、田进一亩都计在资产之内，甚至连屋上加瓦都要计税，使得农民不敢种树垦荒、泥补房舍，更无意发展生产。沉重的徭役，甚至连儿童也不放过，以致造成"田野百县，路无男人；耕田载租，皆驱女弱"。阶级矛盾十分尖锐，小规模的农民起义不断发生。泰豫元年（472 年）明帝死，子刘昱（后废帝）继位，内乱更加炽热。这时实权已落入中领军萧道成手中。元徽五年（477 年）萧道成杀刘昱，立昱弟刘準为帝（即顺帝）。升明三年（479 年），萧道成废刘準，称帝建齐朝，宋亡。

齐

南朝第二个王朝。萧道成创建，都建康。疆域北至大巴山脉和淮南，西至四川,西南至云南,南至今越南横山,东南直抵海滨。历7帝,共24年(479—502年)。

萧道成,低级士族出身。领兵30多年,他利用刘宋末年皇室内部、君臣之间相互残杀的混乱局面,以中领军掌握实权,于升明三年(479年)代宋称帝,国号齐,年号建元,历史上又称南齐、萧齐。齐初虽对宋末暴政作过一些改革,注意劝课农桑和学校教育,但人民的负担并未减轻,濒于破产的农民纷纷沦为豪强大族的隐户。齐世寒人兴起的趋势继续发展,中央以寒人掌典机要,地方则重用典签,对皇室和方镇严加控制、监视,门阀士族的实权进一步削弱。齐初,鉴于宋末统治阶级内部相互残杀而失天下的教训,终齐武帝萧赜之世,虽然爆发过唐寓之暴动,尚能维持政局的稳定。齐明帝萧鸾在位5年,皇室间的相互残杀更甚于宋末。高、武子孙,几乎被萧鸾杀绝。萧鸾死后,继位的萧宝卷(东昏侯)更是专事杀戮的暴君,人人自危,众叛亲离,政局混乱达于极点。永元三年(501年),宗室雍州刺史萧衍自襄阳起兵攻占建康,尽杀明帝后裔,次年称帝,建立梁朝,齐亡。

梁

南朝第三个王朝。萧衍创建,都建康。历4帝,共56年(502—557年)。

萧衍(464—549年),字叔达,小字练儿,南兰陵中都里(今江苏常州西北)人,南齐宗室,官至雍州刺史,镇襄阳。永元二年(500年),萧衍之兄萧懿被齐东昏侯萧宝卷杀害,三年,萧衍乘南齐君臣互相残杀、政局极端混乱之际,自襄阳举兵东下,攻占建康,并于次年称帝。国号梁,建元天监,历史上又称萧梁。

梁朝56年中,萧衍在位长达48年。其统治具有如下特点:①优容士族。如专设谱局,改订士族百家谱;下诏州、郡、县,置州望、郡宗、乡豪各一人,专掌搜荐人物,特别是东晋以来湮没不显的旧族;增设官职,满足士族入仕的要求。但梁世士族业已全面腐朽,在实际政务中仍须使用寒人。②宽纵皇族。如削弱典签权势,给诸王以实权,对他们的横征暴敛甚至公开抢掠也不闻不问。结果到了萧衍晚年,皇室间的相互残杀较之宋、齐两代更为残酷。③萧衍博学能文,重视思想意识上的统治。如大力提倡佛教,不顾劳民伤财,大规模兴建佛寺。创立三教同源说,调和释、儒、道三者矛盾。3次舍身同泰寺,公卿等以成亿的钱奉赎。④以虚伪的勤俭、仁慈掩盖其残暴腐朽的统治。梁世徭役较以往更为繁重,甚至役及女丁。赋税由过去的计资改为计丁。规定每年丁男之调,布、绢各2丈,丝3两,绵8两;禄绢8尺,禄绵3两2分;租米5石,禄米2石。丁女减半。此外每亩田还要收税米两升。他责令地方官"上献",因而莫不竞相聚敛。梁世用法,对皇室、士族分外宽容,对劳苦大众极其严酷。民众犯法连坐，老幼不免；一人逃亡，举家罚作苦役。人民纷纷逃亡或奋起反抗，各种规模的农民起义接连不断。侯景之乱前夕，更是达到"人人厌苦，家家思乱"的严重地步。

梁初疆域与齐末略同，北以淮河与北魏为界。此时北魏虽日趋衰落，但由于萧衍昏庸无能，故几次对魏战争均未取得成果，反而给人民带来了很大灾难。如天监四年（505年）北伐，梁军装备精良，但萧衍舍良将韦叡不用，却以其贪残昏懦的六弟萧宏为主帅。五年，军至洛口（今安徽怀远内），一夜风雨骤起，萧宏弃师潜逃。大军溃退，损失5万多人。十三年，萧衍不顾水工关于淮河沙土不坚、不可筑堰的警告，役使20万军民修筑浮山堰（今安徽凤阳境内），企图蓄淮水淹没北魏军。浮山堰果为洪水冲塌，沿淮军民10余万被吞没。当北魏在各族人民起义打击下摇摇欲坠之时，萧衍把希望寄托在南逃的北魏宗室元颢身上，命陈庆之于大通二年（528）率7000人送他北归。元颢阴谋叛梁，陈庆之孤立无援而全军覆灭。

太清元年（547年），东魏大将侯景降梁，萧衍不顾朝臣反对，认为"得景则塞北可清，机会难得"，以侯景为大将军、河南王、都督河南北诸军事、大行台，并派萧渊明率军5万前往支援。结果梁军在寒山堰（今江苏徐州市外）被东魏军击败，渊明被俘。不久，侯景军亦被消灭，仅得800人进据寿春。二年八月，侯景自寿春举兵叛梁。十月，叛军在萧衍侄萧正德的接应下顺利渡江，占领建康。台城（宫城）被围期间，萧衍的子孙们虽据重镇，拥强兵，均不积极驰援，反而伺机夺取帝位。三年三月，叛军攻占台城，萧衍饿死。四年，侯景立萧纲为帝（简文帝）。大宝二年（551年），侯景杀萧纲，自称汉皇帝。首都建康和三吴地区遭到空前破坏。这时盘踞郢州（镇夏口，今湖北武昌）的萧纶（萧衍第六子）附北齐，盘踞襄阳的萧詧（萧衍之孙、萧统之子）附西魏，盘踞荆州的萧绎（萧衍第七子）则反复于北齐和西魏之间，此外还有盘踞益州的萧纪（萧衍第八子），他们之间展开了殊死的皇位争夺战。同年，萧绎勾结西魏灭萧纶。三年，萧绎攻灭侯景，在江陵称帝（梁元帝）。承圣二年（553年）萧纪举兵东下攻江陵，西魏乘机夺取益州，萧纪亦旋被萧绎消灭。三年，萧詧勾结西魏攻破江陵，杀萧绎。西魏复占有襄阳，并将江陵被俘王公以下男女数万口分给将士当奴婢，仅留一座空城让萧詧做傀儡皇帝，史称后梁。至此，梁朝疆土已丧失大半：长江下游以北归入北齐，益州、汉中、襄阳归属西魏，江陵实际亦为西魏控制。次年，王僧辩、陈霸先在建康立萧方智（萧绎之子）为梁王。时北齐派兵送萧渊明至建康，王僧辩畏齐，立萧渊明为帝。陈霸先袭杀王僧辩，复立萧方智为帝（梁敬帝）。太平二年（557年），陈霸先称帝，建立陈朝，梁亡。

陈

南朝最后一个王朝。陈霸先创建，都建康。仅控制江陵以东、长江以南的狭小地区。历5帝，共33年（557—589年）。

陈霸先，出身寒门。以平侯景之乱功，官至司空。太平二年（557年），霸先代梁称帝，建元永定，国号陈。在位3年死。其侄陈蒨即位（陈文帝），清除尚存的萧梁残余势力，削平长江中游的割据势力王琳，击退北齐、北周的军队。宣帝陈顼时，陈朝政权已比较稳固，社会经济也有所恢复，而北齐政局正极度混乱。太建五年（573年），陈宣帝命吴明彻为主帅大举北伐，连战皆捷，尽复淮南失地。九年，北周灭北齐，统一北方。陈宣帝欲夺取徐、兖，再次出兵北伐。十年，吴明彻率水军猛攻彭城（今江苏徐州），但后路被周军截断。陈军撤退到清口（古泗水入淮之口，今江苏淮阴西），被周军击溃，吴明彻和3万将士被俘。淮南之地复为北周占领。十四年，宣帝病死。继位的陈叔宝是历史上有名的荒淫皇帝。在他的统治下，政治腐败不堪，人民生活极为穷困。此时，北方的北周已为隋朝所代。祯明二年（588年），强大的隋朝派大军50余万分8路南下。次年，隋军攻下建康，陈叔宝被俘，陈亡。分裂了200多年的中国再次统一。

北　朝

北朝与南朝相峙并存。一般以魏太武帝拓跋焘统一北方（439年）算起，至杨坚建隋代周（581年）为止，包括北魏、东魏、西魏、北齐、北周5个王朝，历时142年。另一说，起于拓跋珪建国称魏（386年），止于589年隋文帝杨坚灭陈、统一全国。

北方5个王朝的统治者出自塞北的鲜卑族或与鲜卑族有着密切的关系。北魏统治者是鲜卑拓跋部的贵族。东、西魏本来就是从北魏皇室中分裂出来的，它们的实际掌权者高欢、宇文泰，同时又是北齐、北周政权的真正创建人。高欢是生长在北镇的鲜卑化汉人，宇文泰也是徙居代北的鲜卑宇文部酋豪的后裔（一说为役属于鲜卑的南匈奴后裔）。因此，一方面在北朝时期，除了编户、田客、牧子、隶户、奴隶与官府、大族豪强、牧王、奴隶主之间的阶级矛盾，士与客、士与庶、地方势力与中央政权之间的统治阶级内部矛盾外，还始终存在着程度不同的鲜卑文化与汉文化之间的矛盾与融合问题。另一方面，鲜卑族的文化传统对北朝的政治、军事、经济以及典章制度都有深刻影响，从而形成了自己的特点，出现了均田制、府兵制和朴素粗犷的民间文学。

北朝时期，统治时间最长、疆域最广的是北魏，其全盛时（太和二十一年，497年），西至焉耆，东到海，北界六镇与柔然接壤，南临淮、沔与南齐为邻。东、西魏时期，其南、北疆界稍有内缩，除西魏之建、泰、义、南汾4州在河东外，大抵以黄河为界划分东、西魏。齐、周时期，北朝的疆界有扩展：北齐南并淮水流域，濒长江与陈对峙；北周占有梁、益，控制江陵，长江上游、汉水流域全归周有。周武帝建德六年（577年）灭北齐，疆域之大，超过了北魏。武帝去世，宣、静相继，大权旁落，杨坚专政，五年即建隋代周，再八年渡江灭陈，统一了全国。

北魏

北朝之一，继十六国分裂局面之后在中国北部重建统一的封建王朝。鲜卑族拓跋珪所建。历12帝两王，共149年（386—534年）。

东汉末年鲜卑族的檀石槐政权瓦解后，许多鲜卑及号称鲜卑的部落、氏族在今内蒙古和山西北部一带活动，拓跋部就是其中之一，又称"索头鲜卑"，以游牧为生。310年，西晋封拓跋猗卢为代公，314年，晋封为代王。338年拓跋什翼犍在繁峙（今山西浑源西南）北即代王位，建立代国。376年，代国为前秦所灭。淝水之战后，拓跋珪于386年重建代国，称王。同年改国号为魏，建元登国，史称北魏，亦称拓跋魏、元魏、后魏。天兴元年（398年），拓跋珪即皇帝位（道武帝），定都平城（今山西大同东北）。

魏道武帝拓跋珪建国时，拓跋部正处于原始公社组织继续解体，奴隶制还极不成熟的阶段。拓跋珪解散部落组织，使鲜卑部民分土定居，由氏族组织转变为地域组织，从游牧经济转向农业经济。皇始元年（396年），拓跋珪攻占后燕的并州（今山西太原西南）后，始建台省，置百官，封拜公侯将军；中央官尚书郎以下和地方官刺史、太守以下一般都任用儒生。天赐三年（406年）下令诸州置三刺史，郡置三太守，县置三令长，其中一人为拓跋宗室，其余为非宗室的鲜卑人或汉人。北魏政府面对汉族地区宗族强盛、坞堡众多的局面，依靠那些宗族主作为统治的支柱，建立了宗主督护之制，由各地宗主来督护地方，负责征收租课和征发兵役徭役，实际上起着地方基层政权的作用。

拓跋珪推行劝课农耕、发展生产的政策。登国九年（394年）打败匈奴别部刘库仁和刘卫辰两部，占领五原（今内蒙古包头西北）至稒阳塞（今内蒙古包头东）外以后，在此实行大规模屯田，效果很好。拓跋珪破后燕，于天兴元年强迫后燕境内数十万汉族和其他各族劳动人民迁往平城附近，计口授田，分给他们耕牛、农具，发展农业生产，使经济力量不断增强。

前期政治

天赐六年拓跋珪死，子拓跋嗣（明元帝）继位。明元帝在位时对南朝刘宋发动进攻，夺取了黄河以南的司、兖、豫等州的大部分地区。泰常八年（423年），明元帝死，其子拓跋焘（即魏太武帝拓跋焘）继位，他先后灭夏、北燕，又灭北凉，完成黄河流域的统一，结束了100多年北方十六国分裂割据的局面，北朝从此开始。太平真君十年（449年），太武帝又亲率大军击败北方的柔然，使其北徙，消除了长期以来对北魏的严重威胁。接着挥师南下，兵锋直抵瓜步（今江苏六合东南）。此时北魏疆域北至大漠，西至今新疆东部，东北至辽河，南至江淮。

北魏建国后，其社会跃入封建制，生产力逐步发展。但在统治方式上，北魏前期仍然保留着浓厚的奴隶制残余，特别是在统一北方以前，继续将战争中掳掠的人口没为奴婢，赏赐给诸王贵族和有战功者，从事农业和手工业的生产劳动。赋税方面，在推行宗主督护制的地区，平均每户每年的户调是帛2匹、絮2斤、丝1斤、粟20石，外加地方征收的调外之费帛一匹二丈。且任意增加临时征调，动辄每户要交30、50石粟。当时官吏没有正式的俸禄，贪污、贿赂、高利贷公行。太武帝统治期间，大将公孙轨到上党（今山西长治北），去时单马执鞭，回来则从车百辆。拓跋氏统治者推行民族歧视政策。在战争中，被驱迫当兵的各族人民在前冲锋，鲜卑骑兵在后驱逼。十二年，太武帝围攻盱眙（今安徽盱眙东北）时，写信给刘宋守将臧质说，攻城的都不是我鲜卑人，你杀了他们，免得他们将来造反。北魏为了镇压其他民族的反抗，在氐、羌、卢水胡等族聚居的地区设置军镇，严厉统治。魏律规定犯谋反大逆者，亲族男女不论少长全部处死，甚至还在实行原始的车裂法。

北魏前期落后的统治，引起各族人民连绵不断的反抗斗争。其中规模最大的，是太平真君六年九月，杂居在今陕西、山西等地的汉、氐、羌、屠各等族人民在卢水胡人盖吴领导下于杏城（今陕西黄陵西南）爆发的起义。诸少数族和汉族被压迫人民争相响应，起义军很快发展到10余万人，东起潼关，西至汧陇（今陕西、甘肃交界处）。盖吴派使者要求刘宋出兵声援。一年后，起义军虽被太武帝亲自率军镇压而失败，但各族人民的共同斗争促进了民族的融合。

冯太后、孝文帝改革

为了缓和阶级矛盾，北魏统治者力求限制地方豪强势力，加强中央集权，使鲜卑贵族进一步封建化，并与汉族地主紧密结合，更有效地共同统治各族人民。

因此冯太后和魏孝文帝元宏进行了一系列的改革：①首先整顿吏治。延兴二年（472年），政府规定，地方牧守治绩好的可以久任，满一年升迁一级；治绩不好的即使就任不久，也要受到处罚，甚至降级。②延兴五年，为改变过去州、郡、县争收租调的混乱局面，政府确定只能由县一级征收，征收时禁止使用大斗、长尺、重秤。③太和八年（484年）颁布俸禄制，申明俸禄以外贪赃满一匹绢布的处死。次年颁行的均田令中，又规定地方守宰可以按官职高低给一定数量的俸田。所授公田不准买卖，离职时移交下任。④九年十月，颁布了均田令，对不同性别的成年百姓和奴婢、耕牛都做了详尽的受田规定。授田有露田、桑田之别。露田种植谷物，不得买卖，70岁时交还国家，桑田种植桑、榆、枣树，不须交还国家，可以出卖多余的部分，买进不足的部分。授土地时还对老少残疾鳏寡都给予适当的照顾。⑤九年和十年初，以三长制取代宗主督护制，采用邻、里、党的乡官组织，抑制地方豪强荫庇大量户口。⑥十年，孝文帝对租调制度也进行了相应的改革。新租调规定以一夫一妇为征收单位，每年交纳帛一匹、粟2石。15岁以上的未婚男女、从事耕织的每8个奴婢、耕牛每20头的租调，分别相当于一夫一妇的数量。⑦十八年，孝文帝排除穆泰、元丕及太子恂等鲜卑旧贵族和保守势力的反对，把都城从平城迁至洛阳。⑧孝文帝改革鲜卑旧俗，主要是禁着胡服，改穿汉人服装；朝廷上禁鲜卑语，改说汉话；规定鲜卑贵族在洛阳死后，不得归葬平城，并改他们的籍贯为河南洛阳，改鲜卑姓为汉姓；鲜卑贵族门阀化，提倡他们与汉族高门通婚。⑨太和中，议定百官秩品，分九品，每品又分正、从。从品为北魏之首创。十九年，又按照家世、官爵等标准，将代北以来的鲜卑贵族定为姓、族，姓为高，族次之，其中穆、陆、贺、刘、楼、于、嵇、尉8姓，"皆太祖已降，勋著当世，位尽王公，灼然可知者，且下司州、吏部，勿充猥言，一同四姓。"所谓4姓，一说为中原汉族高门崔、卢、李、郑，一说为汉族甲、乙、丙、丁4种郡姓，后者似为确。颁定姓族，使鲜卑贵族与汉士族得以进一步结合。

社会经济的发展

在北魏王朝一个半世纪的历史发展过程中，社会生产力逐步得到恢复和发展，中国北方自西晋永嘉之乱（310年）以后，经过十六国时期的战争破坏，百姓死于兵革，毙于饥馑，幸存的人口不足50%。中原地区一派凋敝景象。北魏统一北方后，经过各族人民长期的辛勤劳动和共同斗争，生产关系得到了调整，生产有了明显的发展。特别是孝文帝改革后，自耕农民显著增加，孝明帝正光以前，全国户数已达500余万，比西晋太康年间增加一倍多。农业、手工业都有显著的发展。《洛阳伽蓝记》称北魏后期百姓殷富，年登俗乐，衣食初得保障。在手工业方面，北魏后期炼钢技术有了新的成就，相州牵口冶（今河南安阳）制成锐利的钢刀。商业也逐渐活跃起来，太和以前，北方商业几乎处于停顿状态，钱货无所周转。孝文帝时，元淑为河东太守，当地许多百姓弃农经商。随着商业的发展，货币恢复流通，太和十九年，又重新铸造"太和五铢"钱，规定此钱在京师及全国诸州镇都可通行。宣武帝时，洛阳的商业相当繁荣，成为国际性的商业大城市。

北魏的衰亡

随着生产的发展和鲜卑贵族汉化的加深，北魏统治者日趋腐化，吏治逐步败坏。高阳王元雍富兼山海，其住宅、园圃像皇宫一样豪华，僮仆多达6000、妓女500，一餐费数万钱。他与河间王元琛斗富，奢侈豪华程度超过西晋的石崇、王恺。被称为饿虎将军的元晖做吏部尚书时，卖官鬻职都有定价，人们称吏部为卖官的市场，称这些官吏为白昼的劫贼。地方州郡的刺史、太守也聚敛无已。他们征收租调时，恢复长尺、大斗、重秤。繁重的兵役和徭役使大批农民家破人亡。破产农民纷纷投靠豪强，重新沦为依附农民，或逃避赋役，入寺为僧尼。

北魏控制的编户日益减少，影响了政府的收入。北魏统治者除加重剥削未逃亡的农民外，多次检括逃户，搜捕逃亡的农民。因而引起农民的反抗。延昌四年（515年）冀州僧人法庆领导的大乘教起义，公开宣称"新佛出世，除去旧魔"。北魏政府动员了10万军队才镇压下去。

北魏初年，为了阻止柔然南下，曾在东起赤城（今属河北），西至五原的地方修筑长城；在沿边要害处设置军事据点，即沃野等六镇。六镇镇将由鲜卑贵族担任，镇兵多是拓跋族成员或中原的强宗子弟。他们被视为"国之肺腑"，享有特殊地位。但迁都洛阳后，北方防务逐渐不被重视，镇将地位大大下降，被排斥在"清流"之外，升迁困难。因而他们对北魏政府严重不满，镇兵的地位更是日趋低贱，与谪配的罪犯和俘虏为伍，受到镇将、豪强残酷的奴役和剥削，名为府户。镇兵对镇将、豪强和北魏政府怀有强烈的阶级仇恨。加之塞外的柔然不时侵扰掠夺，也加深了士卒生活的困难。正光四年（523年），终于爆发了六镇起义。关陇、河北等地各族人民也陆续起义。激烈的阶级斗争使北魏政权摇摇欲坠。边镇豪强集团利用当时的混乱局面，各自发展势力。肆州秀容（山西朔县北）的尔朱荣，聚集了北镇豪强和流民，势力发展最快。武泰元年（528年），胡太后毒死孝明帝，自居摄政，尔朱荣以给孝明帝报仇为借口，进军洛阳，在河阴将胡太后及大臣两千余人杀死，控制朝政。此后，内乱不止。永熙三年（534年），北魏分裂成由高欢控制的东魏和宇文泰掌握的西魏。

科技文化的发展

北魏时期，科学文化取得了新的成就。北魏末年贾思勰所著《齐民要术》，是中国现存最古、最完整的农书，包括农艺、园艺、林木、畜牧、养鱼和农产品加工等许多方面。它对从西周以来古代农业、手工业等方面取得的知识技术，都作了总结性的叙述。

魏末郦道元以《水经》为纲，写成地理名著《水经注》，分量 20 倍于原书。它详尽地介绍了中国 1252 条河流，阐明了水道的变迁、疆域的沿革，又以优美的文字记叙了各地的自然风光和民间故事，还记录了矿藏、盐井、温泉、火山等情况，有重要的史料价值。

文学方面，北朝民歌充分体现了北方民族大融合的特征，风格刚健，语言质朴，感情真挚。《敕勒歌》《折杨柳歌》《木兰诗》就是当时民歌的代表，杨衒之的《洛阳伽蓝记》，既是一部地理名著，又是一部文学作品，《水经注》从文学角度看，也不愧为一本文字优美的游记。

北魏雕塑艺术，集中表现在当时的石窟寺中。它继承了秦汉以来中国的艺术传统，也受到国外，特别是古代印度艺术的影响。摩崖石窟分布很广，西起今甘肃，东至今辽宁，保存至今的著名的有大同云冈石窟、河南洛阳龙门石窟、甘肃敦煌石窟，以及甘肃天水的麦积山石窟、永靖的炳灵寺石窟、山西太原的天龙山万佛洞、河南巩县的石窟寺等。在这些石窟寺中有古代艺术工匠所塑造出来的数以万计的佛像，代表了当时中国雕塑艺术的最高水平，至今仍是驰名世界的艺术宝库。

东魏

北朝之一，从北魏分裂出来的割据政权。都邺，有今河南汝南、江苏徐州以北，河南洛阳以东的原北魏统治的东部地区。历一帝，约 17 年（534—550 年）。北魏政权在魏末各族人民大起义打击下摇摇欲坠，统治阶级内部展开了激烈的权利争夺。尔朱荣发动河阴之变，控制了北魏中央政权。

永安三年（530 年），孝庄帝利用朝见机会杀尔朱荣。尔朱荣之侄尔朱兆起兵赴洛阳，杀死孝庄帝，立元恭为帝（节闵帝）。太昌元年（532 年），原尔朱荣部将高欢在河北大族的支持下，消灭潼关以东的尔朱氏势力，杀节闵帝，立元修为帝，即孝武帝。北魏政权落入高欢手中。

永熙三年（534 年），孝武帝不愿做高欢控制的傀儡皇帝，逃往长安，投靠宇文泰。高欢随即立元善见为帝（孝静帝），从洛阳迁都于邺，史称东魏。次年，宇文泰在长安立元宝炬为西魏文帝，北魏正式分裂为东、西魏。高欢以原六镇流民为主，建立强大武装，自己住在晋阳（今山西太原西南），使之成为东魏的政治中心。

高欢所控制的东魏政权，实质上是北魏将领和河北大族相结合的产物。他为了获得鲜卑贵族的支持，竭力推行鲜卑化的政策。为了得到汉族豪强地主的拥护，听任他们贪污聚敛，为非作歹，吏治日趋腐化。

东魏与西魏相较，东魏地域广、人口多，经济发达。高欢屡次发兵进攻西魏，企图吞并对方。天平四年（537年），东魏军西征，在潼关左边的小关遭西魏军袭击，大败，大都督窦泰自杀，高欢被迫撤军。此后，在沙苑之战（537年）、河桥之战（538年）、邙山之战（543年）中双方互有胜负。武定四年（546年），高欢亲率大军10余万人围攻西魏据守的玉壁（今山西稷山西南），苦战50余天，他病倒军中，被迫退兵。次年年初，死在晋阳。其子高澄、高洋相继掌握东魏政权。武定八年，高洋废孝静帝，代东魏自立，建立北齐。

西魏

北朝之一，由北魏分裂出来的割据政权。历3帝，共22年（535—557年）。都长安。管辖今湖北襄樊以北、河南洛阳以西，原北魏统治的西部地区。北魏永熙三年（534年），孝武帝元修脱离高欢，从洛阳逃至长安，投靠北魏将领、鲜卑化的匈奴人宇文泰。次年宇文泰杀孝武帝，立元宝炬为帝（文帝），史称西魏，政权实由宇文泰掌握。

西魏政权建立后，宇文泰于大统元年（535年），颁布24条新制，后又增加至36条，称为"中兴永式"。其主要内容是：严禁贪污、裁减官员、置立正长（正即闾正、族正，长指保长。保、闾、族为地方基层组织名称）、实行屯田、制定计账（预计次年赋役的概数）和户籍等制度。七年，关中大族出身的苏绰把汉族封建统治的经验总结为6条：①清心，②敦教化，③尽地利，④擢贤良，⑤恤狱讼，⑥均赋役。宇文泰对这些统治经验非常重视，颁行为"六条诏书"，作为其施政纲领。并专门组织中下级官吏学习，规定不通晓这6条及计账的人，不能当官。十六年，又正式建立由八柱国分掌禁旅的府兵制。府兵共有兵力约5万，除宇文泰和宗室元欣外，分别由6个柱国大将军统领。此制的建立，对军队进行统一指挥和训练，有利于中央政权的加强。继续推行均田制。根据敦煌文书《西魏大统十三年计账》可知，均田制下的授受虽已实行，但授田不足额却是普遍的现象。当时最普遍的一种力役为"六丁兵"，即每个丁男在6个月内为政府服役一个月，一年内要服役两个月。

西魏期间，社会较为安定，国力日趋强盛，有效地抗击了东魏的多次进攻，而且于废帝二年（553年）取得南朝梁的蜀地，次年又夺得江陵。557年初，宇文觉废西魏恭帝自立为帝，即孝闵帝，建立北周。

北齐

北朝之一。高洋所建。历6帝，共28年（550—577年）。武定五年（547年），实际掌握东魏政权的高欢死后，长子高澄继续掌政。不久高澄遇刺身亡，弟高洋继承。八年，高洋代东魏称帝（即齐文宣帝高洋），国号齐，建元天保，建都于邺，史称北齐。

北齐继承东魏所控制的地盘，占有今黄河下游流域的河北、河南、山东、山西及苏北、皖北的广阔地区。有户300万、人口2000万。天保三年（552年）以后，齐文宣帝高洋北击库莫奚，东北逐契丹，西北破柔然，西平山胡（属匈奴族），南取淮南，势力一直伸展到长江边。他在位期间是北齐国力鼎盛的时期。当时，农业、盐铁业、瓷器制造业都相当发达，是同陈、北周鼎立的3个国家中最富庶者。

北齐继续推行均田制。按照北齐武成帝河清三年（564年）令的规定：京师邺城周围30里内的土地，全部作为公田，按照级别授给"代迁户"（北魏迁都洛阳时，原代京旧户随之迁入洛阳，称代迁户）中的各级官吏和羽林虎贲；30里外百里以内的公田，则授给与"代迁户"相应级别的汉族官吏和汉人充当的羽林虎贲；百里以外的州郡推行均田制。北齐的均田制大体与北魏相同而略有变化：北齐取消了受倍田的规定，但一夫一妇的实际受田数，仍相当于倍田；北魏奴婢受田没有限制，北齐则按官品限制在300人至60人之间。还规定了赋税：田租、户调以床（一夫一妇为一床）为计算单位。一床调绢1匹、绵8两；凡10斤绵中，折1斤作丝；垦租2石，义租5斗。奴婢准良人的一半；牛调2尺，垦租1斗，义租5升。未娶妻者，输半床租调。百姓为了减轻负担，多报未娶，如阳翟（今河南禹县）一郡有户数万，户籍册上多无妻子。

北齐特别是其后期的统治者，自皇帝至各级官吏，多昏庸残暴，狗马鹰亦得加封官号。齐后主高纬不理政事，整天弹唱作乐，挥霍浪费，不惜民力。政治腐败，贪污成风。后主甚至把地方官职分赐宠臣，让他们出卖。赋敛日重，徭役日繁，造成人力竭尽，府库空虚。广大农民在苛重的赋役下，逃亡者十之六七。阶级矛盾日趋尖锐，小规模的农民反抗斗争不断发生，统治阶级内部矛盾更加表面化。当北齐政权日趋腐朽之时，关中的北周政权通过一系列的改革措施，国力日益强盛。承光元年（577年），北齐为北周所灭。

北周

北朝之一。宇文觉创建。历5帝，共25年（557—581年）。西魏恭帝三年（556年），实际掌握西魏政权的宇文泰死后，子宇文觉继任大冢宰，自称周公。

次年初，他废西魏恭帝自立（孝闵帝），国号周，都长安（今西安），史称北周。

孝闵帝年幼，大权掌握在堂兄宇文护手中。九月，宇文护杀孝闵帝，立宇文毓为帝（明帝）。武成二年（560年），宇文护又毒死明帝，立宇文邕为帝，是为北周武帝。建德元年（572年），周武帝宇文邕杀宇文护，亲掌朝政，进行了多方面的改革。

在兵制方面，周武帝于建德三年，改称府兵制下的"军士"为"侍官"，表示府兵是从属于皇帝的侍从，由皇帝亲自领带。在长安设置统领府兵宿卫的机构，原来的六柱国、十二大将军，除被任命带兵出征或充当宿卫将军外，不再直接掌握兵权，从而松弛了军士对主将的从属关系，削弱了过去府兵部落化的倾向。同时，进一步将府兵征募范围扩大到汉人，打破鲜卑人当兵、汉人种地的胡汉分治界限。此举符合民族融合、国家统一的趋势，也为吞灭北齐，统一北中国提供了军事力量。

在经济方面，周武帝修改均田和租调等制度，规定已娶妻的男子受田140亩，未娶的男子受田100亩。自18岁至64岁的百姓都要交纳租调，已娶妻的男子每年纳绢1匹、绵8两、粟5斛，未娶妻的丁男减半。18岁至59岁的百姓都要服役，丰年服役30天，中等年景20天，下等年景10天，凶年可免力役。并注意兴修水利，增辟农田。如保定二年（562年），在蒲州（今山西永济西）开河渠，在同州（今陕西大荔）开龙首渠，以广灌溉，增辟农田。还数次下诏，把西魏时江陵俘虏沦为官私奴婢的人放免为民或部曲。他自己也比较注意节俭，停修华丽的宫殿，以省民力。

周武帝下令禁断佛、道二教，销毁佛经、佛像，勒令僧道还俗。建德三年五月，下诏废佛，把关、陇、梁、益、荆、襄等地区几百年来僧侣地主的寺庙、土地、铜像、资产全部没收，使近百万僧侣和僧祇户、佛图户还俗，编入国家户籍，以增加国家直接控制的劳动力，从而相应减轻了一般劳动人民的赋役负担。

四年，周武帝亲率六军，向北齐发起大规模的进攻，攻下河阴外城后，又围攻金墉城，后因病班师。次年攻下汾北重镇晋州平阳（今山西临汾），齐后主全军溃败，逃回晋阳（今山西太原西南），又从晋阳逃到邺。周军乘胜追击，攻破晋阳，再向邺城进发。六年，齐后主让位给8岁的儿子（幼主恒），自己企图经山东投奔陈朝，中途被俘。周军顺利进入邺城，消灭了北齐政权，统一了中国北方。

灭北齐后，周武帝继续进行改革。建德六年先后下诏：黄河以南诸州凡在齐武平三年（572年）以后被齐掠为奴婢的一律免为平民。永熙三年（534年）以来东魏、北齐人民被掠为奴婢及江陵百姓没为奴婢者放免为平民，如果旧主人要求共居,听留为部曲或客女;并宣布放免杂户。在原北齐统治地区,继续禁断佛、道。他还颁布《刑书要制》,严惩贪污,规定全国实行统一的度量衡。

宣政元年(578年)武帝死,子宇文赟(宣帝)继位,在位两年,荒淫而死。宇文阐(静帝)继位,外戚杨坚辅政,宣布恢复奉行佛、道。大定元年(581年)二月,杨坚迫周静帝禅位,自立为帝,北周灭亡。

北魏统一北方

409年,拓跋嗣杀死拓跋绍,做了北魏的皇帝,历史上称魏明元帝。423年,拓跋嗣死去,年32岁。这一年,他的16岁的儿子拓跋焘继承了帝位。

拓跋焘,字佛貍(佛,读弼音),是北魏杰出的君主,历史上称魏太武帝。从拓跋嗣做皇帝到拓跋焘统一北方,恰好30年。

409年,北方还分裂为许多割据政权。和北魏接壤的有北燕、北凉、后秦、南燕和夏等,北魏的北面还有一个正在强大起来的柔然。

夏和柔然,是北魏的两个劲敌。

415年,平城附近连年霜旱,不少人饿死。有人主张迁都邺城(今河南安阳市北)。当时,谋士崔浩对魏明元帝讲了很多不能迁都的道理,重要的一个理由,便是迁都之后,平城的防守力量弱了,夏和柔然必然乘机进犯。417年,刘裕攻打后秦,后秦向北魏求救。北魏讨论了这件事,崔浩又以为要防备柔然进犯,不可出兵。刘裕打进了长安,拓跋嗣打算派一支精锐骑兵,直捣彭城(今江苏徐州市)和寿春(今安徽寿县),又向崔浩问计。崔浩向他分析了当时的形势,以为"西有屈丐(即夏,屈丐的意思是卑下,北魏称赫连氏为屈丐以示侮辱),北有柔然",出师对北魏不利。崔浩当时谋略无双,担心的就是夏和柔然,可见他们对北魏的威胁是很大的。

柔然是鲜卑的一支,又叫蠕蠕或叫芮芮,长期游牧在拓跋部的北边,冬天从漠北迁向漠南,夏天又回到漠北,每年向拓跋部贡献"马畜貂豽皮"。拓跋珪攻打过柔然,把这个部落迁到了云中。394年,柔然首领社仑逃走。402年,社仑征服高车诸部,雄踞漠北,自称豆伐可汗,建立了一个很大的游牧政权,东到朝鲜故地之西,西到焉耆(今新疆焉耆回族自治县),北到贝加尔湖,南面和北魏隔着一片广大的牧地,时常攻掠北魏的边境。但这时,柔然还很落后,实际上,不过是一个巨大的军事行政的联合体。

拓跋嗣即位不久,柔然侵犯北魏边境。410年,北魏大将长孙嵩被柔然围在牛川(今内蒙古呼和浩特市东),拓跋嗣亲自出征,社仑才率众退走。423年,南朝的刘宋和北魏交战,正在争夺河南,柔然又进犯北魏边境。拓跋嗣从赤城（今河北赤城县）到五原筑了一道长城，派兵镇戍，防止柔然南下，拱卫平城。这时，北魏对柔然还是处于防御的地位。

魏太武帝拓跋焘主动出击柔然，规模最大的一次，发生在429年。这一年，柔然被打败，原来臣服于它的一些高车部落乘机摆脱了羁绊，被北魏降服的柔然有30多万家，掳获的马牛羊达到几百万头，敕勒（高车部）也有几十万人向北魏投降。这些降附的部落被魏太武帝迁到漠南几千里的边境上，在军事镇压下，从事农耕和畜牧。另一部分柔然人，往漠北退走，遇有机会，便像一阵风暴，袭击北魏的北方边境。

429年这一战，对北魏的影响很大。历史书上说，北魏自从降服这些柔然、高车部落之后，畜产和毡皮的价钱都跌落了。北魏统一黄河流域的战争，也是在打退柔然之后，达到一个高潮。此战之后两年，便消灭了夏的残余势力。

夏是匈奴族铁弗部建立的政权。夏的皇帝赫连勃勃的父亲刘卫辰，是拓跋部的仇人。当拓跋珪打败了铁弗部，刘卫辰死后，勃勃就逃到后秦依靠姚兴。勃勃弃去原来的姓——铁弗，改姓赫连。407年，勃勃脱离后秦独立，称大夏天王；418年，赶走刘裕留驻在长安的军队，占有关中（今陕甘地区），自称皇帝。魏太武帝即位的第二年（425年），赫连勃勃死去，夏发生内乱。426年，魏太武帝分两路攻夏，一路攻长安，一路攻统万（夏的都城，今陕西榆林县西南）。这一年，攻下长安，第二年，攻下统万。

统万城高6丈多，城上宽10步，城基宽30步，城里宫城3丈多高。城是特制过的土筑的，坚硬得和石头一般。宫城内建筑壮丽，有高大的殿阁和楼台，雕镂得穷极工巧。筑这座城，征发了10多万民工。魏军进入统万，魏太武帝对左右说："小小国家，滥用民力到这种地步，怎能不灭亡啊！"

攻下统万以后4年多，夏的残余势力才最后被消灭。

灭夏不久，割据辽东、辽西（现在辽宁）的北燕和割据河西（现在甘肃）的北凉也先后被北魏打败，灭亡了。

西晋之末，中原不少学者到凉州避难，从此以后，凉州成为汉族文化在西北的一个中心。北魏灭北凉，居住在凉州的汉族士人，不少到北魏都城平城去做官，或者当教授。索敞、常爽是当时最有名的两位教授。常爽有学生700人。索敞的学生，有几十人担任了北魏的重要官职。凉州士人，对于北魏的"文治"，做出了贡献。

魏太武帝是结束中国北方长期分裂局面的重要人物。这个人的特点是果断、镇定，善于用兵。424年，和柔然交战，他在云中被围，围骑多至50重，还神色自若。进攻统万，值大风雨，飞沙扑面，有人劝他暂时退兵，他却乘风雨飞沙，转到敌军侧面，奋勇进击，取得胜利。他又很得军心，作战时，亲犯矢石，将士多为他出死力。

陶渊明

　　陶渊明辞去彭泽县令归隐后，不再出仕，生活陷入窘迫境地。而且越到晚年，生活愈来愈贫困。当收成转好时，他尚能维持着"欢言酌春酒，摘我园中蔬"的俭朴的自给自足生活；但遇到天灾时，他就不免断炊挨饿了。因借贷，他还受过侮辱。他的朋友们亦有时主动周济他。文学家颜延年，于宋少帝景平元年（423年）出任始安郡太守，赴任途中，特地来看陶渊明，亲眼目睹陶渊明赊酒宴客的窘境，临走时，就留下两万钱，给陶渊明当酒资。

　　贫困与饥饿并没有改变陶渊明高尚的节操。归隐后，他从不为统治者高官厚禄的利诱所动。宋文帝元嘉元年（424年），檀道济任江州刺史，到任后，他来看陶渊明。这时，正值"旧谷既没，新谷未登"的青黄不接的季节，陶渊明家已数日不举炊烟，他饿得起床都甚为困难了。檀道济进屋后，四下打量，只见家徒四壁，一无所有，陶渊明一脸菜色，于是劝陶渊明出来做官，被陶渊明正色拒绝了。

　　檀道济见话不投机，就告辞而去，临走前，赠送了一批粮食和肉给陶渊明。因为田地遭水灾，陶渊明不仅有燃眉之急，而且有秋收无望的远忧，所以极为需要食物，但他不齿檀道济这类利欲熏心者的为人，坚决拒收。他表示：宁肯挨饿，也不卑躬屈节地向权贵们低首乞食。

　　宋文帝元嘉四年（427年）秋天，在贫困与饥饿的煎熬下，陶渊明病倒了。他自知不起，为自己写了《挽歌诗》，诗中说："死去何所道，托体同山阿。"以通达、平静的心情，迎接死亡的到来。他还写了一篇《自祭文》，肯定自己后半生隐居田园、艰苦自励的生活道路。同年十一月，他离开了人间，享年63岁。

　　陶渊明归隐田园，生活上是艰苦的，但诗歌创作上却异常丰富，他创造了中国田园诗的新形式，为中国古代诗歌的发展做出了巨大的贡献。

干宝《搜神记》

　　东晋年间，根据历代神话传说，干宝编撰了中国第一部志怪小说集《搜神记》。《搜神记》所记多为神怪灵异，但也保存了不少民间传说，如《韩凭夫妇》《李寄》《干将莫邪》等篇。《干将莫邪》写楚人干将、莫邪为楚王铸剑，3年剑成，却被楚王盛怒杀死。其子子赤立志报仇，不惜自刎，托头于山中客，山中客持头往见楚王。"王大喜，客曰：'此勇士头也，当于汤镬煮之。'王如其言煮头，三日三夕不烂，头踔出汤出，瞋目大怒。客曰：'此儿头不烂，愿王自往临视之，是必烂也。'

王即临之，客以剑拟王，王头随堕汤中。客亦自刎已头，头复堕汤中。三首俱烂。"惊心动魄，壮气淋漓。《韩凭夫妇》写宋康王见韩凭的妻子何氏美丽，强加抢夺，并迫令韩凭服劳役，逼得二人先后殉情自尽。何氏留下遗言，请求与韩凭合葬一处。而宋康王却说："尔夫妇相爱不已，若能使冢合，则吾弗阻也。"一宿之间，两棵梓木从两冢中长出来，树干相交，根于地下缠绕，树枝也牵连在一起，人称之为"相思树"，树上又有鸳鸯一对，晨夕不肯离去，交颈悲鸣，音声感人。本书篇幅较大，所收内容多有价值，在六朝志怪小说中占重要地位，被当时人刘惔称为"鬼之董狐"。开了我国志怪小说的先河。

刘义庆《世说新语》

刘义庆，宋宗室，袭临川王，曾任丹阳府尹及荆、江、南兖等州刺史。喜欢搜集典故旧闻，并记述下来，《世说新语》为轶事小说，是刘义庆召集鲍照、何长瑜等文士根据东林《语林》《郭子》等笔记小说增衍而成的。

《世说新语》分语言、政事、文学等36篇，全面地记载了上起汉末，下迄东晋这一时期士大夫的言行，揭示了这些人物的内心世界。

魏（曹魏）晋以来，士大夫崇尚老（子）、庄（子），饮酒吃药（五石散），生活上不修边幅；平时品评人物，玩弄抽象的名词（"淡玄"），十分讲究语言的艺术，提倡用很少的话表达丰富的意思，往往说得意在言外，"言有尽而意无穷"。这便是当时人所说的"清谈"。西晋时，清谈的领袖王戎向阮瞻问孔子和老庄的异同，阮瞻只答了3个字："将无同。"王戎却非常佩服，马上给阮瞻官做。"将""无"二字是助词，没有什么意义。对于王戎所提的问题，阮瞻实际上只答了个"同"字，可是在王戎看来，却答得言简而意赅，是清谈的上品。《世说新语》就是这一时期"清谈"的记录，它的文笔也就以简洁著称。其艺术性较高，常通过细节描写展示人物的性格与内心，用对比手法，突出人物的性格；又善于将记言记事结合。语言精练含蓄，发人深省。《世说新语》为记叙轶闻趣事的笔记小说的先驱，对后世影响深远。

刘勰《文心雕龙》

刘勰（xié 协），字彦和，东莞莒（今山东莒县）人，生活在南朝宋、齐、梁三朝，具体生卒年已不可确考。刘勰早年时，因家境贫寒，投依著名的佛僧僧佑，在定林寺整理、编排佛经。10多年的寺庙生活，刘勰不但研读了大量佛经，而且还博览儒书，因此，佛教和儒家的思想对他都有较深的影响。

到了梁武帝时，他曾做步兵校尉兼东宫舍人的小官，深受昭明太子萧统的喜爱。晚年，刘勰出家做了和尚，改名慧地，不久死去。《文心雕龙》是他留下来的主要著作。

刘勰是一个学者，精通儒家的经典和佛学，在文学方面有很卓越的见解，超过了前人，他同时的人也没有一个能比得上他的。501 年，他开始撰写《文心雕龙》，后于梁代成书，成书时不过三十三四岁。

《文心雕龙》是一部总结性的文学评论著作。此书为一部优秀的文学批评专著，全书共 50 篇。《原道》《征圣》《宗经》《正纬》《骚辩》等前 5 篇为全书总纲领，主要阐述文学创作应该宣扬圣道、裨益风化原则。《明诗》至《书记》等 20 篇，主要论述各种文体的源流、演变及其作品的特征、优劣。《神思》《体性》等 24 篇，主要探讨创作方法及文学批评标准。最后附有《序志》总结全书。

《文心雕龙》几乎涉及了文学中所有的问题，其主要内容有总论、文体论、创作论和批评论，是我国自西周以来文学的大总结。

当佛学和玄学盛行的时候，刘勰坚持了唯物主义的倾向。他强调文学的社会政治作用，认为文学的变化是由于时代的不同，指出建安文学的"雅好慷慨"，是由于"世积乱离，风衰欲怨"，初步建立了用历史眼光来分析、评价文学的观念。在文学上形式主义风靡的时代，他赞成"为情造文"，反对"为文造情"，主张内容决定形式，而不是相反。他不承认有抽象的文学天才，认为一切好作品，莫不是对事物作了仔细的观察，在表现方法上下了苦功的缘故。

《文心雕龙》针对当时片面追求华丽辞藻、不管内容的形式主义文风，提出了自己对文章形式和内容相互关系的正确认识。它认为，文章的好坏，最重要的还是它的内容。它说"夫铅黛（化妆用品）所以饰容，而盼倩分于淑姿；文采所以饰言，而辩丽本乎性情"。翻译成白话就是，铅粉、黛（黑）色（女子描眉用的）能够装饰美容，是因为她原来就长得美丽；文采所以能修饰文章，是因为文章的内容、情感本来很美。所以他认为，只追求辞藻而缺乏内容、情调的文章，是乏味的文章，人们是不会愿意看的。但是同时，刘勰也并不忽视辞藻和形式对文章的重要作用。他说："虎豹无文（纹饰）则鞟同犬羊，犀兕有皮而色资丹漆"，老虎、豹子要是没有花纹美丽的皮毛，就和狗羊一样了，犀牛因为有厚厚的皮才会现出独特的外表。所以他又说："质待文也。"肯定了内容还要有好的形式和辞藻才能够表现出来。这是很正确的意见。

刘勰在《文心雕龙》里提出了自己对于文学评论的看法。他反对以"贵古贱今"的标准去批评文艺作品，也反对以"文人相轻""会己则嗟讽，异我则沮弃"的单凭主观之见和个人爱好的态度评价文章；而是主张评论者必须"无私于轻重，不偏于憎爱，然后能平理若衡，照辞如镜也"。为此，他提出了正确观察和批评文章的6个方面，即"六观"。这就是："一观品位（看作品的思想、主题）；二观置辞（看作品的修辞技巧和用词是否得当）；三观通变（看作品的内容、形式是否推陈出新、独具一格）；四观奇正（看作品的布局是否合乎规格、有无出奇制胜的地方）；五观事义（看作品的取材用典是否确切）；六观宫商（看作品的声律是否和谐优美）。"6个方面，既包括了作品的内容、思想立意，又注意了形式和艺术风格。这在当时来说，确是提出了一个比较全面的文艺评论准则。为后世提供了文学批评的标准。

此外，刘勰还提出："凡持千曲而后晓声，观千剑而后识器"。认为文艺批评者必须具有广博的学识，深厚的修养，才能够鉴别作品的好坏。这些看法也都是很有见地的。

《文心雕龙》以前，已有一些人做过文学评论方面的文章，如曹丕的《典论·论文》、陆机的《文赋》，挚虞的《文章流别论》等，但是都不完整，只有《文心雕龙》才第一次比较系统、深入地讨论了文学的各个方面，全面地总结了西周以来的文学，确实是一部文学评论的巨著。

刘勰之后，在封建社会，文论的著作很多，但没有一个作家像刘勰那样严肃而系统地探索过那么多的问题。在我国古代文学理论和批评的著作中，《文心雕龙》不愧为一部体大思精的巨著。

《文心雕龙》对后世的文学创作和文学批评产生了很大影响。唐时的文人，以刘勰的文学主张为武器，一扫六朝时颓废萎靡的文风，使文坛出现了一个空前繁荣昌盛的局面。直到今天，《文心雕龙》和《文选》都还是我们研究先秦至六朝时期文学发展的重要参考资料。

颜之推《颜氏家训》

颜之推写的《颜氏家训》，篇幅不多，只有20篇。它对于当时各种知识，都有所论述；不少地方，还讲得切实、精到。

颜之推原来在梁朝做官，侯景之乱后，逃往江陵；西魏占领江陵后，又回到北方，在北齐担任官职，后来北齐又灭亡了，故其一生历尽离乱。因此，对南北情况，很是熟悉，而且作了比较研究，发的议论都有事实作根据。

对于北方鲜卑贵族的民族统治，他是很不满的。对于那些向北齐统治者奴颜婢膝、阿谀奉承的汉族士大夫，颜之推表示了极大的轻蔑，他对自己的儿子说："你们要是这样，即使做到卿相，我也不乐意。"

南北士族，这时候已经腐朽不堪。颜之推在书中讽刺了他们脱离实际的可憎的作用，揭露了他们的虚伪无耻，梁朝不少士大夫，在他的笔下，是一批养尊处优、不学无术、人不像人、鬼不像鬼的废物；有个官吏，看见了马，竟畏之如虎，吓得连脸色都变了。

颜之推对两汉"盛世"，十分欣羡尊敬，有着无限的缅怀之情。他不知道，也不可能知道，他自己所目击的一切，正在消逝，他所处的时代快要结束了。在北周统一之后，他很哀伤，很抑郁。但是他的《颜氏家训》，却成为后来地主阶级教子的课本，广泛地流传在士大夫当中。当然，这部书的全部观点，都是属于封建时代的。但在当时具有一定的社会作用。

书圣王羲之父子

王羲之（303—361 年），字逸少，祖籍琅琊（今山东临沂），会稽（今浙江绍兴）人。他是晋司徒王导从子，曾任右军将军、会稽内史，故后人称他为"王右军"。王羲之一生喜好游山玩水和结交朋友。相传王羲之 7 岁学书，12 岁开始通读前人笔论。他的主要贡献也集中表现在书法的成就上，与其子献之并称"二王"。他先拜卫夫人为师，学习书法，后博采众长，书精诸体，尤其擅长楷书和行草书，风格妍美流畅，一改汉魏以来质朴书风，把书法推向全新的境界，创出流便逸美的新体，人称其字"矫若飞龙，飘若惊鸿"，集前人之大成，开一代新风，为中国书坛之冠，故后人誉其为"书圣"。

"书圣"，少时沉默寡言，不拘一格，也没什么特异的天才。早期的书法，与其朋辈相较，不但无杰出之处，且还略逊一筹。但是，他那刻苦学书、坚忍不拔的精神，却是朋辈们无人可以企及的。

相传王羲之学书十分刻苦。他学习、吃饭、走路，无时无刻不在揣摩字体的间架、结构以及笔法，边想边用手在身上划，久而久之，衣服都被划破了。

羲之学书往往全神贯注，以致达到忘情的程度。一次，他正在埋头练字，饭也顾不上吃。家人把饭给他送到书房，他不加思索地用馍馍蘸着墨就吃了起来，还说好香好香。当家人发现时，他已弄得满嘴墨黑，自己还不知道呢。

羲之经常临池书写，就池洗砚，时间一长，池水尽黑，故称"墨池"。现浙江的永嘉西谷山、绍兴兰亭，江西的临川新城山、庐山归宗寺等地，都有被称作王羲之"墨池"的名胜。这"墨池"传说的可靠性姑且不论，右军学书曾经下过一番苦功夫，那是确真无疑的。

王羲之以锲而不舍的精神，积数十年之功，终于"暮年方妙"，达到了超逸绝伦的书法艺术高峰。

右军书成，朝野视为墨宝。

右军墨迹很多,最著名的当推《兰亭序》。兰亭,是会稽山阴的一处古老名胜,那里有崇山峻岭,茂林修竹,兰亭左右有弯弯的曲水,自古游人颇多。东晋永和九年（353年）三月初三,正值"禊节"。这天,王羲之邀集谢安（即后来淝水之战东晋一方的决策者）等41人,到兰亭过禊节,饮酒赋诗。彼此相约,以觞盛酒,置于潺潺的曲水之上,任其顺势漂流,各人分列曲水之旁,依石而坐,觞流至谁面前,谁就当即赋诗一首,若作不出,则罚酒3觞。那天,曲水流觞,"一觞一饮",共得佳作40余篇,编为一集,王羲之为之作序并书,故称《兰亭序》,又叫《兰亭集序》,或《临河序》《禊序》《禊帖》。该序共28行,324字。这序,王羲之本是信手写来,字体潇洒流畅,气象万千,成为中国行书的绝代佳作。对后世影响极大,被称为"天下第一行书",王羲之的其他作品还有《丧乱帖》《快雪时晴帖》等,草书有《初目帖》等。王羲之在书法史上启前承后,是位影响重大的书法家。

王羲之少子王献之,自幼聪颖,受父传法,亦工于书法,并兼备各体,尤其擅长行、草,其草继父书风,又常一气呵成、一泻千里,风格豪迈奔放。因其在书法艺术中的杰出成就,后人将他与其父亲并称为"二王"。王献之存世墨迹有《鸭头丸帖》等。

唐朝太宗李世民珍爱右军书法,从王氏后人手中访得《兰亭序》墨迹,视若神品,当即令书法名手赵模、冯承素等人勾摹数本,分赐亲贵近臣。他生前对《兰亭序》玩之不倦,曾多次题跋,死后又将其随葬。后昭陵被盗,《兰亭序》真迹也就从此失传。

王羲之的行书代表作被李世民毁掉了,但在初唐由于李世民的大力提倡、推崇,遂形成争相临仿王书之风。这样,原只是江南书体正宗的王羲之真书,遂一跃而成为全国书体的正宗,并影响中国书坛1000余年。

清朝康熙至乾隆年间,先后发现晋人王羲之、王献之（羲之子）及王恂的三纸墨迹。王羲之的是《快雪时晴帖》,王献之的是《中秋贴》,王恂的是《伯远贴》。这三纸墨迹被视为稀世之珍,独辟阁室,藏于内府,所藏之室,亦被命名为"三希堂"（今北京故宫西路养心殿）。

浙江省绍兴市的兰亭,现已成为浏览名胜。那里的游人络绎不绝,在兰亭之侧的曲水之滨,鹅池碑前,墨池之畔,人们在讲说着这位"书圣"的故事,纪念着他对民族艺术的杰出贡献。

祖冲之的《大明历》

祖冲之,字文远,范阳遒县（今河北涞水北）人,祖先侨居江南。祖冲之博学多思,曾造指南车、千里船、水碓磨及木牛流马,十分精妙。在数学方面,他在刘徽的基础上,推求出圆周率为 3.1415926 至 3.1415927 之间,提出圆周率的约率为 22/7,密率为 355/113,密值的提出比欧洲早了 1000 多年。

祖冲之在何承天的《元嘉历》颁行后不久,就发现它不够精密。于是在 462 年他编了一部《大明历》,当年成书。祖冲之曾受北凉赵歑的影响,修改了闰法,提出了 391 年 144 闰月的新闰周。首次运用东晋虞喜发现的"岁差"原理,测定冬至日在斗十五度,并统计得岁差约 45 年差一度。更进一步测定出岁实(回归)的日数为 365.24281481,朔策的日数为 29.530591,均非常精确。

《大明历》的科学性明显优于《元嘉历》,但上奏皇帝后,孝武帝曾命令群臣讨论,其中戴法兴极力反对,并提出责难,祖冲之据理力争,一一驳斥,并写成著名的《驳义》一书。但《大明历》在宋、齐两朝没有施行。到梁天监九年(510 年)才正式使用,至隋开皇九年(589 年)废,前后共用 80 年。

《木兰辞》

西晋太康时期昌盛的文学,经永嘉大乱,随着士族流迁到长江流域,在北方,文学几乎灭迹。当然,这并不是说,民间创造的文学也灭迹了。民间文学很少被保存,但从《木兰诗》看来,可知民间是有创作的。

《木兰辞》是北朝长篇叙事民歌,收集在乐府诗集"梁鼓角横吹曲"里,是北朝民歌中最杰出的作品。木兰辞记述了木兰女扮男装、代父从军的故事。木兰为了保全老父,毅然代他担负起出征的艰巨任务,表现了自我牺牲的精神。她身经百战,历时 10 年,胜利地完成使命,表现了坚强和勇敢。而凯旋归来,不受官爵,只愿意恢复普通妇女的生活,又表现了淳朴高洁的胸襟。《木兰辞》是人民的集体创作,不是一人一时写成的,它是民间叙事诗,富有民间色彩,风格也比较刚健古朴,表现了民歌的艺术特点。连续运用复叠和排比的句调,造成姿致和音乐性;用拟问作答来刻画心理活动,细致入微;对偶句子简练工整,包含了丰富的含义;而语言的精练,更增强叙事气氛。《木兰辞》代表了北朝乐府民歌杰出的成就。木兰辞的艺术特色和思想内容对后世产生了很大的影响。杜甫在《草堂诗》中就有意模仿了《木兰辞》中描述全家欢迎木兰时的表现手法。直到现在,木兰仍然是舞台银幕上塑造的女英雄形象。

《木兰诗》和东汉末古诗《为焦仲卿妻作》,是古代人民群众自己创造的两篇伟大诗篇。北朝有《木兰诗》一篇,足够压倒南北两朝的全部士族诗人。

北朝《敕勒歌》

《敕勒歌》是首优美的牧歌,它奔放、雄健、质朴,歌中唱道:"敕勒川,阴山下,天似穹庐,笼盖四野。天苍苍,野茫茫,风吹草低见牛羊。"短短的 27 个字,不是把我们带到一幅广阔无边充满了生活气息的图画中去了么!北方民族生活的面貌,被那么富有音乐性的有魅力的语言简洁而丰富地表现出来了。这是具有深厚生活基础的诗人,对于养育着他的土地无比深情的流露,绝不是在书斋、在锦绣丛中讨生活的文人所能达到的。有人说,这是一首用汉语翻译出来的鲜卑诗。纵然是这样,翻译本身也表现了译者对于鲜卑语和汉语的精通,对于塞北风光的熟悉和热爱;否则,是不会这样质朴自然和这样富于语言的魅力的。

数百年来,我国北方各族的融合,为诗歌开辟了一个新的世界。诗的风格是刚健的,语言是质朴的,感情是真挚的。

总之,北朝民歌表现了更广阔的社会生活动态,不像南方山水诗那样狭隘地只是流连于山水风光,表现气候变化而引起士族文人心情的流动。《木兰辞》和《敕勒歌》可以说是北朝民歌的"双璧"。

龙门石窟

494 年,北魏孝文帝迁都洛阳以后,就在这个新的统治中心,依照云冈的雕造,开凿新的石窟,即龙门石窟。龙门石窟位于洛阳市南 25 里的伊阙,这里山河秀丽,风景宜人。龙门山、香山双峰对峙,中间伊水北流,犹如开然门阙,古称"伊阙"。又因伊水在两山下像条矫健的游龙,所以又称龙门,石窟主要分布在西岸的峭壁上,长达一公里。

龙门石窟现存佛洞 1352 个,造像近 10 万尊。佛龛 7855,数量之多,超过了云岗,其中北魏所凿的佛洞石龛约占三分之一。

龙门石窟中的代表作有古阳洞、宾阳洞等。古阳洞开凿于迁都前后,是开凿最早、规模宏大、内容丰富的一个洞窟。也是北魏王室、贵族发愿造像最集中的洞窟。洞高 11.1 米,宽 6.9 米,深 14.5 米。洞内小龛琳琅满目,两壁井然有序地雕琢成 3 列佛龛。这些小龛都十分精美华丽。龛额装饰细致灵巧,图案花纹丰富多彩,在龙门石窟中堪称集北魏雕刻、绘画、书法、建筑、图案艺术之大成。

宾阳中洞高 8.4 米,进深和宽各 11 米,正面是以释迦牟尼像为中心的 5

尊雕像。释迦牟尼两足交结坐着，身穿褒衣博带式袈裟，通高8.4米。双目垂视，大耳长鼻，相貌庄严。左右侍立二弟子、二菩萨。二菩萨含睇若笑，温雅敦厚。南北二壁各有一佛二菩萨，面相清瘦略长，着褒衣博带袈裟，立于覆莲座上。窟顶做穹隆形，雕有莲花宝盖，周围是8个伎乐天和两个供养天人，洞口两面原有大型浮雕《皇帝礼佛图》《太后礼佛图》，表现孝文帝与文昭太后及君臣妃嫔们典雅华丽的礼佛场面。

龙门石窟的艺术风格和云冈的很相似，有明显的西方佛教艺术的痕迹和北魏的特征。所刻佛像，唇厚、鼻高、目长、颊丰、肩宽、胸部平直，用的都是平刀法，衣服褶纹见棱见角。立型造像，身躯挺直，显得庄严稳重，刚劲有力。宾阳洞中窟的顶部莲花藻井的周围，有一组"飞天"浮雕，手执乐器，翩然飞升，衣带飘扬，姿态非常优美动人。此洞壁上原有两组浮雕，即著名的"帝后礼佛图"，刻画的可能是魏孝文帝和皇后礼拜佛祖的场面。可恨的是，这一无价的艺术瑰宝，在1934年被帝国主义分子勾结奸商盗挖走了。如今剩下的两个凹坑，已成为帝国主义侵略罪行的历史见证。龙门最大的石雕在奉先寺。这是武则天时期开凿的，也是唐代石雕艺术的重要代表作。奉天寺的雕作，不但吸收了北魏的艺术精华，而且能与汉族固有艺术传统更好地融为一体，创造出唐代佛教艺术的新意境。奉先寺中间的一尊坐佛，高有51尺多，气势十分雄伟。从造像上看，既宁静庄严，又很慈祥自然，这与北魏佛像一般都很威严相比，在形象上已有明显的变化。大佛两旁侍立有迦叶、阿难（都是佛弟子）、菩萨、天王、力士的大型群立像，它们的站立姿态，也更趋向自然，有的微倾稍斜，有的呈S形，显得比较舒展。雕刻时是用圆刀法，衣纹像微风吹拂的波纹，真实感更强了，说明了唐代艺术水平的提高。

龙门石窟还保存了历代造像题记和碑刻3600余件，是我国传统的书法艺术珍品。流传已久的"龙门二十品"（十九品在古阳洞中），字形端正大方，气势刚健质朴，结体、用笔在隶、楷之间，是隶书向楷书过渡中一种比较成熟的独特字体，是魏碑体的代表作，是北魏书法艺术的精华。

云冈石窟和龙门石窟，是南北朝和隋唐时佛教兴盛的产物。石窟的开凿，都曾消耗大量人力、物力，龙门古阳洞和宾阳洞中窟，费工80万以上，历时23年。所以，它是劳动人民血汗和智慧的结晶。这两个石窟，本身就是我国的艺术宝库，已被国务院列为全国重点文物保护单位。

郦道元《水经注》

《水经注》是我国古代一部地理名著。

我国地理学的发展，历史悠久。战国秦汉以来，由于生产的发展，政治上的趋向统一，交通的发达和各地经济联系的加强，地理知识大大扩展，于是产生了像《尚书·禹贡》及《汉书·地理志》这样一些重要的地理著作。它们或以名川大山作为自然区划来描述祖国的地理概貌，或以疆域政区为纲来叙述祖国各地的地理情况，形成各种体制和风格。

大约在三国的时候，我国又出现了一部以全国水道为纲的地理著作——《水经》。关于《水经》的作者，旧说是汉朝桑饮，但据清朝学者的考证，认为这部书不是西汉桑饮作的，大概是三国时候的人写的。

《水经》这部书共记述了河道 137 条，并简明地叙述了河道经过的郡县、都会的名称，但《水经》内容过于简单，随着社会经济的发展，需要一部新的地理学著作，能比较全面、系统地反映历史上河道的变迁、地名的更换、城市的兴亡等，让当时和后代都能清楚了解，便于应用，于是一些人开始为《水经》做注。从晋朝以来，为《水经》作注的有两家：一是晋朝郭璞注 3 卷，已失传；一是北魏郦道元的《水经注》40 卷，一直流传到现在。

郦道元（？—572 年）字善长，范阳涿鹿（今河北涿州市）人，是我国南北朝时期的著名地理学家。他少年时代，曾随父亲郦范宦游山东，经常和朋友们一道访求名胜古迹，初步培养了"访读搜集"的兴趣。以后他历任河南、冀州鲁阳郡等地的地方官吏。由于职务关系，他的足迹遍于今山东、河北、山西、河南、陕西、内蒙古、江苏、安徽、湖北等地。这就为他亲自了解祖国各地的情况，特别是北部中国的情况，提供了方便。为他写《水经注》奠定了基础。

郦道元十分热爱祖国的山川河流、一草一木，也十分关心我们中华民族的先辈在这块土地上的一切建树。他读过许多古代的地理书籍，如《山海经》《禹贡》《周礼·职方》《汉书·地理志》以及描述名都的辞赋，记载河道的《水经》等。

《水经注》以全国水道为纲，把我国辽阔疆域内的山川河流一一加以介绍；同时还描绘了各地的风土人情、历史古迹；记述了各地的地形矿藏、农田水利设施；考订了城镇的兴废沿革、河道的变迁、名称的改易等。对古书记载有歧义的地方，也加上自己的按语结论。他涉猎的书籍非常广泛。仅注中所引的就有 400 多种。他还摘录了不少魏时期的碑刻，这些古籍碑刻大都已经失传，幸赖《水经注》才得以保存下来一部分。此外，他还亲自跋山涉水，追溯源流，寻访古迹，因此在这部书里有许多生动具体、绘形绘色的描写和一些十分难得的第一手资料。例如：他游渭水兹泉时，访问过姜太公的居室和垂钓的地方；在鲍邱水条下记了刘靖开渠引水工程；在易水条下记了燕下都的地址；在谷水条中记了东汉太学的旧址等等。凡是他亲自涉历过的地方，都记得格外详细生动。

　　《水经注》不仅是一部严密的科学著作，而且在文学上也很有地位，它以生动细腻的笔墨，形象地描绘了祖国的壮丽山川，对以后苏东坡、柳宗元、李白等人的游记诗文都产生了影响。

　　《水经注》的重大成就，使后代许多学者对它进行专门的研究，甚至形成了专门的学问——"郦学"。

隋　朝

（581—618 年）

杨坚受禅建隋

隋室代周，是以禅让方式实现的新旧更替。隋以前的北周，是鲜卑贵族宇文氏统治的政权。宇文氏汉化较深，武帝宇文邕统治时期相继采取了一些汉化措施。北周国力日渐强大，同时汉人势力在北方也在扩大。武帝灭北齐，中国北部基本统一。

578 年，周武帝死。他的继位者周宣帝是个荒淫狂乱的人。579 年，周宣帝传位给儿子周静帝，自称天元皇帝。此时的静帝，年龄还不满 6 岁。宣政元年（578 年），北周军政大权逐步落到外戚杨坚手中。杨坚是宣帝的岳丈，静帝的外祖。周宣帝时，杨坚以国丈资格拜为上柱国大司马。静帝时，辅佐朝政。大象二年（580 年）杨坚自居大丞相总知中外兵马事，部署力量，作灭周的准备。尉迟迥、司马消难、王谦等人相继发动声势浩大的兵变，反对杨坚，但是很快都被杨坚镇压了。

杨坚以皇帝的名义讨伐兵变，也是自己势力更加壮大的过程。尉迟迥原为代人。其先属魏之别种，号尉迟部，因以为姓。尉迟迥从西魏到北周，历仕两朝，很有军功。孝闵帝及周宣帝两朝，他的官职很大。直到宣帝死了，静帝幼弱，杨坚辅政，有篡夺之意，尉迟迥才开始结合各方面的势力向中央进逼。但结果反为杨坚击破，尉迟迥终于被迫自杀。

王谦的讨杨运动和尉迟迥的讨杨运动一样，没有成功。王谦字敕万，其父名雄，颇有军功，为周讨齐，死于军中，谦以父功，为柱国大将军。后闻杨坚把持政权，宇文氏的政权将为杨家夺去，乃合益、潼等 18 州之师，进讨杨氏。结果被杨坚击败。后被杀。司马消难举兵勤王，也没能成功。消难出身官宦之家。其父名子如，齐神武（北齐）时，曾为尚书令。消难官亦至光禄卿，初为北豫州刺史。后附北周，入朝，授大将军、荥阳公，迁大后丞，纳女为周静帝后。当时中央的政权，快要被杨坚夺去了，尉迟迥正因此发难讨杨。消难闻之，也举兵发难，与迥一致行动。其势力遍布于今之河南、湖北等地。但很快为杨坚的兵击败，投奔南陈，隋灭陈后，仅免一死。

杨坚先后灭掉北周各讨杨运动。此后，杨坚又乘静帝年幼，大肆杀戮周宗室子孙。大象三年（581 年）二月，杨坚迫使周静帝下了一道禅让诏书，至此杨坚基本上以和平的方式获得帝位。

隋统一全国

杨坚建立隋朝之后，又接连平定氐族各部和宇文氏诸王的反抗，接着便把目标指向南陈。这时南方的陈朝衰朽没落，荒淫无道的陈后主（陈叔宝）专门跟妃嫔文臣游宴赋诗，任用施文庆、沈客卿等盘剥百姓，把长江当做不可逾越的天堑，在建康（今江苏南京）过着醉生梦死的生活。

开皇七年（587年），隋文帝派兵灭掉建都江陵的后梁后，于次年派次子晋王杨广为统帅，率兵51万，发动对陈的总进攻。589年，大将韩擒虎从横江（今安徽和县东南）夜渡采石，大将贺若弼从广陵渡京口（今江苏镇江）。两路并进，直逼金陵城下。当时"江南父老，来谒军门，昼夜不绝"。隋军在江南人民的配合和支持下，轻而易举地攻下金陵，荒淫无度的陈后主和张贵妃、孔贵嫔被俘，陈亡。

隋灭陈统一中国，使得中国长达400年的分裂局面结束了。这是隋朝对历史做出的一大贡献。

隋文帝巩固统一的措施

隋文帝感到自己得国太容易，怕人心不服，常存警戒之心，寻求保国之法。他得出两条保国法，主要的一条是节俭。他教训太子杨勇说：从古帝王没有好奢侈而能久长的。你当太子，应该首先崇尚节俭。其次的一条是诛杀。他假托年幼时，相面人赵昭曾秘密告诉他说：你将来该做皇帝，必须大诛杀才得稳定。他实行节俭，因而对民众的剥削大为减轻。他实行诛杀，因而豪强官吏不敢过分作恶，也就有助于节俭政治的施行。隋文帝在位24年，这两条贯穿着他的全部行政。《隋书》说他"躬节俭，平徭赋，仓廪实，法令行，君子咸乐其生，小人各安其业，强无凌弱，众不暴寡，人物殷阜，朝野欢娱，二十年间天下无事，区宇之内宴如也"。

皇帝躬行节俭，是改善政治的一个根本条件，隋文帝具备这个条件，在行政上得以有力地推行下列3个政策：

奖励良吏。581年，隋文帝下诏褒扬岐州刺史梁彦光。后来又褒扬相州刺史樊叔略、新丰令房恭懿。591年，临颍令刘旷考绩为天下第一，擢升莒州刺史。596年，汴州刺史令狐熙考绩第一，赐帛300匹，布告天下。594年，下诏公卿以下各官按品级分给职田，停止放债扰民（旧制，京内外长官都有公廨钱，放债取利息）。州县官直接治民，隋文帝采取奖励良吏，给田养廉等措施，虽然官吏未必就此向善称职，但朝廷既明示改善吏治的方向，对民众还是有益的。

严惩不法官吏。隋文帝对待臣下极严，经常派人侦察京内外百官，发现罪状便加以重罚。他痛恨官吏的贪污行为，甚至秘密使人给官吏送贿赂，一受贿赂，立即处死刑。他的儿子秦王杨俊，因生活奢侈，多造宫室，被他发觉，勒令归第（禁闭）。大臣杨素劝谏，说罚得过重。他说，天子犯法，与民同罪，照你说来，为什么不别造皇子律？任何人犯罪，都得按法律惩罚。600年，他发觉太子杨勇奢侈好色，废黜杨勇，立杨广（隋炀帝）为太子。他把一些左右亲信当作发觉臣下罪过的耳目，这就使得他不能不信谗言、受蒙蔽。杨广奢侈好色，至少同杨勇一样，只因善于伪装，独孤皇后、杨素都替杨广说好话，终于夺得了太子的地位。杨素广营资产，京城和京外大都会，到处有他的邸店、磨坊、田宅，家里有成千的上等妓妾，又有成千的奴仆，住宅华侈，式样模拟皇宫，隋文帝还以为杨素诚孝，信任有加。隋文帝凭个人的权术，以暗察为名，功臣旧人，多因罪小罚重，杀逐略尽，却剩下一个最凶狡的杨素。吏部尚书韦世康请求退休，对子弟说，禄不可太多，多就得早退，年不待衰老，有病就得辞官。这说明当时朝官，有些不愿冒险做官，有些不敢进忠言怕招祸，能做大官并取得信任的人自然只能是杨素一类的奸人。隋文帝考核官吏，严惩贪污是必要的，但考核流为猜忌，严惩流为苛刻，那就无益而反有害了。不过，由于他执法严明，一般的官吏有所畏惧，贪污行为确是减少些，对民众还是有益的。

改良统治术。隋文帝对待民众比较宽平。581年，制定隋律，废除前朝酷刑。民众有枉屈，本县官不理，允许向州郡上告，最后可上告到朝廷。穷苦人虽未必能到朝廷上告，但在对待官吏极严的当时，也多少起些保护民众的作用。583年，又删削刑条，务求简要。592年，下诏：诸州死罪囚，不得在当地处决，须送大理寺（最高司法机关）复按，按毕，送尚书省奏请皇帝裁定。596年，下诏：死罪囚要经过3次奏请才行刑。《隋书》说他留意民间疾苦。594年，关中饥荒，他派人去看百姓所用食品，是豆粉拌糠。他拿食品给群臣看，流涕责备自己无德，命撤销常膳，不吃酒肉。他率领饥民到洛阳就食，令卫士不得驱迫民人，遇见扶老携幼的人群，自己引马避路，好言抚慰。道路难走处，令左右扶助挑担的人。他这些表现，在帝王中确是罕见，因为他深知要巩固政权，首先必须取得民众对自己的好感。

隋征高丽

隋第一次征高丽之战发生于隋大业八年（612年）正月，止于同年九月。隋炀帝亲率100多万大军，分成左右24军，水陆并进，直逼高丽王都平壤。高丽军以诈降之计，诱使隋军东进，于萨水在隋军半渡时出击，致隋军惨败。

据传说高丽原为周朝初年殷宗室箕子的封地，当时即称作朝鲜。由于自春秋战国以来燕齐地区不断移居朝鲜，朝鲜及朝鲜半岛南部的真番均臣服于燕。西汉初期，燕人卫满率众攻灭了朝鲜，占据了王险城（今朝鲜平壤），接着降服了真番等小国，但仍称臣于汉。汉武帝时，朝鲜阻止附近小国向汉王朝进贡，欲与汉分庭抗礼，汉武帝派水陆两路大军征讨，朝鲜复降于汉，汉将朝鲜等地划分为乐浪、玄菟、真番、临屯4郡。

汉元帝时，扶余人朱蒙率众南下，占据朝鲜旧地，建立高句丽国，不断侵占汉王朝边境郡县，以后，其势力逐渐扩展至辽河沿岸地区。西晋时高句丽为前燕征服。南北朝时期，高句丽乘诸国纷争战乱之机，再次复国。

隋开皇十八年（598年）二月，高丽王高元率靺鞨士卒1万多人，入侵辽西，被隋营州总管韦冲击退。隋文帝恼恨高丽的侵袭，遂任命汉王杨谅、大将王世积同为行军元帅，率水陆两军30万人征伐高丽。并以尚书左仆射为汉王长史，以周罗睺为水军总管。

六月，隋文帝下诏废黜高丽王高元的官爵。与此同时，杨广的军队已从临渝关（今河北山海关）出动，但恰遇水灾，军粮运输中断，军中缺粮，且又流行疾疫。周罗睺所率之水军，从东来（今山东莱县、来阳以东地区）起渡后，遭遇大风，许多舰只被吹散沉没，人员损失十之八九。九月，只好退回。此时，高丽王高元已得知隋大军进击的消息，十分惶恐，急派使者入朝谢罪，称自己是"辽东粪土臣元"。隋文帝见此，遂下诏罢征高丽之军。这样，隋王朝于第一次征高丽之战前的初次进军，便半途而废。

隋大业八年正月初二，隋炀帝已将征高丽诸路兵马除一部分水军之外，均调集于涿郡，于是下诏，令左右24军开始向高丽进军。从初三起，每日出动1军，各军相隔40里，"连营渐进，终四十日，发乃尽。首尾相继，鼓角相闻，旌旗亘九百六十里。"各军准备会师于平壤城（今朝鲜平壤）。

隋大军刚刚进发不久，兵部尚书左侯卫大将军段文振便身患重病，病死军中。隋军未曾交战，便损失一员大将，炀帝甚为痛惜。

三月十四日，隋炀帝进至辽水（今辽宁辽阳东北），隋大军齐集辽水岸边列阵，高丽兵隔岸防守，隋军难以渡河。此时，左屯卫大将军麦铁杖自请为前锋,并告诉他3个儿子说:"我蒙受国家的恩惠,今天正是报效而死的机会,我死得有意义,你们就能永享富贵。"说罢便率部渡河进攻。由于隋军所架桥梁距对岸尚差1丈多远,使隋军无法直接登岸,只能跳入水中,涉水上岸,高丽兵居高临下,斩杀了众多隋军。麦铁杖跃上河岸后,与虎贲郎将钱士雄、孟叉等皆战死。两天后,隋军将桥梁架通,诸军才相继过河,大战于河东岸,高丽兵惨败,死者以万计,隋军乘胜进围辽东城(今辽宁辽阳市老城区),隋炀帝随之渡河。

五月,隋炀帝下诏告诫诸将说:"各军不得暗中偷袭敌人。凡向敌进攻,应兵分三路,要三路互相联系,不可孤军深入,以免招致失败。凡进攻和停止进攻均须奏报,不得擅自自动。"辽东城在隋军的攻击之下,危急万分,几次要求投降,但诸将不敢擅自做主,而派人奏报隋主,待奏报的人返回,高丽军又获得喘息机会,重新加固守备,又与隋军交战,如此反复几次,辽东城仍未攻克。隋炀帝对此非但不改变自己的上述规定,反而责备众将怕死,扬言要诛杀他们。然而,高丽各城仍屡攻不下。

隋右翊卫大将军来护儿统率的江、淮水军舰船于海中首尾相接数百里。六月,从浿水驶进离平壤60里时,与高丽兵相遇,将高丽兵打败。副总管周法尚建议待各军齐集后再攻平壤城,来护儿不听,挑选了4万锐卒,进达平壤城下。高丽军出兵与来护儿军交战,佯装败退,来护儿率军追入城内,被高丽兵大败,来护儿只率数千人逃回,高丽军追至隋军停泊舰船处,周法尚已严阵以待,高丽兵才未敢攻击,撤军而回。

左翊卫大将军宇文述从扶余道进兵,右翊卫大将军于仲文从乐浪道进兵,左骁卫大将军荆元恒从辽东道进兵,右屯卫将军薛世雄从沃沮道进兵,左屯卫将军薛世雄从玄菟道进兵,右御卫将军张谨从襄平道进兵,右武侯将军赵孝才从碣石道进兵,左武卫将军崔弘昇从遂城道进兵,左御卫虎贲郎将卫文升从增地道进兵,各军都进至鸭绿水(今鸭绿江)西岸。

宇文述等军人马都分给100天的粮食,并携带排甲、抢稍以及衣物、战具、帐幕、炊具等等,士卒不堪重负。但宇文述却下令:"士卒有遗弃米粟者斩!"士卒虽不敢明里丢弃,暗中则把米粟埋于宿营地下。这样,宇文述等军行至中途,便已断粮。

高丽王派大臣乙支文德至宇文述军中诈降,以观宇文述军的虚实。右翊卫大将军于仲文原先曾奉隋主的密旨,令其凡遇高丽王及文德来使,一律擒获。于是,于仲文欲下令捕获乙支文德。尚书右承刘士龙为慰抚使,坚决反对,于仲文动摇,放文德回归。于仲文与宇文述放走了文德这个合法的"间谍"之后,追悔莫及,宇文述便以军中粮尽为由,欲率军退回。于仲文欲派精锐追捕乙支文德,宇文述坚决阻止。于仲文怒道:"将军统10万之众,不能打败小小贼兵，有何面目去见皇上？"宇文述等人不得已听从了于仲文的意见，率领部将去追赶乙支文德。乙支文德早已看到宇文述士卒面带饥饿之色，为进一步疲惫隋军，他每次与隋军一交战，便佯装败退。这样，宇文述等军一日之内，七战皆胜。宇文述既受这些胜利的鼓舞，又迫于于仲文等的压力，只得勉强率军继续东进，渡过萨水（今朝鲜清川江），进至距平壤30里处，依山扎营。此时，乙支文德又派使者假装投降，并向宇文述请求说："如果隋军撤回，高丽王便去朝见隋帝。"宇文述等见士卒疲惫，不宜再战，加之平壤城险固，难以在短期内攻拔，遂利用敌诈降之计，撤军而还。宇文述等军结成方阵而走，高丽军从四面包抄攻击，宇文述军且战且走。七月二十四日，到达萨水，全军渡过萨水一半时，高丽军从后面攻击隋军的后军，右屯卫将军辛世雄战败身亡，各军随之溃败，无法制止，一天一夜急退450里，退至鸭绿水。将军王仁恭率部担任殿后，奋力抗击高丽军，才将高丽军击退。宇文述等9军当初渡过辽水东进时，共30.5万人，回至辽东城，仅剩2700人。数以亿计的军资器具也丢弃殆尽。隋右翊卫大将军来护儿等所统江、淮等地水军，听到宇文述等兵败，也带兵退回。隋军唯有将军卫文昇所统之军全军而归。隋炀帝对宇文述等军的战败十分恼怒，欲将宇文述等治罪。但由于隋炀帝平时宠信宇文述，并将自己的女儿南阳公主嫁与了宇文述之子，不忍心诛杀，将宇文述、于仲文等除去爵位，贬为平民。杀刘士龙，以向天下谢罪。

隋末农民大起义

炀帝三次东征，给人民造成一场非常严重的灾祸。大业八年云集涿郡的兵士和民夫大致为350万人，如果再加上造船之类的就地征役或逃或死的兵民，数字就更大了。以后连年东征，都是在全国征发，人数也不会少。除了劳役以外，军需的征发也非常严重，常规租调已预支数年。这样扰动全国，弄得盛强的隋王朝"黄河之北则千里无烟，江淮之间则鞠为茂草"（杨玄感的檄文），社会生产力遭到严重的破坏，人民受到无边的苦难。

河北、山东是筹备东征的基地，兵役、力役最为严重。大业七年，这一地区遭到特大水灾，次年又发生旱灾，人民走投无路，起义的战鼓首先就在这里敲响。最早见于记载的是大业七年邹平县民王薄于长白山（今山东邹平南）起义，自称"知世郎"，作《毋向辽东浪死歌》号召反抗。这一年还有刘霸道起义于平原东豆航（今山东商河、惠民间），孙安祖、窦建德起义于高鸡泊（今河北故城西），鄃县（今山东夏津）人张金称、蓚县（今河北景县）人高士达各在境内起义。后来发展壮大的翟让领导的瓦岗（在今河南滑县南）军和以后南渡长江由杜伏威、辅公祏领导的起义军，也都在这一二年间组织起来。从此直到隋亡，见于史籍的武装反隋力量北至今山西、河北北部，南达岭南，东至山东、江浙、福建沿海，西达河西走廊，大大小小数以百计，其中在今河北、山东、河南的约占半数，起义时间也较早。这些起义队伍经过激烈的搏斗，分并离合，最后大致形成三大起义力量：一是威震全国、据有河南的李密领导的瓦岗军；二是雄踞河北的窦建德领导的夏军；三是自淮南转移到江南由杜伏威领导的吴军。

隋炀帝的穷途末路

自大业七年农民起义爆发时起，隋炀帝就力图用严刑酷法镇压人民的反抗怒火。文帝时就经常超越法律、任意加刑，这时更甚。大业七年，炀帝命令窃盗以上，不分轻重，随获随杀。九年，又下诏凡为盗者抄没全家。杨玄感被镇压后，朝廷追究党羽胁从，死者达3万多人，凡取过黎阳仓粟者，不管多少，一律处死。秉承炀帝意旨，统兵镇压起义军的将领任意屠杀人民。如樊子盖镇压汾、晋间起义军时，大肆烧杀；王世充镇压刘元进领导的起义军时，一次坑杀3万人。但是屠杀只能激起人民更大的愤怒，起义队伍愈加壮大。大业九年以后，隋军只能据守一些城镇，已不能控制广大农村。炀帝命令百姓尽数迁入城内，就近给田，就反映了这一事实。大业十二年，炀帝第三次到江都。面对着土崩瓦解的形势，他已经感到处境的危险。但为了逃避现实，他整天饮酒作乐，不准人说"盗贼"众多，如有人这样报告，轻则免官，重则处死。那时炀帝所能控制的地域已非常狭小，粮仓被占，租调不入，江都粮食供应越发感到困难。一些江南出身的官僚建议炀帝南渡。炀帝便在十三年下令修筑丹阳宫，准备渡江。

大业九年，第二次征辽时，炀帝为了扩充军队，除征发府兵外，又曾募人从军，称为骁果。这次到江都，天下大乱，府兵上番宿卫制度难以维持，只能以骁果代替。骁果中多数是关中人，一向不愿久留南方，往往逃亡。为了安定骁果，炀帝竟然搜括江都寡妇和未嫁女子强配给他们。此举并没有收到什么效果。当骁果们知道炀帝方谋南渡，就决定劫掠马匹财物，集体西返。十四年三月，在炀帝宠臣宇文述之子宇文智及的鼓动下，骁果发动兵变，杀死炀帝，立炀帝侄孙秦王浩为帝，推宇文智及兄化及为大丞相掌握大权，率众自运河西返，他们来到徐州时，路已不通，就又掠夺百姓的车牛，改从陆道进向东都。

炀帝死讯到达东都，群臣立炀帝的又一个孙儿越王侗为帝，改元皇泰，史称皇泰主。这年六月宇文化及兵到黎阳，黎阳早由瓦岗军占领。那时，李密已接受东都官爵，便与化及在黎阳的仓城相拒。化及粮尽北走魏县（今河北大名西），九月杀秦王浩，称帝，国号许。唐武德二年（619年）宇文化及于聊城为窦建德所擒杀。李密击走宇文化及后，想应命到东都去"辅政"。当时，东都发生内讧，反对召李密的王世充专政，发兵攻李密。武德元年九月，李密于偃师战败，降唐。王世充击败李密后，声势很大，遂于次年四月，废皇泰主，称帝，国号郑，改元开明。到此，3个象征性的隋政权残余全部灭亡。

王薄起义

暴君隋炀帝即位以来，进行无休止的横征暴敛，早已叫百姓透不过气来。3次征高丽的战争，全国规模的大征调，更使永济渠沿岸的村落，几乎找不到男丁。劳力缺乏，田园荒芜，再加上一场洪水，粮价涨了几百倍，人民靠树皮野菜充饥。他们忍受不了兵役、徭役和饥饿的折磨，纷纷揭竿而起。

大业七年（611年），齐郡邹平（今山东邹平）人王薄，首先在长白山（今山东章丘）起义。这座山在邹平、长山、淄川诸县交界，山势险峻，周围60里，号称第二泰山。这个地方历来是起义农民隐身的场所，早在北魏时期，就"多有盗贼"（《魏书》卷45《辛绍先传》）。由于山里产铁，过去有人在山里制造兵器。传说王薄是个铁匠，很会打造枪头。正因为长白山具有各种优越条件，因此隋末农民起义的领袖，不少人都在这里首义。

王薄自称"知世郎"，他以先知先觉自居，借以树立自己的威望。他作了《无向辽东浪死歌》，号召人民起来反对隋炀帝，从而得到人民的拥护。歌词道：

长白山前知世郎，纯着红罗锦背裆。长矟侵天半，轮刀耀日光。上山吃獐鹿，下山吃牛羊。忽闻官军至，提刀向前荡。譬如辽东死，斩头何所伤！（《类说》卷621《河洛记知世郎》条）

王薄起义好像星星之火，点燃了全国农民战争的序幕，农民大起义的熊熊烈火，便在全国各地燃烧起来。

同年，孙安祖、窦建德在高鸡泊（今山东恩县）、张金称在鄃县（今山东夏津）、高士达在蓨县（今河北景县）、刘霸道在豆子航（今山东惠民）等处起义。翟让与单雄信、徐世勣据瓦岗，外黄王当仁、济阳王伯当、雍丘李公逸、韦城周文举及不知名者纷纷起义。

大业九年（613年），孟海公据济阳周桥（今山东曹县）、孟让在齐郡（今山东济南）、郭方预在北海（今山东益都）、郝孝德在平原（今山东德县）相继起义。

大业九年（613年）六月，礼部尚书杨玄感，乘炀帝第二次东征高丽之机，在黎阳（今河南浚县）起兵。在刘元进、朱粲、管崇等人的领导下，江南农民在余杭（今浙江杭州）、吴郡（今江苏苏州）一带发动了起义；在白瑜娑等人的领导下，西北农民在灵武（今宁夏宁武）等地起义。十二月，章丘杜伏威、临济辅公祐起义，与下邳苗海潮、海陵赵破陈等部会合。这时仅见于记载的起义军就达百余支，参加人数数百万。起义军"大则跨州连郡，称帝称王，小则千百为郡，攻剽城邑"（《隋书·炀帝纪》）。大业十年以后，各地起义队伍切断了长安、洛阳、江都隋朝三大据点的联系，隋统治集团陷入农民起义的大包围中。大业十二年，农民军经过 5 年多的奋战，由分散到集中，逐渐形成了以窦建德为首的河北起义军，翟让、李密领导的瓦岗军，杜伏威、辅公祐领导的江淮起义军等几支强大的农民起义队伍。

瓦岗寨

风起云涌、星罗棋布的隋末农民大起义，自大业七年到大业十二年（616年），经过 5 年的奋战，逐渐形成三大支队伍，一支是窦建德领导的河北起义军，一支是杜伏威、辅公祐领导的江淮起义军，一支就是翟让、李密的瓦岗军。

大业七年，东都法曹翟让犯了死罪，狱吏黄君汉惊佩翟让骁勇，以为他能拯救百姓，就暗中打开牢门，将他放了。在东郡（治所今河南南滑县）边界，有一座山，山势特别险要，峰回坡陡，莽林环抱。山上结着一个寨子，栅高垒固，称瓦岗寨，寨中正聚着起义的农民。翟让亡命到瓦岗，被拥戴做了寨主。翟让的同乡单雄信骁健勇猛，善用马槊，还有年仅 17 的徐世勣，先后率部投奔翟让，队伍很快发展到万余人。因为聚义瓦岗，所以称为瓦岗军。

杨玄感兵败，谋主李密被捕，和其余 10 多名钦犯一起被押送东都。途中，李密把身上带的金子全部交给押解他们的使者，并请求为他们代办棺椁，使押解使者放松了戒备。当押解到魏郡石梁驿时，李密等 10 余钦犯乘防守的人醉卧梦乡之机，凿墙穿洞，逃了出去。李密脱险后，为了躲避官府的缉捕，变姓易名，转辗山村，四处亡命。后来他往来于外黄王当仁、济阴王伯当、韦城周文举、雍丘李公逸等结寨聚义的群雄之间，鼓动他们下山取天下。

李密经过观察，认为翟让最强，就在大业十二年约了王伯当，投奔瓦岗寨。李密上山之初，翟让因听说他是杨玄感的亡命将军而不信任他，把他软禁在营外。李密靠了王伯当的帮助，去见翟让献策说："如今昏君巡游江都，精兵集于辽东，这个形势如同过去项羽、刘邦奋起夺取天下的时机一样。足下雄才大略，瓦岗士马精勇，正可以席卷二京（长安、洛阳），诛灭暴虐，成就灭隋大业。"翟让因此对李密刮目相看。

李密见瓦岗人马愈来愈多，而粮草不敷供应，感到如果旷日持久，势必人马困疲，一旦强敌降临，就会涣然离散，于是向翟让又献一计，劝翟让下山夺取荥阳，养精蓄锐，然后大干一场。翟让称好。

十月，秋高马肥，瓦岗军浩浩荡荡下山，神速进军，攻破金隄关，攻克荥阳诸县。荥阳历来是兵家必争之地，要隘虎牢关在郡境内。因此隋炀帝特派河南道讨捕大使张陀陋为荥阳通守，全力对付瓦岗军。张陀陋是镇压义军的老手，带着两万精兵，杀气腾腾从东南方扑来。

翟让曾多次被张陀陋战败，心有余悸，想避其锋芒，退回瓦岗。李密阻止说："张陀陋有勇无谋，骄傲轻敌，一战可擒。翟公只要列阵以待，密保能大胜。"部署翟让率兵从正面迎战诱敌，李密率精兵千余埋伏在荥阳北面的大海寺北密林中。张陀陋一向藐视翟让，翟让且战且退，往北退了10多里，把张陀陋的两万人马引到大海寺。瓦岗伏兵杀出，翟让回马杀回，和李密、徐世勣、王伯当一起围杀隋军。张陀陋战死，隋军被歼1.5万余人。

大海寺一仗，瓦岗军大获全胜，初振军威。河南郡县闻风丧胆，登封（今河南临汝）、密县（今河南密县）等地，未动一刀一枪都被瓦岗军占领。翟让高兴得让李密建立军旗，别统所部，号蒲山公营。李密加以整顿，严格训练，使它很快成为瓦岗军中一支生气勃勃的劲旅。

紧接着，瓦岗军部署新战役。李密对翟让说："洛口仓大米囤积，翟公亲去，定能攻克。然后开仓济贫，招兵买马，号召四方。"翟让说："这需雄才大略，我不行，还是请你指挥吧，我殿后。"于是决定夺取洛口仓。洛口仓又名兴洛仓，在巩义（今河南荥阳西）东北部，伊、洛两水会合处，仓城周围有20多里，是当时最大的粮仓。二月的一天，李密、翟让带领7000轻骑，兼程疾驰，一举攻克了洛口仓。进城后，立即打开粮仓，赈济百姓。消息传开，瓦岗义军声誉传四方。以文辞著名海内的祖君彦也来投奔李密，李密把军中书檄全委托给了他。

瓦岗军夺取洛口仓的消息传到江都以后，隋炀帝吓得魂飞魄散，不敢再回东都。驻守东都的越王杨侗，任命裴仁基为河南讨捕大使，与虎贲郎刘长恭各自领兵，夹击瓦岗军。刘长恭领的是少爷兵，拖拖拉拉，走了11天，渡过洛水，在巩义东南石沙子河西岸列阵，南北长达10余里。李密、翟让早有部署，陈兵于石子河东岸，另有一部埋伏横岭下。翟让先接战，不利。李密即指挥后队蒲山公营横冲官兵队阵，隋兵大败，刘长恭在混乱中换上士兵衣服，逃回了东都。裴仁基失期未到，等听到刘长恭失败，吓得不敢前进，屯兵于巩义东南的百花谷，固垒自守，后来又还屯虎牢关。

瓦岗军威震中原，翟让感到自己能力已不足继续领导，就让位给李密，奉李密为魏公。李密设坛场，即位，组织行军元帅府，改元永平；拜翟让为上柱国、司徒、东郡公，单雄信为左武卫大将军，徐世勣为右武卫大将军，其余都拜授官职，令他们各领本部，李密建立了独立政权，号令天下。翟让、郝孝德、秦叔宝、程咬金等各路英雄都络绎不绝地投奔瓦岗。隋朝的官员裴仁基、柴孝和、郑颋等也闻风纷纷献城投降。著名骁将罗士信等也率众归顺了李密。因裴仁基献出虎牢关，李密封他为上柱国、河东公。当时"道路降者不绝如流，众至数十万"。瓦岗军声威大张，成为隋末农民起义中最大的一支义军。

为了巩固基地，李密令护田（官名）茂广筑洛口城，方40里，同时派房彦藻向东扩展，攻克了安陆（今湖北安陆）、汝南（今河南汝南）、淮安（今河南泌阳）、济阳（今山东曹县）。李密又从瓦岗军中选出骁勇善战的8000精兵建立骠骑营，号内军，拨归秦叔宝、程咬金两人统带。

经过几次反复的激烈战斗，瓦岗军又夺取了隋朝另一大粮仓回洛仓，大修营垒，部署攻打东都。李密召集元帅府幕僚，命记室祖君彦草就了一篇讨伐昏君檄文，传檄天下。檄文中声讨炀帝有十大罪状，并说："罄南山之竹，书罪未穷；决东海之波，流恶难尽。"这后来成了千古传诵的名句。

这时李渊还未入关，炀帝命监门将军庞玉，虎贲郎将霍世举率关内兵救援东都。柴孝和劝李密避其锋芒，自率精锐，乘虚入关，西取长安。李密认为这是他当年为杨玄感所出的上策，但顾虑到他的部下将士都是山东人，见洛阳还未攻下，就没人愿随从西进，未能依从柴孝和的计策。柴孝和非常惋惜，只得另献一计说，大军既然不能西进，就由他先入关中联络群雄，看机会吧。李密同意了。柴孝和率数十骑入关，说动了关中群雄万余人，准备响应李密。不久，李密在作战中，中流矢负伤。官兵气焰大张，庞玉、段达乘胜夜袭瓦岗军大营。李密箭伤未愈，与裴仁基仓促应战，大败，弃了回洛仓，撤奔洛口。柴孝和联络的关中群雄听到李密兵败，统统变卦散去了。柴孝和只得轻骑归返瓦岗军。

可李密这时却自以为兵强，想做天下盟主，叫祖君彦写了封信给李渊说明此意。李渊这时正一心经略关中，倒不图虚名，写了封回信假意表示拥戴。李密把李渊的信展示给诸将看，说："唐公拥戴我，天下肯定是我的了。"从此他不再考虑西进了。

八月，武阳郡丞元宝藏派门客魏徵见李密上降表。魏徵字玄成，落拓有大志，出家做道士，学识丰富，很有文名。李密高兴得立即召魏徵为元帅府参军，掌记室，并任元宝藏为魏州总管。

这时，河南、山东发大水，饿殍遍野。炀帝诏命开黎阳仓（今河南浚县西南）赈济灾民，吏不按时赈给，结果每天饿死的达数万人。徐世勣向李密建议说："天下大乱，本是由于饥饿。如今若能夺得黎阳仓，大事就可成功了。"李密当即就派徐世勣领本部5000人马，会合元宝藏、郝孝德、李文相等一举攻破了黎阳仓，开仓济贫，远近农民纷纷投奔瓦岗军，10多天时间就得兵20余万。武安（今河北涉县）、永安（今山西霍县）、义阳（今河南桐柏）、弋阳（今河南潢川）相继投降。窦建德、朱粲也派使者来表示拥护。

自七月炀帝派江都通守王世充率江淮劲旅北上，同时命将军王隆、河北大使韦霁、河南大使王辩等同赴卫东都，讨捕瓦岗军。这时他们多已在东都会合，与庞玉、刘长恭合兵 10 余万，与瓦岗军夹洛水相持。十月末，王世充仗着兵多势众，摸黑渡过洛水，抢占黑石关，然后兵分两路，准备夹攻瓦岗军。李密发觉后，率精骑渡到洛水北岸去抄袭王世充的后路，结果被打败，柴孝和落水而亡。李密又返回洛水之南，分兵而行：一路东走月城，王世充尾随而至，包围了月城。另一路直奔黑石关，官兵连举六座烽火告急。王世充赶快从月城撤兵，援救黑石关。在途中遭到李密迎头痛击，被杀得大败。李密反败为胜，消灭敌人 3000 多。

王世充大败后，坚壁不出。越王派使者慰劳他，叫他继续出战。王世充又是惭愧，又是害怕，再次率军到石子河与李密对阵。几天后，瓦岗军大军出动，王世充大败，向西逃回东都。瓦岗军重新振作起来，但始终未能攻取东都。

虽然这时李渊已经取了长安，但群雄中，瓦岗军仍最具备与李渊逐鹿中原的力量。可瓦岗军没有一鼓作气去攻洛阳，却发生了内讧。

石子河一仗刚结束，翟让的司马王儒信就劝翟让自任大冢宰，总领众务，夺李密的权，翟让没听从。话传到李密耳中，李密心生厌恶。总管崔世枢亲近李密，翟让无端将他私禁。翟让又以细故杖了元帅府记室邢义期。于是李、翟关系日渐恶化。翟让还作色责备房彦藻说："你得了宝货，只给魏公，全不给我！要晓得，魏公是我立的。"

房彦藻回到元帅府，把翟让所说的话告诉了李密，并与左司马郑颋一起煽动说："翟让贪惏不仁，心中无君，应该早作打算。"李密心存顾虑，说："如今安危未定，就自相残杀，岂不被天下人耻笑。"郑颋说："先发制人的，制人；后发制人的，制于人。毒蛇螫手，壮士解腕。忍痛割臂，为了存全大局。一旦他先动手，就只有后悔的份了。"于是李密决定除掉翟让。

第二天，李密在元帅府宴请翟让，请翟让和他的儿子摩侯及王儒信，还有王伯当、裴仁基、徐世勣、郝孝德等作陪，单雄信等立侍，房彦藻、郑颋往来张罗。李密说："今天欢饮，不需多人，留下几个听使唤行了。"于是李密左右的侍卫都离开子宴会厅。房彦藻对李密说："天气很冷，翟司徒的左右该赏赐酒食。"李密说："听司徒的吩咐。"翟让说："很好。"于是翟让的卫队也离开了宴会厅，厅上只剩下李密帐下蔡建德一个卫士。

还未进食，李密先取出一张良弓，请翟让习射。翟让刚刚把弓拉满，蔡建德突然跃身，从背后斫倒了翟让。接着，伏兵四出，翟让、摩侯、王儒信都被杀害。徐世勣想夺门逃走，被守门卫士斫伤头颈，幸王伯当及时呵止，才免丧命。单雄信叩头求饶，李密才放了他。裴仁基等惊得不知所措。李密大声说："与大家同起义兵，本为扫除暴乱。翟司徒专行暴虐，凌辱群僚，图谋不轨，我才忍痛除去。今只除他一家，与旁人无关。"又命人将徐世勣扶进内室，亲自为他敷药，竭力抚慰。

接着，李密怕事态扩大，命单雄信、王伯当等，随后又独骑，赶到司徒营——安抚，反复说明杀翟让的道理，并让徐世勣、王伯当、单雄信分统其众，防止了一场大乱。但火并翟让以后，瓦岗军的不少将士心存疑惧，怕做翟让第二，军心逐渐涣散，势力逐渐衰落了。

武德元年（618年）春，王世充集结兵力7万余人，于正月十五日命令各军在洛水造浮桥，渡过洛水与瓦岗军决战。虎贲郎将王辩最先登岸，并攻破了李密外围营栅。王世充不知这时李密大营惊慌，忽然鸣金收兵，于是李密率敢死队乘机追杀。官兵大败，几万人抢渡浮桥，落水而死的1万多人。王辩当场阵亡。这天夜里疾风寒雨，军士涉水时衣裤湿透，因此冻死在道路上又有万余人。王世充逃走，自己向越王侗请罪，越王遣使赦免了他，把他召还东都。王世充屯兵东都城北的含嘉城，但不敢出战瓦岗军。

李密乘胜占领金墉城，扎营北邙山，浩浩荡荡逼近东都上春门。战鼓声一阵阵传入东都城内。十九日，段达、韦津领兵出战，望见密密麻麻的瓦岗军，不战自慌，返身而逃。段达在后逃进了城，韦津因冲在前面，被瓦岗军杀了。

东都城门四闭，拒不出战。瓦岗军打了四五个月，毫无进展。这时宇文化及弑了炀帝，以皇后令立秦王浩为帝，自称大丞相，率领10万官兵，离江都北上，要踏平瓦岗寨。瓦岗军处于宇文化及与王世充的东西夹攻之中，形势险恶。房彦藻为另支义军王德仁所杀，瓦岗大将王君廓又投降唐朝，李渊称帝长安，一个又一个的坏消息打击着李密。

六月，宇文化及率军直扑黎阳，企图夺仓抢粮。瓦岗守将徐世勣在黎阳西新筑仓城，集中精兵把守。宇文化及赶到，受壕堑所阻。李密率步骑2万增援，抄宇文化及的后路。徐世勣挖地道出奇兵袭击，宇文化及大败，溃逃而去。

这时已经接了帝位的杨侗想利用瓦岗军来抵挡宇文化及，决定招安瓦岗军，派使者盖琮去见李密。李密虽然在黎阳取胜，但仍担忧腹背受敌，见盖琮来招安，大喜，以为可解除西顾之忧，避免作战了。他向隋皇泰主上了降表，被册拜为太尉、尚书令、东南道大行台行军元帅、魏国公，奉令先平宇文化及，然后入朝。

七月，李密因已无西顾之虑，率全部精兵东击宇文化及，大获全胜，斩敌4万。宇文化及元气大伤，无力西进，带着两万多残兵败将，逃往河北去了。李密准备入朝，走到半途，获报东都兵变，王世充杀了主张招安的大臣，选了两万精兵来攻瓦岗军。李密因为久战，损失了很多劲兵良马，士卒疲病，只得放弃了进占东都的计划。

九月，李密留王伯当守金墉，邴元真守洛口仓，自率精兵，到偃师北邙山驻营。他召集诸将会议。裴仁基建议分兵扼守各交通要道，阻堵王世充东进，再选3万精兵，绕道河西，直趋东都，让王世充来回奔命，然后一战决胜。李密认为说得有理，避其锋芒，以逸待劳，养精蓄锐，确是上策。单雄信等武将们不服从，纷纷要求大战一场。李密又改变了主意。裴仁基苦争没用，顿脚叹息说："魏公将来一定要后悔的！"

接着在偃师大战，结果失利，裴仁基等10余名大将重伤。但李密却并不在意，夜不设防。不料这夜王世充遣200多轻骑携带火种，潜伏在北邙山豁谷中。天一亮，王世充率江淮劲兵攻袭北邙山瓦岗军大营。李密来不及列队布阵，仓促应战。这时，王世充的伏兵乘虚爬上山顶，居高下冲，纵火烧营。王世充命士兵把预先绳捆索绑的貌似李密的人牵过阵前，连声鼓噪："捉到李密了！"声音传遍北邙山。瓦岗军以为李密真的被俘，失了斗志，向山下溃败。在溃败中，一些将领相继倒戈。李密集拢了1万多瓦岗军，驰奔洛口仓。

途中，又获报镇守洛口仓的邴元真叛变。邴元真是翟让的老部下，翟让被杀，他一直怨恨在心，听说李密兵败，不等王世充来攻，就投降了。接着，单雄信叛变。偃师失陷，裴仁基、郑颋、祖君彦被俘。于是，李密便去投奔王伯当。

王伯当这时已放弃金墉，退保河阳。李密赶到河阳，召集诸将商议，想再图进取。可自从下山以来，瓦岗军从未遭受过如此惨败，因此诸将情绪低落，都说难以成功。李密沮丧极了，说："我举大事，依靠的就是众家弟兄，如今众家弟兄不愿再干，我没法了。"拔剑想自杀。王伯当急忙抱住李密，苦苦相劝，大家都伤感悲泣。李密说："大伙儿如不相弃，请一共投归关中。"并对王伯当说："将军家室重大地，不必与我同行了。"王伯当慨然说："我难道是见利忘义的人吗？愿终身相随，死也甘心！"说得大家感奋起来，表示愿同进关。

冬十月，李密带着2万瓦岗军残部与魏徵等文官，进长安投降了唐朝。唐高祖李渊封他为光禄卿、上柱国，赐爵邢国公。消息传开，徐世勣、贾润甫等将领也相继降唐，秦叔宝、程咬金等多数将领投降了隋朝。瓦岗军瓦解了！

不久，李密感到在唐朝只有虚位，郁郁不乐。他和王伯当两人密议离唐出关，召集瓦岗旧部，重举义旗，东山再起。接着，李密假意向李渊献策，愿亲往山东招收旧部，讨灭王世充。李渊同意。李密又要求贾润甫、王伯当同去，李渊也准许了。

十一月，李密与王伯当、贾润甫3人出了长安城，马不停蹄，直奔黎阳。3人到稠桑时，李渊反悔，敕追李密返回。李密估计返回必无生理，决意反叛。贾润甫哭谏说："自翟让被杀，天下都说明公忘恩负义，如今归唐复叛，还有谁肯相助！"李密大怒，要杀贾润甫，被王伯当劝住。贾润甫不别而行。李密撕毁敕书，杀了使者，和王伯当两人继续东驰。

一路上，两人招集到几十名旧部，把他们装扮成妇女，裙下藏刀，进入桃林县（今河南灵宝），突然变服，抢占了县城。他们夺取粮械后，聚集了1000多人，直趋南山，乘险东行，准备去襄城依归瓦岗旧将张善相。

不料走进熊耳山，唐朝行军总管盛彦师的伏兵齐起。李密、王伯当等1000多人被冲作两截，首尾不能相顾，全部遭害。鲜血溅染熊耳山，瓦岗寨起义至此彻底失败了。

唐　朝

（618—907 年）

李渊建唐

大业十三年（617年），农民军进入全盛时期，以瓦岗军为中坚，河北和江淮起义军为两翼，对隋王朝展开了毁灭性的攻击。农民军在河北、河南、山东和江淮地区，取得了决定性的胜利，从根本上动摇了隋王朝的统治。大业十三年底，隋所控制的地区，在北方只有东都洛阳以及其他几座孤城，在东南只有江都一隅之地，而这些地区都被起义军切断了联系，成为几个孤立的城市据点。

这时，一些官僚和豪强，看到隋朝的大势已去，为了保存自己的势力，或拥兵割据，或起兵反隋。其中著名的有涿郡的罗艺，朔方（今内蒙古杭锦旗北）的梁师都、马邑（今山西朔县）的刘武周、金城（今甘肃兰州）的薛举、武威的李轨、先在巴陵（今湖南岳阳）后迁江陵的肖铣、太原的李渊等。其中以李渊集团实力最强，影响最大。617年秋，李渊打着尊隋的旗号，从太原起兵，进军关中、沿途收编了一些地主官僚的武装，队伍由3万人迅速发展到20余万。十一月，李渊攻克长安，控制了关中地区。

3支农民起义军的胜利发展，使隋王朝受到了沉重打击，隋炀帝在扬州已预感到自己末日的来临，但他仍在城内寻欢作乐，昼夜昏醉。在农民起义的冲击下，隋统治集团的核心已发生分裂。

大业十四年（618年）三月，禁军头目司马德勘和贵族宇文化及在江都发动兵变，缢杀了隋炀帝，立秦王浩为傀儡皇帝。接着，王世充拥立留守东都的越王侗为帝，称为皇泰帝。但秦王浩不久就被宇文化及杀掉，皇泰帝也被王世充杀死。李渊在隋炀帝被杀后，正式称帝，建立唐朝。从此，唐王朝取代了隋朝。

唐朝的建立和平定全国

李渊是唐朝的开国皇帝。隋朝末年，农民起义遍及全国各地，隋炀帝杨广于大业十一年（615年）以李渊为山西河东慰抚大使，不久又拜太原留守，以北备突厥，并镇压今山西省境内的农民起义。当时，隋政权已呈土崩瓦解之势，统治阶级一再发生大分裂，地主武装和义军星罗棋布于各地。李渊素有大志，移官太原后，看到隋朝即将败亡，萌动了取而代之的念头。他左右的裴寂、刘文静及次子李世民亦纷纷建议起兵以举大事。到大业十二年，农民起义在全国已居优势，隋朝再也无法集中兵力有效地打击各个武装集团，李渊觉得时机成熟，遂于次年五月在太原杀死副留守王威和高君雅，正式宣布起事。

七月，李渊与长子建成、次子世民挥师南下，先后破霍邑（今山西霍县），渡黄河，向西南挺进。当时，隋炀帝远在江都（今江苏扬州），关内隋军力量薄弱；中原瓦岗军与王世充激战方酣，均无暇西顾。因此李氏父子进军神速，十一月间攻入长安。李渊进入长安不久，就宣布遥尊隋炀帝为太上皇，拥立炀帝孙代王杨侑为帝，改元义宁，是为隋恭帝。李渊任大丞相，进封唐王。大业十四年三月隋炀帝在江都被杀，五月，李渊逼恭帝禅让，自己称帝，国号唐，是为唐高祖。改元武德，仍都长安。

唐朝建立后，唐高祖面临的首要任务是以关中为根据地统一全国。为此，他派李世民攻打据有金城（今甘肃兰州）等地的薛举。经过反复较量，唐军于武德元年（618年）十一月俘杀薛举子薛仁杲，平定了西北广大地区。同年冬，幽州罗艺降唐。武德二年，唐朝出使凉州（今甘肃武威）胡商安兴贵、安修仁兄弟计擒李轨，平定了河西走廊。同年，刘武周、宋金刚勾结突厥大举南攻，占领了今山西省大部分地区。唐高祖派李世民率军征讨，于武德三年收复并州（今山西太原西南），刘武周北走突厥，不久被突厥所杀。这时，黄河流域形成窦建德的夏政权、王世充的郑政权与唐政权鼎足而立的形势。李渊派李世民东征王世充，郑、夏结成联盟抗唐。次年，窦建德被李世民所俘，王世充被迫出降。窦氏余部受唐迫害，因而在刘黑闼的领导下两次起事，并联合突厥兵南攻。李渊先后派秦王李世民及太子建成率军东讨。建成于武德六年俘斩刘黑闼，平定了河北地区。在江淮方面，李世民东征时，占有丹阳的杜伏威受唐朝册封为吴王，不久，又亲赴长安朝见唐高祖。武德六年，杜氏的江淮余部在辅公祏策动下再度起事反唐，据丹阳，称宋帝。七年辅公祏被执杀，江南平。武德四年唐大将李靖围江陵，南朝梁代后裔萧铣降，其于隋末所建的萧政权被消灭。五年，岭南（今广东、广西一带）冯盎降，唐以其地置8州。同年，据有虔州（今江西赣州）的林士弘死，其地为唐所有。

武德九年六月初四，秦王李世民伏兵玄武门发动宫廷政变，杀死其兄太子建成及四弟齐王元吉，逼高祖立自己为太子。不久，世民即位，是为唐太宗。李渊退位为太上皇。次年改元贞观。

唐太宗即位不久，于贞观二年（628年）发大军征讨据有夏州（今内蒙古白城子）的梁师都，师都为其下所杀，夏州归唐所有，至此全国统一。

唐朝的政治制度

唐高祖武德七年（624年）是朝廷宣布国家大政的一个重要年代，很多制度和法令都在这一年正式颁行，厘定官制也是其中的主要内容之一。到唐太宗、唐高宗和武则天时期，这些制度和法令又有所发展。

唐因隋旧，中央仍实行三省六部制。唐朝的三省为中书省、门下省和尚书省。中书省的正副长官是中书令和侍郎，下设中书舍人，负责起草诏制。

门下省的正副长官是侍中和侍郎，下设给事中，负责审核中书省起草的诏旨，驳正违失，并审批尚书省的奏钞。尚书省的正副长官是尚书令和左右仆射，下设左右丞；该省统辖吏、户、礼、兵、刑、工六部，负责贯彻执行中央拟定的政令。因唐太宗曾任尚书令，以后臣下避居该职，形同虚设，故左右仆射实际上成为尚书省的最高长官。唐初，三省的最高长官都是宰相。当时在门下省还设政事堂，为三省宰相共议军国大事的场所。后来，凡参加政事堂会议的其他官员也是宰相，他们均加有"参知机务""参知政事"等头衔；再后逐渐确定为"同中书门下三品"或"同中书门下平章事"。六部的正副长官是尚书和侍郎，左右仆射与六部尚书合称"八座"。每部分设四司，各司的正副长官是郎中和员外郎，合称"郎官"。

秉承六部政令加以贯彻执行的事务机构有九寺五监。九寺是：太常寺、光禄寺、卫尉寺、宗正寺、太仆寺、大理寺、鸿胪寺、司农寺和太府寺。五监是：国子监、少府监、将作监、军器监和都水监。九寺五监也是中央的重要机构。

中央的监察机构是御史台，以御史大夫、御史中丞为长官，主要掌纠察百官和监督府库出纳，可以说是"天子耳目"。御史大夫下分设台院、殿院和察院。台院置侍御史，掌弹劾中央的百官；殿院置殿中侍御史，掌纠察朝仪、朝会、郊祀及巡视京师，以维护皇帝的尊严；察院置监察御史，掌监察地方官吏。

中央的司法机构有：大理寺，是最高的审判机构；刑部，是司法行政机构；御史台，负责监督大理寺和刑部的司法审判活动。每遇重大案件，大理寺卿会同刑部尚书和御史中丞共同审理，称"三司推事"，即后世"三法司"的前身。

地方行政亦沿袭隋制，为州县二级。州设刺史；有时称郡，则设郡守。县设县令。刺史（郡守）、县令掌本级地方政府的政令。县以下在农村实行乡里制，百户为里，设里正；五里为乡，设耆老（贞观九年，每乡置乡长，后废）。城市的居民区以坊为单位，设坊正。乡、里、坊是最基层的政权，对城乡人民进行直接统治，催督课役，镇压反抗。在沿边及内地紧要之处，州（郡）之上还设有都督府，长官是都督，原来只管军事，因都督例兼所在州刺史，故亦兼管该州民政。

唐太宗李世民

武德九年（626 年）六月初四，唐高祖李渊次子秦王李世民伏兵玄武门，诛杀其兄太子建成、弟齐王元吉。李世民即皇帝位，是为唐太宗，尊李渊为太上皇。

李渊原配窦后生四子，长子建成，次子世民，三子元霸（早夭），四子元吉。晋阳起兵主要是世民之谋，唐朝建立后，世民先后平定王世充、窦建德割据势力，为全国统一奠定了基础，从而功名日盛。李建成的地位受到威胁，遂与四弟齐王李元吉密谋倾覆李世民。

在李建成、李元吉和李世民周围各形成一个政治集团。在宰相中，裴寂、封德彝支持李建成；萧瑀、陈督达则倾向李世民。在文臣、武将中，如长孙无忌、房玄龄、杜如晦、温大雅、尉迟敬德、秦叔宝等人都拥戴李世民。两个集团都拥有武装，太子有东宫兵，秦、齐二王各有王府兵。除了这些合法武装力量，各自还招募私人拥有的卫士、勇士数百以至上千人。

武德七年（624年），双方斗争激化。李元吉企图刺杀李世民未遂，彼此揭发，斗争表面化。武德九年（626年），突厥进犯北边，建成向高祖推荐元吉为帅，企图乘机把秦王府兵和骁将尉迟敬德、程知节、段志玄、秦叔宝等拢到自己手中，以孤立秦王，然后一举灭掉李世民。这一机密消息，被太子率更丞王晊透露给李世民。因此，李世民便同长孙无忌等人密谋策划，为防意外，便先发制人，阴谋伏杀李建成。六月初四，常何当值玄武门。此前一天，李世民曾告密李建成、李元吉淫乱后宫。李渊决定次日召见、鞫问。李建成以为常何是自己人，控制了玄武门，所以这天早晨放心入朝。而李世民已在常何的协助下，伏兵玄武门。李建成、李元吉入宫行至临湖殿觉变，便拨马归东宫，李世民大呼追赶，射死李建成，李元吉张弓射李世民不中，这时尉迟敬德率70骑助战，李元吉兵力不支，结果被杀。史称"玄武门之变"。随后，李世民逼李渊让位，自己登上皇位。

李世民即位后，次年（627年）改年号为贞观。李世民在位的23年（627—649年）中，不断总结历代王朝兴衰的经验教训，虚心听取臣下意见，减轻赋税和徭役，减轻刑罚，使百姓在战乱后能够休养生息，从而使社会经济得以恢复和发展，为唐朝的繁荣昌盛奠定了基础。人们把唐太宗在位时的斐然治绩，誉之为"贞观之治"。

唐太宗亲眼看到，强盛富庶的隋王朝，仅是粮食储备就可供全国50年之用，但隋炀帝继位后不到13年便分崩离析，短命而亡，这给他留下了极其深刻的印象。因此他时时注意以隋朝的灭亡为诫，重视人民的力量。他常说："人君好比舟，人民好比水，水能载舟，也能覆舟。"他采取了许多轻徭薄赋、与民休养生息的政策，促进农业生产的迅速恢复和发展。

唐太宗还大力提倡节俭，并以身作则，以减轻国家和人民的负担。他即位以后，没有大兴土木，建造新的宫殿，而是住在隋朝时建造的且已破旧的宫殿。为了减少宫中的费用，唐太宗下诏释放宫女，其中一次就释放3000人。唐太宗还严厉禁止厚葬，规定五品以上的官员和勋亲贵族都要严格遵照执行。他在安排自己的陵寝时，亲自制定规格：以山为陵，能放得下棺木就行。对于官员们的奢侈行为，唐太宗也明令禁止。

为了保证国家的长治久安，唐太宗很重视抓好政治建设，任贤和纳谏是他的两项重要政绩，历来为后人所称道。

唐太宗以"求贤若渴""知人善任"著称。他认为，"致安之本，惟在得人""为政之要，惟在得人"，很重视选官用人。主张"为官择人，唯才是与，苟或不才，虽亲不用"。所以，在唐太宗周围，有出身士族的长孙无忌、房玄龄和杜如晦，有参与谋害自己的东宫旧臣魏徵、王珪，有出身寒微的马周、张亮和刘洎，还有少数民族的首领。他对这些人，都能"量才授职""各取所长"，委以重任。由于唐太宗善于举贤任能，多方面精选人才，所以，贞观时期人才济济，一批有才干的文臣武将，尽为其所用。

唐太宗任用贤才，还能够不计较个人恩怨，不讲究资历地位，兼收并用，充分发挥他们的才能。

李靖，隋朝末年在马邑当副长官，他发觉李渊有反隋的可疑迹象，亲自前往江都向炀帝告密。后来在长安，他被李渊抓住，判了斩刑。李靖能文能武，有很高的志向和非凡的军事才能。李世民知道李靖的才干，几次向李渊请求，免除李靖的死罪，结果释放了他，还把他安排在自己指挥的军队里当官，李靖后来成了唐太宗的宰相，是唐太宗时期最有才干的军事统帅。

玄武门之变前后，李建成的东宫集团中出谋划策和动用武力想谋害唐太宗的人很多，李建成失败后，唐太宗能不计恩怨，对他们量才重用。魏徵，原来是李建成属下的官员，他看到李世民的功劳和势力越来越大，常常给李建成出谋划策，劝他尽量培植自己的势力，及早除掉李世民。玄武门之变后，李世民不计前嫌，对他加以提拔重用，把他作为自己的重要助手。王珪，原来也是李建成手下的官员，积极为李建成献策反对李世民。李世民不咎既往，王珪后来官至宰相。薛万彻，原是李建成手下的一员骁将，在玄武门之变时，曾带兵攻打李世民的秦王府，失败后逃亡终南山，唐太宗派人将他请回来，任命他为自己手下的大将。

对于自己的亲属、旧部下和亲信，唐太宗也不滥加任用，而是坚持任人唯贤的原则，量才授官。由于唐太宗重视选拔贤才，因此，他手下人才济济。贞观年代人才之盛，为历朝所少见。唐太宗在位期间，共用宰相27人，绝大多数都是当时的杰出人才，这就为改善吏治、促进政治的清明提供了保证。

由于太宗虚心求谏、纳谏，当时朝廷中敢于犯颜直谏的大臣很多，如魏徵、王珪、马周、刘洎等人，其中最突出的是魏徵。

魏徵为人正直，敢于直言，很得太宗的重用，先后担任谏议大夫、给事中、尚书右丞、秘书监等要职，位列宰相，他前后共向太宗进谏了200多件事，大多数都被太宗采纳。太宗誉魏徵为"知得失"的"人鉴"，在他死后，痛心地说："以铜为镜，可以正衣冠；以古为镜，可以知兴替；以人为镜，可以知得失。魏徵没，朕亡一镜矣！"唐太宗还任用敢于直言的房玄龄和杜如晦为宰相。房玄龄有谋，杜如晦敢决断，史称"房谋杜断"。贞观时期，由于一大批大臣"直言极谏"，太宗"从谏如流"，开拓了君臣共商国是的开明政局，使一些流弊得到及时纠正，使一些好的政令措施，得以贯彻。谏净之风是"贞观之治"的重要体现。

贞观之治

唐太宗在位 23 年，他的作为奠定了新的统一王朝强大昌盛的基础。这个成就是在隋末农民战争的推动下取得的。

隋末农民战争的威力迫使唐初君臣时时刻刻要考虑一个问题：怎样才能不蹈亡隋的覆辙？他们的答案是：剥削须有节制，特别是徭役不可太重。

太宗曾说："往昔初平京师，宫中美女珍玩，无院不满。炀帝意犹不足，征求无已；兼东西征讨，穷兵黩武，百姓不堪，遂致亡灭。此皆朕所目见，故夙夜孜孜，惟欲清静，使天下无事，遂得徭役不兴，年谷丰稔，百姓安乐。"历史上没有过不兴徭役的皇帝，但是唐太宗毕竟懂得徭役不可太重，太重了，农民一起来，地主阶级的统治就会垮台。

魏徵对他说：君主似舟，人民似水，水能载舟，也能覆舟。这个比喻，唐太宗记得很牢，曾用来训诫太子。他听得进这话，因为它完全符合自己的生活经验。从隋末的事实，他深深感觉到人民反抗的烈火是可怕的，不是武力镇压得了的。于是他决心不采取"竭泽而渔"的政策。这有利于社会经济的恢复发展，但是它完完全全是地主阶级的政策，是根据地主阶级的阶级利益制定的，不是从好心肠产生的。

唐太宗懂得：要执行这条政策，必须注意"纳谏"，否则一不小心，就会反其道而行之。这也是从隋亡得来的教训。隋炀帝不愿意听到农民起义的消息，虞世基投其所好，隐匿军报，结果国破家亡，君臣俱死。魏徵举此为例，告诉唐太宗一条重要的道理，叫做"兼听则明，偏信则暗"。唐太宗很赞赏他的意见，始终比较注意纳谏，这是他能够成为一个杰出封建帝王的重要原因。

唐太宗注意纳谏，注意节制徭役，都是事实，然而封建地主阶级对"贞观之治"的美化，却完全是着意地夸大。

《旧唐书·太宗本纪》《资治通鉴》都说贞观四年（630 年）天下判死刑的只有 29 人，东至于海，南至五岭，都夜不闭户，出门的人不必带粮食，可以"取给于道路"。《贞观政要》说得更具体，"商旅野次，无复盗贼，囹圄常空，马牛布野，外户不闭"，至于旅行者的粮食问题，"入山东村落，行客经过者，必厚加供待，或发时有赠遗，此皆古昔未有也"。这真是好得不能再好的乌托邦了！

其实历史上根本没有过这样的事实。

贞观元年（627年），关中饥荒；二年天下蝗灾；三年又发了大水。这几年中间，老百姓穷得卖儿卖女，流亡道路。贞观四年，天下大熟，流亡的农民才得还家。这是喘息方定的时候，怎么会一下子便富庶得不得了呢？

两年之后，魏徵还描绘过中原萧条的景象。他说：从伊水、洛水往东，直到泰山、黄海，烟火零落，极目望去，到处都是荒原野草。贞观六年是这副样子，四年的情形就可想而知了。

我们还需要注意，唐太宗的节制徭役，是勉强地去做的，因此他常常会有违反这条政策的举动。这里按照年代次序，举几个例。武德九年（626年）初即位时，要点身材壮大的未成年人当兵，经魏徵力争而止。贞观四年，修洛阳宫，张玄素谏阻，说："今日财力，何如隋世？陛下役疮痍之人，袭亡隋之弊，恐又甚于炀帝矣！"当时，他听了不免心惊，暂时停役。然而到了第二年，不仅修了洛阳宫，还修了仁寿宫（九成宫）。六年，魏徵指出："比来营缮渐多，"可知那时的徭役并不算轻。十一年，马周上疏，说当时多营不急之务，百姓怨嗟，批评太宗不像贞观初年那样"俭以息人"了。贞观十三年，魏徵上《十渐不克终疏》，引太宗本人的话，"百姓无事则骄逸，劳役则易使"，并指出"顷年以来轻用民力"。十六年，太宗下令：今后有自己伤残手脚以避劳役的，"据法加罪，仍从赋役"。据说此风起自隋末，贞观中遗习尚存，所以下令禁止。以上两条，一言一行，最能暴露唐太宗的阶级本性，并且说明常有徭役较重的情况，不过不像隋末那样严重而已。

贞观末年，人民赋役负担，还有继续加重的趋势。二十二年（648年）修玉华宫，"所费以巨亿计"。充容（后宫名号）徐惠见连年用兵，营缮相继，宫廷习俗也颇奢华，上疏谏劝，说"人劳乃易乱之源"，尽管雇人做工，也"不无烦扰之弊"。至于剑南（四川）百姓，因为造侵略高丽用的船只，负担沉重，那年已经发展到无法忍受的地步了。

从以上的叙述，我们可以知道，贞观时的实际情况是：农民的赋役特别是徭役负担，有时比较轻，有时比较重，但重的时候也没有达到使再生产无从进行的程度；唐太宗怕农民造反，执行不竭泽而渔的政策，但由于封建统治者的本性，有时不免要加重剥削，他的好处是肯接受意见，注意改正。

封建时代能够这样，就算是政治清明的"治世"了；肯这样做的皇帝就算是"明君"了。历史上有过许多这类的皇帝，唐太宗是比较突出的一个。我们肯定他是有所作为的封建统治者，但不必歌颂他，因为他终究只是地主阶级的政治代表人物。

没有隋末农民群众轰轰烈烈的斗争，就不会产生这样一个局面，不会产生具有太宗、魏徵等的观点的人物。

太宗处理政事之余，对学术文化也很注意。他使颜师古、孔颖达等编撰《九经正义》，对过去的经学作了总结。他关心史书的修订，设立史馆，命群臣编撰晋、梁、陈、北齐、周、隋6部史书。《晋书》《隋书》的编撰都发挥了专家的特长，让星历专家李淳风写天文、律历、五行等志，让博通古今的颜师古、孔颖达等担任纪、传。政府开史馆、集合众手编写前代史书的制度，就是这时开始的。

太宗见书心喜，自己动手写了晋宣帝纪、武帝纪、陆机传、王羲之传的后论。他选择王羲之，是因为他热爱书法，视王氏《兰亭序》的墨迹如珍宝，他自己也写得一手好字，特别会写"飞白"。

武后称制

概况

武则天名曌，并州文水（今属山西）人，唐工部尚书武士彟之女，14岁时被唐太宗选入宫，为才人。太宗死后，入感业寺为尼。高宗李治继位，于感业寺见之，复召入宫，拜为昭仪。武则天素多智计，兼涉文史，巧慧多权数，遂得高宗宠爱。永徽六年（655年），在庶族出身的官僚李义府、许敬宗等人的支持下，被立为皇后，王皇后被废为庶人，武则天开始参与朝政。武则天参与朝政后，王皇后以图谋毒死高宗罪被武则天残杀。反对立武的贞观老臣褚遂良、长孙无忌被贬官流放，长孙无忌自杀。支持武则天的李义府、许敬宗等人皆升任高官。显庆（656—661年）以后，高宗多苦风疾，脑昏头重，目不能视，故百司表奏，多委武则天处理。初预国事，武则天尚能屈身忍辱，奉顺上意。及其得志，武断专权，高宗颇有怨恨。麟德元年（664年），高宗密召西台侍郎、同东西台三品上官仪写好诏书，欲废武后。但当武则天到高宗面前申诉之时，高宗却反悔初衷．将上官仪等处死，待武则天如初。史称此次事变为"麟德之变"。此后，高宗每视朝事，武则天垂帘于后，参与一切政务。时并称武后与高宗为二圣。

武后性明敏，涉猎文史，外事得兼，高宗时实际已手操人主之权。上元二年（675年）四月，年仅24岁的皇太子李弘病死，武则天所生次子李贤继为皇太子。上元三年，病重在身的高宗欲传帝位于则天，被宰相郝处俊谏后作罢。武则天以李贤企图造反的莫须有"罪名"，将其废为庶人，遭幽禁，后被武则天派人暗杀。其后，武则天立其第三子李显为皇太子。

弘道元年（683年）十二月，高宗病死。太子李显继位，即唐中宗，尊武则天为皇太后。中宗年轻气盛，欲让其岳父韦玄贞当宰相，武则天诬陷中宗想把天下交给韦玄贞。遂立其第四子李旦为皇帝，是为唐睿宗，但一切大政均由她以太后身份裁决，独断专行，使"宗室人人自危，众人愤惋"。

率先起来反叛武则天的是李敬业（？—648年），即徐敬业，曹州离狐（山东东明东南）人，参与反叛的还有李敬猷、骆宾王等。光宅元年（684年）九月，他们在扬州起兵，有众10万人。武则天迅速调集30万大军，派李孝逸统率，仅用44天，就平定了叛乱，李敬业、李敬猷、骆宾王等被部下杀死，余党皆平。垂拱四年（688年），唐宗室又起兵反对武则天，亦很快被武则天发兵平定。

武则天在压平扬州、宗室起兵的同时，还采取了其他一些政治措施。684年，改东都洛阳为神都，改唐百官名，如尚书省改称为文昌台，左、右仆射为左、右相；门下省改称鸾台，侍中改称纳言；中书省改称凤阁，中书令改称内史。宰相称同凤阁鸾台三品。御史台分为左肃政、右肃政两台，左台纠察朝廷，右台纠察郡县。690年，僧法明等10人献《大云经》4卷，说武则天是弥勒佛转生，当代唐作天子。武则天颁布《大云经》，令诸州都建大云寺。

接着唐睿宗等6万余人上表请改国号，武则天算是顺从众议，宣布改唐为周，立称号为圣神皇帝。经过36年的经营，武则天终于得到皇帝的称号。武周天授元年（690年）九月初九，武则天宣布改国号为周，改年号为天绶，自称圣神皇帝，正式建立大周王朝。

武则天从690年当皇帝，到705年病重退位，一共当了15年的女皇。

如果从655年她以皇后身份参与朝政算起，到705年病逝为止，前后执政50年。在这半个世纪中，武则天的统治措施，对唐代封建社会经济、政治、文化的发展，产生了很大的影响。

武则天称帝后，厉行残酷的镇压来防止唐臣的继续反抗。她在朝堂放四个铜匦，其中一个收受告密文书。有些告密人，她还亲自召见。她用索元礼、周兴、来俊臣为首的23个酷吏，先后杀唐宗室贵戚数百人，大臣数百家，刺史、郎将以下官不计其数。索元礼、周兴、来俊臣所杀各数千人，其余诸人所杀人数多少不等。酷吏滥杀无辜，到了群情激愤的时候，她也陆续杀一些酷吏来缓和形势，最大的酷吏也不得免。690年，她达到称帝的目的，次年，杀索元礼，流放周兴到岭南，表示滥杀之罪在二人。697年，杀来俊臣。她能控制好亲信，使这些小人的恶行还有一定的限度，基本上不甚损坏当时的政治。

《通鉴》说武则天"虽滥以禄位收天下人心，然不称职者，寻亦黜之，或加刑诛。挟刑赏之柄以驾驭天下，政由己出，明察善断，故当时英贤亦竞为之用"。《通鉴》这个评语是恰当的。武则天的长处，就在于善于选拔人才，委以重任。在她统治时期，朝中有才能的文武大臣，几乎不比贞观时少，她能听谏，也多少有一些唐太宗的风度。她前后任用的主要宰相，如李昭德、魏元忠、杜景俭、狄仁杰、姚崇、张柬之等，边将如唐休璟、娄师德、郭元振等，都是一时人杰。这些人用作将相，使得国家能够保持正常状态，免于内乱外患。她经常留心人才，如张循宪为河东采访使，有疑难事不能解决，请当地一个免了职的小官张嘉贞办理。张循宪回朝，保荐张嘉贞。她召见张嘉贞，任用为监察御史。凭她的明察善断，朝廷上便拥有一批愿为她效力的能臣，所以她成为成功的皇帝。

武则天统治时期，封建经济得到一定的发展，政治上能重视提拔一些有才干的人，广泛扩大封建统治阶级的社会基础，国防也得到加强。唐太宗贞观年间所取得的统一与强盛的成就，在武则天统治的半个世纪里，得到切实的巩固。

但是，武则天在当政时期，用人太滥。她放手招官，固然可以发现、提拔一些人才，但也使官僚机构急剧膨胀，增加了国家和人民的负担。她重用武氏家族和一些谄媚小人，让他们长期担任宰相、尚书、总管等要职，这些人不学无术，贪赃枉法，鱼肉百姓，影响极坏。

武则天崇信佛教，大造佛寺佛像，度人做和尚尼姑，浪费了大量钱财。她造一个"明堂"，高 294 尺。又兴建天枢，高 105 尺，基地周围 170 尺，用铜铁 200 万斤。铜铁不够用，竟征调民间农具充用，这些巨大的浪费，加重了人民的负担。她曾命天下断屠、禁止捕捉鱼虾。禁令实行了七八年，使很多百姓的生计断绝。

武则天晚年放纵武氏亲族集团。侄儿梁王武三思把持朝政，和武则天的男宠张易之、张昌宗等勾结，把朝政搞得混浊不堪。神龙元年（705 年）正月二十二日，宰相张柬之、崔玄晖，中台御史敬晖，司刑少卿桓彦范，相王府司马袁恕己 5 人合谋，诛灭二张，逼武则天交出政权，让中宗复位。正月二十五日，武则天徙居洛阳宫城西南的上阳宫。翌日，唐中宗亲率百官至上阳宫问安，为其母帝上尊号"则天大圣皇帝"。当年十一月初二，即公元705 年 12 月 11 日，虚岁八十二的武则天死于上阳宫的仙居殿。

武则天死后，灵柩在唐中宗李显的护送下运回长安，与唐高宗合葬在乾陵。临终她遗嘱儿子李显为她立一块大石碑，上面不书一字。一生功过，让后人评说。如今这块"无字碑"仍巍然耸立在陕西乾陵前，留给后人许多遐想。

称制历程

永徽初期，唐朝君臣兢兢业业，朝廷大体上相安无事，就是后宫王皇后与萧淑妃相互争宠，高宗两面为难。

原来，太宗生前曾有一小宠姬，生得妖媚艳丽，14 岁进宫，被封为才人。她就是武则天，名曌。高宗做太子时，乘入侍太宗之机，与她偷过情。太宗去世，武才人和许多太宗嫔妃一起被安置在感业寺中为尼。高宗到感业寺烧过了香，便携了武氏进云房叙旧，两人久别重逢，悲喜交集，不由情不自禁，相对哭泣。

这事给王皇后知道了。但王皇后正因妒忌萧淑妃，一想正好可给萧淑妃树一敌手，所以非但不责怪，反而劝高宗把武才人接回宫来，还暗中叫武氏蓄发。武氏蓄发不久，又是一头乌云，便随了内侍回到唐宫。这时她26岁。武氏十分乖觉，见了王皇后，就恭恭敬敬地叩下头去，还说了许多恭维话，王皇后十分高兴。以后，武氏极力巴结王皇后，把王皇后哄得喜欢不尽。王皇后也就常在高宗面前说武氏的好话。不久，高宗封武氏为昭仪。

从此，萧淑妃和王皇后都日益失宠。王皇后见弄巧成拙，十分懊悔，就与萧淑妃联手，与武昭仪争宠。可高宗根本不理她们，只相信武昭仪的话。武昭仪见自己名位已定，又愈来愈受高宗宠爱，就开始了陷害王皇后、争夺后位的阴谋。

武昭仪先百般笼络宫女、女官，每次得到赏赐就全分给她们。这些宫人因为王皇后平时脾气大，不尊重她们，对王皇后素有怨言，如今见武昭仪对她们倾心相交，自然很感激，都乐意为她所用。然后，武昭仪就命受她笼络的宫人暗中监视王皇后，把王皇后的一举一动报告给她。她再添油加醋说给高宗听。可谁知高宗虽然不常与王皇后同房，却也没有废后之意。武昭仪只好另想良计。

机会终于来了。永徽五年（654）十月，武昭仪生了个女孩，王皇后很喜欢，到昭仪宫中看玩。武昭仪心中盘算定当，等王皇后一走，就残忍无情，扼死了亲生女儿，然后再给死婴盖上被子。高宗来了，武昭仪承欢言笑了一会，就揭开被子，装作突然发现死婴，假意啼哭起来，并问左右有谁来过。左右都说："皇后刚刚来过。"高宗听了，勃然大怒，说："皇后杀了我的女儿！"武昭仪乘机大进谗言，于是高宗决意废王皇后。

废立皇后，在中国古代，可是国家大事，必须通过大臣。高宗感到首先要取得执政的舅舅长孙无忌的支持，当夜就带了武昭仪，御驾来到太尉府。君臣在厅上畅饮，饮到高兴处，高宗忽然授长孙无忌的3个儿子为朝散大夫。长孙无忌推辞不过，接受了。这时高宗装作随便的样子，说皇后无子还要妒忌别人。长孙无忌方知高宗此来用意，但他假痴假呆，不接口，旁顾左右而言他。高宗与武昭仪见长孙无忌有意回避，心中不悦，罢席而归。

但高宗还不死心，暗中派内侍送去金银宝器各一车，绫锦10车，讨好长孙无忌。武昭仪又多次支使母亲杨氏到太尉府，祈请长孙无忌立武昭仪为后，长孙无忌不应许。卫尉卿许敬宗也屡去见长孙无忌，劝长孙无忌依允，给长孙无忌狠狠训了一顿。

这时武昭仪又生了个儿子。叫李弘。她得意非凡，非要取王皇后而代之。她命心腹宫女准备了一个木偶，上写高宗姓名与年庚八字，悄悄埋在王皇后宫中，然后便去报告高宗，高宗气冲冲来到王皇后宫中，命内侍挖掘，果然得一木偶，不由大骂王皇后。他不听王皇后分辩，也不顾大臣反对，准备一意孤行，要废王皇后。永徽六年（655年）六月，高宗在武昭仪的撺掇下，下敕禁止皇后母柳氏入宫，把吏部尚书柳奭贬到外州去做刺史。武昭仪又引许敬宗、御史大夫崔义玄、中丞袁公瑜、中书侍郎李义府为腹心，在朝臣中为她活动。瓦岗名将裴仁基之子长安令裴行俭获知高宗执意要立武昭仪为后，认为国家之祸将从此开始，十分焦虑，与长孙无忌、褚遂良商议怎么办。此事被袁公瑜侦知，告发，裴行俭也被贬为外任。

就这样，废立皇后事被长孙无忌等大臣顶了半年多，君臣冲突终于爆发了。

九月，高宗升许敬宗为礼部尚书，表明了要立武昭仪为后的意向。退朝后，召长孙无忌、李世勣、于志宁、褚遂良入内殿议事。褚遂良看出了高宗的意向，对长孙无忌等说："今日召我们，多半为了中宫的事。皇上心意已决。太尉是元舅，司空（李世勣）是功臣，不能让皇上背上杀元舅、功臣的恶名。我起自草莽，无汗马功劳，得居高位，又受先帝顾托，不以死争，有什么面孔去见先帝！"表示由他去力争，阻止高宗废王皇后。于是李世勣称病不入。

长孙无忌、褚遂良、于志宁3人进了内殿，高宗劈面就问："皇后不生儿子，武昭仪有儿子，今朕欲立武昭仪为皇后，怎么样？"褚遂良挺身反对，说："皇后出身名门，是先帝为陛下所娶。先帝临崩时，拉着臣手说：'朕佳儿佳妇，托付给卿。'这话陛下也听到。如今言犹在耳。皇后没有过失，岂可轻废！臣不敢曲从陛下，违背先帝遗命！"君臣不欢而散。

第二天，高宗临朝，正式提废立皇后的事。褚遂良跪奏说："陛下一定要另立皇后，也应慎重从名族中选择，何必立武氏？武氏侍奉过先帝，天下人都知道，实在不妥，后世也要议论陛下！"说完，把朝笏放在殿阶上，脱帽叩头，说："笏还给陛下，放臣归田里。"血都叩了出来。这番话无疑是揭了高宗的丑，高宗恼羞成怒，命令左右将褚遂良撵出去。武昭仪在帘内火上浇油，大声尖叫："何不扑杀此獠！"长孙无忌闻言，急忙出班保奏："遂良是顾命大臣，就是有罪，也不可加刑。"褚遂良才得免难。侍中、太子宾客韩瑗和中书令、检校吏部尚书来济也都涕泣谏阻废王皇后，弄得高宗无法可想。

可就在这时，李世勣背叛了长孙无忌、褚遂良。有一天，他单独去见高宗。高宗向他问计："朕想立武昭仪为后，褚遂良坚持反对，他又是顾命大臣。难道这事就这样算了吗？"李世勣说："这是陛下家事，何必还去问外人。"为高宗解决了难题，高宗主意打定了。许敬宗受到讽示，就在朝房中，肆无忌惮地宣扬："田舍翁多收了10斛麦子，还想换个老婆，何况天子呢！天子要另立皇后，关别人什么事，不要凭空产生异议！"

于是，高宗放开了手脚，贬褚遂良到离长安2400多里的潭州（治所今湖南长沙）做都督，来警告反对另立皇后的朝臣。韩瑗悲泣不已，上疏再谏，说褚遂良是社稷忠臣、大唐的微子，不能远放。影射武昭仪是亡殷的妲己，一旦立为皇后，大唐易姓就不远了。高宗根本听不进去。

十月，高宗下诏说：王皇后、萧淑妃谋行鸩毒，废为庶人。她们的母亲及其兄弟都除名，流放岭南。第七天诏立武昭仪为皇后。十一月初一，举行册立仪式，由李世勣把皇后玺绶授武后，百官在肃仪门朝见新皇后。武后从此走向了中国的历史舞台。

武后生性凶悍残虐，有一个故事很能说明她的这种性格。那还是太宗朝时，她还在做才人。太宗有一匹马名叫狮子骢，性情暴烈，没人能制服它。武才人说："我只要有三件东西，就能制服它。"太宗问："哪三件东西？"武才人说："一条铁鞭，一把铁锤，一支匕首。马不听话，我就用铁鞭抽它；再不听说，就用铁锤锤它；还不听话，就用匕首刺死它。"她是要用这种凶悍残虐的方法来治御臣下，首先遭殃的是废后王氏和废妃萧氏。

高宗内外政事，多与武后商议。武后原有政治野心，又有政治才干，渐渐地骄恣自擅，跟高宗争起权来。高宗被弄得很不高兴，转而想起废后王氏和废妃萧氏的好处来。王皇后、淑妃被废后，囚在冷宫别院。高宗找了一个机会，瞒着武后，去看望王皇后和萧淑妃。只见囚室严密封闭，只留一个壁洞供递送食物，高宗不觉恻然伤心，在室外呼喊："皇后、淑妃在哪儿？"听得高宗声音，王皇后哭泣起来，回答说："妾等得罪，贬为宫婢，哪能还有尊称！"又哀求说："陛下如果还念旧情，使妾等重见天日，乞求名此院为回心院。"高宗应允说："朕自有处置。"

谁知消息走漏，武后知道了，勃然大怒，跟高宗大吵一场，还想了一个狠毒残忍的惩罚王、萧两人的办法，说："叫这两个婆子骨醉！"她矫旨派人将王、萧两人各杖100，然后斩断了两人手足，叫做"人彘"，塞进了酒甏。王、萧两人晓得是武后之谋，萧淑妃大骂："阿武妖猾，到这个地步！我愿下世投生做猫，叫阿武做鼠，扼她的喉！"浸了数日，两人就死了。

来人把萧淑妃的话回了武后。武后又恨又怕，命将已死的王、萧两人的首级割下泄恨，又下令宫中不许养猫。可是她仍经常梦见王、萧两人披发沥血来找她算账，吓得她一再迁居，最后不敢再住在长安，徙居到洛阳。

杀害了王皇后、萧淑妃，武后巩固了在后宫的地位，进一步挟持高宗。高宗昏庸，政事多听她处决，重用武后心腹许敬宗、李义府。许、李两人是唐初出名的奸臣，都在立武后中立了大功。许敬宗出身江东士族，隋末投奔李密。他为人无行，但写得一手好文章，被秦王召补秦府学士。高宗即位，就重用他，代于志宁为礼部尚书；后因嫁女纳贿，被弹劾降职，但很快召入为卫尉卿、加弘文馆学士，兼修国史，不久复职礼部尚书。许敬宗修国史，歪曲事实，凡恨的人，就写得坏，谁贿赂他，就隐去恶事。处理政事更是顺风阿旨，阴附武后。李义府也以善文章著名，也为人阴险奸猾，平时逢人先笑，但一肚子坏水，只要稍有嫌隙就要暗中陷害。当时人都说他笑中有刀，因他阴柔而能害人，人们背后给他起了个绰号，叫"李猫"。高宗拜他为中书侍郎、同中书门下三品，监修国史。

许敬宗为了进一步投靠武后，就在王皇后被害后，立即上奏说太子李忠是庶出的，应废庶立嫡。也就是要改立武后的儿子为太子。李忠是高宗长子，永徽三年立为太子，但是后宫刘氏所生，没有坚强的靠山，他很知趣地主动提出让位。显庆元年（656年），高宗改封李忠为梁王，立武后的长子李弘为太子。从此，武后没有了后宫之忧，集中心思，用驯马法，来对付不合己意的元老勋臣，控制朝臣了。许敬宗、李义府是她的最好帮手。

李义府是个好色之徒。显庆元年，大理寺狱中关进了一个女犯人淳于氏，李义府听说淳于氏很美，就嘱使大理寺丞毕正义枉法放了她，被他收做了小妾。大理卿察觉此事可疑，上奏高宗。高宗诏令给事中刘仁轨覆查。李义府怕毕正义供出他来，就逼毕正义在狱中上吊自杀。侍御史王义方查出了李义府的奸事，就整理了李义府拍马屁的发迹史和奸事，详细报告给高宗。高宗竟大怒，说王义方毁辱大臣，言辞不逊，把王义方撵出京城，贬到莱州做小官，对李义府的罪则不闻不问。如此忠奸不分的高宗正好做了武后剪除异己、揽权专擅的驯服工具。

武后撺掇高宗，升许敬宗为侍中，李义府参加政事兼中书令。许、李两人就迎合武后旨意，诬奏侍中韩瑗、中书令来济勾结褚遂良潜谋不轨。高宗准奏，将褚遂良一贬再贬，韩瑗、来济也被贬为外州刺史。不久，褚遂良、韩瑗忧愤而死。武后在通向执政的道路上，又清除了一个重要障碍。

接着，武后指使许敬宗伺隙构陷长孙无忌。恰巧这时有人告发太子洗马韦季方结党，高宗命许敬宗审理。许敬宗严刑逼讯，要韦季方攀诬长孙无忌。韦季方被逼不过，自杀，没有死成。

许敬宗竟抓住这个机会，诬奏韦季方想与长孙无忌勾结，陷害忠良，伺机谋反，如今事情败露，畏罪自杀。高宗不信，说："舅舅怎么会谋反！"许敬宗说："臣审得详细，反状已清楚，陛下还要怀疑，恐非社稷之福。"高宗不禁哭泣起来，说："我家不幸，亲戚间屡有异志，往年高阳公主与房遗爱谋反，如今我舅舅又是这样！如果事情真是这样，该怎么办啊？"许敬宗说："房遗爱是个乳臭小儿，成得了什么气候。可无忌与先帝谋取天下，做了30年宰相，如果一旦谋发，谁能当得了他。请陛下速做决定。"

高宗仍下不了决心，命许敬宗再去详细审问。次日，许敬宗奏说："昨夜季方已承认与无忌同反。季方供说柳奭曾劝无忌立梁王为太子，如今梁王被废，无忌忧恐，为自安之计，才日夜与季方商议谋反。"高宗相信了，又哭泣起来，说："舅舅果真如此，朕决不忍杀他。杀了他，天下人一定要骂朕，后世一定要骂朕！"许敬宗催促说："古人说：'当断不断，反受其乱。'

安危之机，间不容发。陛下若不早决，臣恐变生肘腋，后悔无及！"

高宗于是不再犹豫，也不召问长孙无忌核实，就下诏削去长孙无忌官职及封邑，押送到黔州安置。又废梁王为庶人，贬柳奭到象州，贬于志宁到荣州。不久，又派人到黔州逼长孙无忌自杀，到象州杀死柳奭。长孙无忌的子孙近亲也被杀的被杀，流放的流放。大唐一代勋臣，在君主专制制度和武后驯马精神下，就这样落得个身死家破的下场。

杀了长孙无忌，还有谁敢违忤武后的旨意。于是武后肆无忌惮，揽权行威。显庆五年（660年）十月，高宗可能患了次小中风，头痛，目不能视，百官奏事，只得都委武后批决。武后人聪明敏锐，涉猎文史，因此所处理的事都能符合高宗意思。于是政权渐渐移归武后，威势与皇帝一样。高宗称天皇，武后称天后，中外称之为"二圣"。

可是武后因此愈来愈骄横，不再奉顺高宗旨意，渐渐不把高宗放在眼里。高宗一举一动都受制于武后，不能自做一点事，他对此愤愤不平，偷偷地召来西台侍郎上官仪商议对策。上官仪说："皇后专恣，天下人都不赞成，废了她。"高宗认为不错，就命上官仪起草了废后诏。

谁知宫中早就布满武后心腹，奔告武后。武后急忙赶来，大吵大闹，吓得高宗畏首畏尾，不敢发出诏书，还说："我初无此心，都是上官仪教我的。"于是武后立即唆使许敬宗诬告上官仪一状，说他串通废太子李忠，阴谋叛逆。高宗这时已毫无主意，一切听任武后。结果，李忠赐死，上官仪处死，凡平时与上官仪有过来往的朝臣士大夫统统贬官流放。

从此，高宗临朝，武后垂帘听政。政事不论大小，官员要升要降，要斩要杀，都由她说了算。天下大权，全归中宫，高宗不过傀儡一个，拱手而已。武后正式登上了中国的历史舞台。

可武后意犹未尽，想进一步独揽朝政。上元元年（674年），她引用了一批文学之士，随侍左右。平时，命他们撰写《列女传》《臣轨》《百僚新戒》等书，藉以从思想上控制和督责臣民；朝廷奏议、百官奏疏，就命他们阅议参决，以分宰相之权。这些学士不经设在皇城的朝官衙门（"南衙"），出入宫城北门，时人称他们为"北门学士"。

武后正在得意逞志时，与亲生儿子发生了冲突。武后生了4个儿子，长子李弘，次子李贤，三子李哲，四子李旦。太子李弘与母亲性情迥异，仁孝谦谨，敬礼大臣朝士，所以很得人心。他多次奏请，违忤武后意旨。武后对他很恼火。李弘有两位异母姐姐义阳、宣城二公主，都是萧淑妃所生，被武后长期幽禁在掖庭，年过30，还未能出嫁。一次，李弘在掖庭见到了二公主，又惊，又可怜，立即奏请高宗，让她们出嫁。高宗应允了。武后得知后，怀恨在心。

当时高宗病发得很厉害，一班逢迎钻营的朝臣提议让武后摄知国政。可高宗接受了中书侍郎郝处俊、李义琰的谏议，要让太子监国。这样，武后要独揽朝政，李弘就成了她的障碍，她再也容不得这个亲子了。

上元二年（675年）四月，武后在合璧宫鸩杀了李弘。高宗正想禅让给太子，得了凶讯，很悲痛，下诏谥李弘为孝敬皇帝。帝子谥皇帝，这是中国史上的第一次。

六月，立李贤为太子，随即又命他监国。不料李贤也与武后性情不合。正议大夫明崇俨以符咒奇术得武后宠信，他揣知武后不喜李贤，就经常密告武后，说李贤长相不好，不能继位，还是英王李哲貌像太宗，相王李旦相贵。宫中还有人议论，说太子是皇后姊韩国夫人生的。这些话传到李贤耳中，李贤心中又疑又怕。武后又命北门学士撰写了《少阳正范》和《孝子传》等书，不断送给李贤，暗寓训斥，还多次自写书信责备李贤。李贤愈加不安，逐渐消沉下去，沉湎酒色。

高宗调露元年（679年）五月，明崇俨奉武后命到长安办事，途中逢盗被杀。武后怀疑是李贤指使的，只是一时查不出证据。永隆元年（680年）八月，东宫司仪郎韦承庆向武后报告，说太子与户奴赵道生等狎戏。武后正苦于找不到太子的岔子，这下就抓住机会召李贤到洛阳训斥，又遣中书令薛元超，裴炎和御史大夫高智周3人负责案查东宫。临行时，又向3人面授旨意。3人带人在东宫搜来搜去，竟在马坊里搜出了数百件黑色甲胄，取为谋反的证据。他们又抓了赵道生，逼他招供受太子指使杀了明崇俨。

3人大功告成，回报武后。武后说："做儿子的心怀逆谋，天地不容，罪不可赦！"要"大义灭亲"，处死李贤。幸亏高宗代子求情，废为庶人，得免一死。第二天，立英王李哲为太子。

次年（681年）十一月，李贤被流放到巴州（今重庆）。李贤在徙所，郁郁不欢，写了一首《黄台瓜词》："种瓜黄台下，瓜熟子离离。一摘使瓜好，再摘使瓜稀，三摘犹为可，四摘抱蔓归。"后来有人把这词抄给了武后。武后越看越觉得这是在讽怨自己，就暗中派左金吾将军丘神勋潜往巴州，逼李贤自杀而死，死时只有32岁。李贤处事明审，很有才干。他曾召集很多学者集体注范晔《后汉书》，在史学史上很有价值。

徐敬业讨武失败

就在武则天一步一步走近皇位的时候，英国公徐敬业在江南起兵反武。

诸武用事，原唐室官吏多受排挤，因此唐宗室人人自危，人情愤怨。不久，在扬州聚集了一批贬官，其中有李勣孙英国公敬业，唐初四杰之一的骆宾王等。他们在扬州相聚，同病相怜，怨恨大发。大家共推敬业为统帅，称匡复府上将，领扬州大都督；故御史魏思温为军师，骆宾王为记室，以匡复庐陵王为名，杀了扬州长史陈敬之，起兵反武。不过10天，聚兵10余万。

接着，由骆宾王起草了《讨武曌檄》。檄文列数武则天"秽乱春宫""残害忠良"等罪状，揭示她"窃窥神器"的野心。

这是篇千古名檄，精彩生动，气韵盎然。武则天边读边微笑，读到"一抔之土未干"，不由惊叹，问侍臣："这是谁写的？"侍臣答："是骆宾王。"武则天说："让这样的人才流落在外，真是宰相的过失。"

武则天召裴炎问计。裴炎因匡复军右司马薛仲璋是他的外甥，不希望兴兵征讨，就对武则天说："皇帝年长，不亲主政事，所以敬业这小子才有了借口。如果太后返政给皇帝，叛众便可不讨自平。"

武则天听了很不高兴，等裴炎走后，又召武承嗣商议。武承嗣认为叛军都是乌合之众，一扫就平。武则天将裴炎的意见告诉武承嗣。武承嗣说："裴炎的外甥薛仲璋参加叛党，所以才说这个话。监察御史崔察说裴炎也参与谋反。"武则天马上召崔察讯问。崔察早受了武承嗣的密嘱，添油加醋说裴炎如果不反，为什么要太后返政呢。武则天深信了，立即逮捕了裴炎。不久，便斩了裴炎，把为裴炎说话的几位朝臣凤阁舍人刘景先、侍郎胡元范、太仆寺丞裴伷先全都流放到边州。

与此同时，武则天命削去敬业祖、父官爵，劈坟斫棺，复本姓徐；并命左钤卫大将军李孝逸为扬州道大总管，侍御史魏元忠为监军，统率10万大军，日夜兼程，开赴江淮前线，征讨徐敬业。

徐敬业起兵后，犯了方向性错误，被武则天赢得了时间。起先，魏思温建议："明公以匡复为名，应该率领大军击鼓行进，直捣洛阳，这样天下义士都知道明公是志在勤王，自然四面响应。"薛仲璋反对，主张南取金陵，说："金陵有王气，又有长江天险可凭，不如先取常、润州，作为基地。然后北图中原，进无不利，退有所归，这才是良策！"魏思温坚持说："山东豪杰都因为武氏专制，愤愤不平，听说明公举事，都自蒸麦饭为粮，举锄作兵器，等待南军北进。不乘这个情势建立大功，反而畏缩，自谋巢穴，远近闻知，谁不解体！"但徐敬业采用了薛仲璋的意见，派左长史唐之奇守江都，自率主力南渡长江，攻占了润州（今江苏镇江）。兵发时，魏思温对右长史杜求仁说："兵势合则强，分则弱。敬业不并力渡淮，收聚山东之众以取洛阳，失败就在眼前了。"等攻破润州、捉住润州刺史李思文，魏思温提议将李思文斩首示众，可徐敬业因思文是他的叔父，不肯听从，只将思文改姓武，关在狱中。魏思温叹说："不顾大义，专徇私情，哪有不失败的，我辈死无葬身之地了！"

就在这时，李孝逸率军进抵泗州（今安徽盱眙对岸）。徐敬业闻报回师北上，暂屯高邮境内的下阿溪，派弟敬猷北上据守淮阴，别将韦超、尉迟恭屯兵都梁山（今盱眙南）。

官军前锋发动进攻，被南军杀得大败。李孝逸首战失利，不敢前进。魏元忠说："天下安危，在此一举。如今大军逗留不进，万一朝廷另派大将军替代将军，将军怎么办？"于是李孝逸引军向前，与南军再战，阵斩尉迟恭。

支度使薛克杨建议一举攻下都梁，说："都梁地形虽险，但兵少，一举攻下，淮阴、高邮必望风瓦解。"行军司马罗艺认为还是改道直趋江都，活捉徐敬业，那时树倒猢狲散，定获全胜。诸将纷纷附和。魏元忠力排众议，说："贼的精兵，都在下阿，这里都是乌合之众，利在一决。敬猷是赌徒出身，不懂军事，一攻即克。乘胜前进，就是韩信、白起再生，也抵挡不住。"

李孝逸听从了魏元忠之计，进击都梁。韦超星夜逃窜，不战自溃。官军进攻淮阴，徐敬猷望风而逃。李孝逸沿运河南下，直扑下阿溪，徐敬业沿溪列营迎战，连战连胜，连斩数将。李孝逸害怕了，想退兵。魏元忠不同意，建议火攻。正好这时南军疲弊，顾望不振。李孝逸因风纵火，大败南军，斩首7000余，溺死者不可胜计。

徐敬业兄弟两人，轻骑逃进江都，带了妻子，奔到润州，弃马登舟，顺流出海，准备去高丽避难。船行到海陵（今江苏泰州），被风所阻。部将王那相突然叛变，杀了徐敬业、徐敬猷、骆宾王及敬业妻子等25人，携首级投降了李孝逸。其余魏思温、唐之奇等余党也全被肃清。徐敬业讨武，只因为有了点私心，希求金陵王气，不过50多天，就失败了。

则天皇帝

武则天利用酷吏苛刑，大开杀戒，有部署地剪除李唐宗室，准备最后登上皇位，垂拱四年四月，武承嗣暗中指使人在一块白石上凿了"圣母临人，永为帝业"8个字，又指使雍州人唐同泰奉表贡献，说是在洛水中得到的。武则天大喜，把这块白石命名为"宝图"。五月，她亲拜洛水，接受"宝图"。又在南郊，告谢昊天，登明堂，受百官朝贺，自称"圣母神皇"。七月，更名"宝图"为"天授圣图"，洛水为永昌洛水，洛水神为显圣侯。吹吹打打，兴致勃勃，要做她的"真命天子"。

唐宗室诸王对此很不安，感到武则天要尽诛宗室，要把李家社稷移授武氏，都内怀匡复之志。八月，琅邪王李冲起兵。原来约定同时响应，结果只有冲父越王贞响应，其余诸王不敢发动。武则天派左金吾将军丘神勣率兵征讨，不过7日，就消灭了李冲。接着，平定越王，李贞自杀。武则天命周兴逮捕了韩王、鲁王、常乐公主等，逼他们自杀，还牵连了许多大臣遭贬，连魏元忠也被流放。

永昌元年（689年）十一月，武则天诏改用周历，就是以十一月为正月。十一月八日，自名为曌，改诏为制。一月，升武承嗣为文昌左相，武攸宁为纳言。通向皇位的道路已经铺平，一个武氏皇朝呼之欲出。

八月，又大杀唐宗室，连两个亲孙子也没放过，诛杀他们的亲党数百家，把宗室几乎全部杀光，幼弱的流放岭南。

同时，武则天组织朝野，为她制造登基舆论。和尚法明等编了一部《大云经疏》，宣称太后是弥勒佛下世，应该替代唐朝做人主。武则天下令全国各州都要建立大云寺，藏一部《大云经》，由高僧向百姓宣讲，为她夺取皇位大造舆论。酷吏傅游艺承旨纠合关中 900 多人，请愿"劝进"，改国号，赐皇帝姓武。武则天假意不许，但提升傅游艺为给事中。于是，太后之意，路人皆知。文武百官，远近百姓、和尚、道士等 6 万多人按傅游艺请愿内容上书。声势浩大，连皇帝李旦也吃不住压力，上表自请赐姓武。喧喧嚷嚷，闹了一个多月。

九月九日，武则天登则天楼，宣布大赦天下，改国号为周，改元天授，自称圣神皇帝，做了中国历史上第一个女皇帝。后来，中宗复位，尊她为则天大圣皇帝。但是，武则天宠佞臣，信谗言，朝廷气氛日益败坏。

广延人才

武则天镇压了旧朝廷的势力，同时急需培植新朝廷的势力，因此，不拘一格，放手招官，广延人才。

武则天很重视科举。科举的考生，一是来自学馆，叫"生徒"，一是来自州县的推荐，叫乡贡，或贡生。以往，州县的奏呈，总是把贡物开列在前面，而贡生则写在后边。武则天把贡物与人才的关系倒置过来，把贡生放在首位，以示朝廷更重视人才。她做了皇帝，亲自考问举人，破格录用，称为"殿试"。原来，只开文科选士，武则天又增开武科，扩大选官的范围。武则天广开科举，仍恐埋没人才，又诏令臣民皆可"自举"，有所专长，均可录用。这样还不放心，又派出使者四出网罗，致使确有才能的一些落第举子、有能之士，也被选拔来做官了。

当时，朝廷上下，人才济济。武则天，凭借自己的明察善断，在大批贤才志士中遴选出许多出色的将相，委以国任。如宰相李昭德、魏元忠、杜景俭、狄仁杰、姚崇、宋璟、张柬之，以及边将唐休璟、娄师德、郭元振等，都是一时的人选。故而即使在群奸、酷吏出入宫廷的不正常情况下，整个国家仍然保持正常状态，不但免于内忧外患，而且经济、文化都有较大发展。这同武则天的政略不是没有关系的。

武则天重视和发掘人才的故事很多。

相传，武则天看到一篇叛乱者的文告，叫《讨武曌檄》。曌，音照，是武则天造的 19 个怪字之一。曌是会意字，意为日月当空。武则天取以为名，喻意自己称帝，犹如日月经天。檄文气势磅礴，文辞犀利，数其罪行，揭其隐私，淋漓尽致。武则天从容悦色地读着，当读到"一抔之土未干，六尺之孤安在"（意指高宗新死，中宗即被废黜幽禁），"试看今日之域中，竟是谁家之天下！"她问道："何人所为？"左右答曰："骆宾王。"骆宾王是位难得的才子，时与王勃、杨炯、卢照邻以诗文齐名，同为初唐四杰。他一生仕途坎坷，郁郁不得志。其诗文亦多悲愤之词。武则天感慨地说："这样的人才，怎能使之流为叛逆！这是宰相的过错啊！"

武则天广延人才，不分贤愚，均予位置，故正员数额不足，又广置员外官，以致出现了这样的政治笑话：

御史台（府），有个令史骑着毛驴到府里去办公。令史是个地位低下的小吏。府门内正中几位御史聚立着，他没有下驴，就一冲而过。御史们大怒，齐声喝着要打他。令史忙说："各位大人息怒，今日的过错都怪这愚蠢的驴子。且先让我责备它的过错，然后大人们再打我也不迟。"御史们答应了。令史就责骂那驴子说："蠢驴！蠢驴！你有何能？你有何技？你神志昏昏，你行动迟迟，如此伎俩，怎敢混入御史行里！"这些御史们本来都是滥竽充数的，遂羞愧而散。

开元盛世概况

自神龙元年（705 年）唐中宗即位至先天二年（713 年）唐玄宗初即位的 8 年中，更替了 4 个皇帝，政局紊乱。这 8 年是从武则天退位至唐玄宗"开元之治"的过渡阶段。

唐中宗名显（656—710 年），是武则天第三子。长安四年（704 年）武则天被迫退位，李显重新即位，韦氏再为皇后，干预朝政，如同武则天为皇后时的作为。中宗每次临朝，韦后都垂帘听政。桓彦范上表劝阻，被中宗拒绝。韦后为扩大权势，以她为首形成了一个韦武集团。韦武集团的骨干分子是上官婉儿和武三思。中宗复位后，晋封上官婉儿为昭容（女官名），叫她负责起草诏书，参与朝政。武三思，武则天之侄，被拔擢为春官尚书。韦武集团是由武氏集团和韦后的亲属、亲信构成的。他们掌握大权，中宗被韦武集团包围。韦武集团将发动政变逼迫武则天退位的张柬之、敬晖、桓彦范等人视为仇敌。

神龙元年（705 年），武三思与韦后反复对中宗进谗言，以敬晖为平阳王，桓颜范为扶阳王，张柬之为汉阳王，袁恕己为南阳王，崔玄晖为博陵王。翌年五月，又将 5 人的王位削除，分别贬为崖州司马、泷州司马、新州司马、窦州司马、白州司马。当年八月，又削除 5 人之官位，分别流放至琼州、瀼州、泷州、环州、古州。5 人之子弟凡年 16 岁以上者，皆流岭外。接着武三思又派人至贬所杀害他们。其时，张柬之、崔玄晖已死，其他 3 人惨遭折磨致死。安乐公主为中宗、韦后所宠爱，她凭借这点卖官鬻狱，无所不为。为了卖官和为罪犯开脱，甚至自己写好皇帝的诏旨，将文字掩盖，让中宗在上签署，中宗"笑而从之，竟不视也"。

皇太子李重俊，中宗第三子，是后宫宫人所生，韦后恶之，阴谋废黜太子。景龙元年（707年）七月太子李重俊与左羽林大将军李多祚和将军李思冲、李承况、独孤祎之、沙吒忠义等，冒皇帝命发羽林军骑兵300余人，杀死武三思、武崇训及其党羽10余人。接着，攻入太极宫，中宗、韦后、安乐公主、上官婉儿登上玄武门楼，令右羽林大将军刘景仁率飞骑百余人屯于楼下护卫。中宗在门楼上对李多祚所率羽林军说：汝辈皆朕宿卫之士，何为从多祚反，若能斩反者，勿患不富贵。于是，李多祚的部下斩李多祚、李承况、独孤祎之、沙吒忠义等。太子李重俊逃往终南山，至户县西，被其左右杀死。

景龙四年（710年）六月，散骑常侍马秦客、光禄少卿杨均与韦后、安乐公主合谋毒死中宗。中宗死后，韦后封锁消息，总管朝政；调集各地士兵5万人守卫京城，命令自己的亲属韦捷、韦灌、韦璿、韦锜、韦播等分别统领；任命亲信张嘉福、岑羲、崔湜任宰相。太平公主（唐高宗女）和上官婉儿起草遗诏，立中宗第四子李重茂为皇太子，韦后临朝称制。准备效法她的婆婆武则天做历史上的第二个女皇。这时，武则天的第四子李旦还有一定的势力。李旦的第三子李隆基英武多谋，十分痛恨韦党专权，暗中召集智勇之士，广结左右羽林军将士，图谋除韦，振兴唐室。李隆基联合姑母太平公主发动政变，率羽林军万骑，抢在韦后准备对自己动手之前，攻入皇宫，将韦后及其党羽一网打尽。接着，由太平公主出面，恢复了睿宗李旦的帝位，李隆基也因功被立为太子。

公元712年，睿宗让位给太子，李隆基即帝位，这就是唐玄宗。改元先天，尊睿宗为太上皇。但三品以上官员的任命以及重大军国行政仍由睿宗决定。当时，太平公主的势力十分强大，可以左右朝政。宰相7人，有5人是她的亲信，文武大臣，大半依附她。太平公主对李隆基占据皇位非常不满，便同宰相窦怀贞、萧至忠等人密谋策划，另立新君。

唐先天二年（713年）七月三日，玄宗得知太平公主及其党羽将于第二天发动政变的密报，马上采取紧急对策，派兵杀太平公主及其党羽数十人，依附太平公主的官吏尽被黜逐。至此，唐朝政局才稳定下来，唐玄宗掌握了全部权力。十二月，改元开元。

唐玄宗在位44年，分前后两个时期，前期为先天（712—713年）和开元（713—741年），后期指天宝（742—755年）时期。在武则天统治的晚年和唐中宗、唐睿宗时期，政治昏暗，弊端丛生。针对这种情况，唐玄宗在开元年间任用改革家姚崇、宋璟等人，进行了整顿和改革，并取得了显著的效果。

首先是裁汰冗官，整顿吏治。武则天以来，放手招官，唐中宗、韦后、安乐公主等更是公开卖官，滥置的员外、同正、摄、检校、判、知等官，多达数千人，这大大增加了国家开支，加重了人民负担，使吏治败坏。玄宗即位，"大革奸滥，十去其九"。裁减冗官数千人，停废闲散诸司、监、署10余所，精简了庞大的官僚机构，节省了开支，提高了行政效率，澄清了吏治。在此基础上，唐玄宗注重职官的铨选，强调以功、以才授官。他尤其重视直接监民的县令的选任，开元四年（716年），唐玄宗对吏部选用的县令，亲加复试，有45人因不合格而被淘汰。唐玄宗还加强了对官吏的考核，规定每年十月，各道按察使对地方官吏循名责实，进行政绩考核，作为黜逐的根据。这些做法，对澄清吏治起到了很好的作用。

其次，抑制食实封贵族。唐初，规定食实封的贵族，国家按食实封的户数将课户拨给封家，租调由食实封贵族派人征收。唐初食实封的贵族不过20—30家，封户多的也不过千余户。但是，到唐中宗时，封家增至140家以上，控有的农户多的达万户。国家大部分租调为封家所侵吞。而且，封家的官吏、奴仆到地方征收租调，往往对农户进行勒索、多取财物，有的以租调做买卖、放高利贷，增加剥削量。这又大大加重了农户的负担，使许多农户破产逃亡。唐玄宗于开元三年（715年）规定，封家租调由政府统一征收，送于京师，封家在京城领取，禁止封家直接到农户催索，禁止放高利贷。这缓和了社会矛盾，增加了国家收入。以后，唐玄宗又规定，凡子孙承袭实封的，户数减2/10，这项规定与由政府征收农户租调，对食实封贵族的势力起了抑制作用。

第三，压抑佛教。武则天统治时期大力提倡佛教，兴建了众多佛寺，不少人削发出家。唐中宗、唐睿宗时，佛教势力继续发展，使僧尼人数大增，全国约有10万人。僧尼不服役纳税，建寺造像耗费巨大，影响了国家的财政收入，也给人民造成很大痛苦。开元二年（714年），唐玄宗接受姚崇建议，"命有司沙汰天下僧尼，以伪亡还俗者万二千余人"。并下令"自今所在毋得创建佛寺"。禁止民间铸佛像、抄写佛经。还没收各地寺观法外多占田地，给欠田农户耕种。

第四，发展农业生产。唐玄宗开元年间在发展农业生产方面采取了一些措施，首先，针对三辅地区"诸王公权要之家，皆缘渠立硙，以害水田"的情况，唐玄宗诏令（李）元纮"令吏人一切毁之，百姓大获其利"。其次，灭蝗止灾。在开元三年、四年，山东、河南、河北等地连年发生蝗灾，而一些官吏认为杀蝗有祸，"民或于田旁焚香、膜拜，设祭而不敢"。唐玄宗接受了姚崇的建议，"遣御史督州县搏而瘗之"，大大减轻了蝗灾。再次，为发展农业生产，又在河东道、关内道、河南道、河西道、陇右道、河北道、剑南道等地，大兴屯田，是时全国有992个军屯，垦田面积有500万亩左右。从武则天以来，均田制逐渐被破坏，土地兼并、农民逃亡现象日益严重，为此，唐玄宗于开元九年（721年）派宇文融为劝农使到全国各地检括逃户和隐田，括出80余万客户和不少田地。唐政府对这些客户每丁税钱1500，免6年租调徭役，由各州安插于均田土地上。这多少改变了占田不均的情况，有缓和阶级矛盾、促进农业生产发展的积极作用。

第五，整顿财政，提倡节俭。自唐高宗以后，官僚机构日益膨胀，军队增多，统治者生活奢侈，使国用日益不足。唐玄宗即位后，三令五申，提倡节俭。他销毁金银器玩，规定后妃不许服珠玉锦绣。在节用的同时，唐玄宗十分重视开源，增加财政收入。括田括户，增加了国家的财赋收入。开元初年，规定地税每亩纳粟二升，并使户税成为定制，这增加了富户的税额。至开元中，将部分编户负担的杂徭，普遍改为纳钱代役，这不仅使劳动者的人身依附进一步松弛，而且也增加了国家的收入。

经过开元年间的改革，唐玄宗统治下的唐王朝进入了全盛的时期。

唐玄宗开元年间，出现了经济繁荣，社会比较安定，文化昌盛，国力强大的局面，达到了唐朝繁荣的高峰。

社会生产经过从唐高祖、唐太宗至唐玄宗100多年的恢复发展，达到了新的高峰，粮食布帛产量丰多，是时"四方丰稔，百姓殷富"，国家仓储盈满，以至"左右藏库，财物山积，不可胜较"。诗人杜甫在《忆昔》诗中描写开元时期繁盛情况时说道："忆昔开元全盛日，小邑犹藏万家室。稻米流脂粟米白，公私仓廪俱丰实。九州道路无豺虎，远行不劳吉日出。齐纨鲁缟车班班，男耕女桑不相失"。此诗虽有些夸张，但它在一定程度上反映了当时的社会状况。

在生产恢复发展的基础上，开元年间物价较为低廉平稳。开元十三年（725年）"东都斗米十五钱，青、齐五钱，粟三钱"。此后，直至天宝末年，物价长期稳定，"两京斗米不至二十文，面三十二文，绢一匹二百一十二文"。物价低廉平衡对社会的安定有着积极的作用。

唐朝户口亦逐渐增长。在武德年间，全国有户200万，贞观时增至30万，唐高宗永徽三年（652年）上升至380万户，武则天末年神龙元年（705年），全国有户615万，有口3714万。而到开元、天宝年间，人口增加更快，在天宝十四年（755年），全国户增至891万，口达5291万，这是唐朝人口统计的最高数字，由于有相当数量的逃户不在簿籍，所以政府统计的户口数比实际户口数要低。据杜佑估计，天宝年间全国实际户数至少有1300万至1400万，按一户5口计算，唐朝全国约有6000万至7000万人。垦田面积据其估计约有800万至850万顷左右。

开元年间，一大批文学家、史学家、艺术家、科学家涌现出来了，著名的有诗人李白、杜甫、王维、孟浩然、崔颢、王昌龄，书法家颜真卿，画家吴道子、李思训，音乐家李龟年，史学家刘知几、吴兢，科学家一行。使开元年间的文化呈现出空前繁荣昌盛的景象。

开元年间，唐朝国势强盛。开元五年（717年），唐朝从契丹手中收复辽西21州，重置营州都督府，漠北拔也古、新罗、回纥等都重新归顺唐朝。在西北，唐朝收复了碎叶城；并打败了吐蕃、小勃律，通往中亚的道路重新打开了，唐朝对西域的主权恢复了，唐朝的声威远播西亚。日本、朝鲜半岛同唐朝的联系日渐频繁。

"开元盛世"，是唐朝百余年社会经济发展的结果，是广大劳动人民辛勤劳动所创造的。它的出现，与唐皇朝统治者有关，但是随着唐玄宗的统治趋向腐败，各种社会危机也就进一步暴露出来了。

安史之乱

概况

唐朝前期，军事方面上承隋及北周，实行府兵之制。为了保卫唐朝中央政府所在地的长治久安，府兵的军府多数设于关中，"举天下兵不敌关中"，形成了居重驭轻的形势。府兵由百姓中简点，轮番服役，担任宿卫及征防。有事出兵则由朝廷命将统率出征，战争结束则兵散于府，将归于朝，这样，就不会有边将拥兵自重的情况。睿宗时期，始于边境设置节度使，统领边防军镇，逐渐成为常设的地方军事长官。玄宗时期，边烽日警，为控制和防御周边少数民族，节度使数目增加到 10 人。此时府兵制已逐渐瓦解，朝廷宿卫不给，用招募的"彍骑"（长从宿卫）以代替番上的府兵。边军也由自愿长留成边的"长征健儿"充当，不再由内地调发。节度使统领"健儿"组成的长驻边军，对外作战，对内镇抚，军权越来越重。不仅如此，节度使还往往兼管区内的支度、营田等使，集军、政、财等大权于一身。此外，节度使最初由胡族将领来担任。天宝中，宰相李林甫为了巩固自己的地位职权，"志欲杜出将入相之源"，进一步造成胡族武人长期专兵的情况。天宝后期，朝廷政治日益腐败，中央军备日益松弛，外重内轻、尾大不掉的局面也因此形成。安禄山便在这样的形势下起兵叛唐。

安禄山和史思明都是营州（治今辽宁朝阳）一带的杂种胡人。均通晓边境少数民族语言，而且骁勇多机智。做过互市牙郎，后都成为幽州节度张守珪手下的捉生将。安禄山升任平卢兵马使时，以贿赂结交唐廷派往河北的使臣博得玄宗的称许。以后又因善于谄媚逢迎，骗得玄宗和杨贵妃等人对他的信任支持。唐朝河朔一带由于贞观以后东突厥的败亡迁徙，在开元天宝年间逐渐成为一个诸多民族杂居的复杂"胡化"区域。出身胡人，熟悉民族风俗习惯而又多权术智计的安禄山，便被唐朝廷看作是羁縻统治这一复杂地区和抚绥周围少数民族、安顿边境的最合适人选。为此安禄山于天宝元年（742 年）从营州都督被升为平卢（今辽宁朝阳）节度使；天宝三载，兼范阳（今北京）节度使，河北采访使；十载，又兼河东（今山西太原西南）节度使。一人而身兼三镇，掌握了今河北、辽宁西部、山西一带的军事、民政及财政大权。天宝十一载，史思明也由于他的推荐被任命为平卢兵马使。

安禄山利用唐朝廷对他的信任，不断扩充实力。他曾利用征战和欺诈的手法镇压契丹、奚等少数民族，并借北机会将同罗、奚、契丹降人8000收至麾下，养为假子，称"曳落河"（胡语，意为壮士），皆骁勇善战。又贮备战马数万匹，多聚兵仗，分遣胡商至各处经商致财。天宝十四载，又请以番将32人代汉将，组成一个以少数族武人为骨干有汉族失意文人参加，并为其出谋划策的武装军事集团。

安禄山在经过长期的准备之后，兵力雄厚。他深知长安朝廷腐朽、兵力虚弱的内情，又因与宰相杨国忠争权，于是在天宝十四载（755年）十一月，以讨杨国忠为借口，发所部汉、同罗、奚、契丹、室韦兵共15万众，号称20万人，在范阳起兵。

安禄山起兵后，河北州县，望风瓦解，守令或逃或降，或被擒杀，没有敢抵抗的。叛军军锋迅速指向洛阳（今河南洛阳东）。消息传到朝廷，唐玄宗相信杨国忠的话，以为叛乱很快就会平息。于是派大将封常清至洛阳，开府库募兵，旬日间即募得6万人。但常清所募兵皆市井之徒，没经过训练，在与安禄山的军队激战中，很快就被打败，洛阳失陷。安禄山纵兵杀掠，封常清与驻屯陕州（今河南三门峡西）的大将高仙芝一起退守潼关（今陕西潼关东北）。玄宗听信监军宦官边令诚的诬告，杀死高、封两人，起用病废在家的大将哥舒翰统兵赴潼关。第二年（756年）正月，安禄山在洛阳称大燕皇帝，命令部将史思明经略河北。

洛阳失陷后，常山（今河北正定）太守颜杲卿与平原（今山东陵县）太守颜真卿起兵征讨安禄山，并号召诸郡响应。河北人民不堪忍受叛军的残暴行为，纷纷自发组织队伍，多则两万，少则万人，抗敌自保。这时玄宗已下诏欲亲征，令朔方、河西、陇右等镇节度使率兵勤王。于是唐朝大将郭子仪、李光弼率朔方军步骑一万东征河北。李光弼分兵先出井陉（今河北　陉北），与史思明的军队在常山相持不下。后与郭子仪合兵，趁史思明军疲惫懈怠之机，大破之于嘉山，斩首4万级，捕虏千余人，史思明狼狈逃奔于博陵（今河北高阳西南）。战争的胜利鼓舞了唐军的士气，河北民众也参加到郭、李军中，河北10余郡多杀叛军守将，重归朝廷，切断了安禄山军队前后方的联络，使家在范阳的叛军将士军心动摇，安禄山甚至想放弃洛阳逃还老巢，唐朝很有讨平叛乱的希望。但杨国忠疑心驻防潼关的哥舒翰，不采纳他据险坚守以待敌内变和由郭子仪、李光弼引兵北取范阳，覆敌巢穴的建议，怂恿玄宗促令哥舒翰出兵收复陕洛。是年六月，哥舒翰被迫出兵，与敌将崔乾佑战于灵宝（在今河南省西部）西原，结果被打得大败，唐20万大军一战覆没，潼关失守，哥舒翰也被擒，投降了安禄山。

潼关陷落后，长安震动，玄宗仓皇逃往成都，行至马嵬驿（今陕西兴平西），军士兵变，杀杨国忠，玄宗被迫缢杀宠幸的杨贵妃。马嵬民众遮道留玄宗，玄宗却没答应。太子李亨留下后，遂即奔往朔方节度使所在的灵武（今宁夏灵武西南），依倚朔方军。同年七月，太子即皇帝位于灵武，这就是肃宗，改元至德，遥尊在成都的玄宗为上皇天帝。

安禄山派部将孙孝哲进入长安，自己仍留洛阳。叛军在长安搜捕、屠杀皇亲国戚及百官的家属和安禄山的政敌等，对投降的官僚则授以官爵，送至洛阳。又大肆搜刮坊市民财，搞得民间怨愤不安。百姓日夜盼望唐军的到来。他们时常杀叛军官吏，使叛军穷于应付，连长安西门以外都控制不住。叛军此时声势虽炽，"西胁河陇，南侵江汉，北割河东之半"，几乎占领了北半部中国。但安史将领都粗猛没有远略。只知道日夜饮酒，且专以声色财贿为事，已无再进取之意，使唐军得到了重新整备、调集兵力的机会。

在此前后，唐将领鲁炅守南阳，与叛军相持一年之久（至德元年五月到二年五月），后退守襄阳，阻挡了叛军向江汉地区侵扰的道路。填源（今河南鹿邑）县令张巡在吏民的支持下，转到雍丘（今河南杞县）坚守10个月，最后到睢阳与太守许远合兵，在矢尽粮绝与朝廷音讯不通的情况下仍苦守10个月（至德元年十二月到二年十月），保卫了江淮地区。睢阳失陷后，张巡等壮烈牺牲。鲁炅、张巡等的抗敌斗争，牵制了安史的兵力，使他们无法向南方发展，也使唐军赢得了时间，并保障了江南财赋对唐朝廷的源源不断补给。

长安失陷后，郭子仪、李光弼奉命率步骑5万自河北至灵武，壮大了朝廷的声势。河西、北庭、安西等道的兵也前来会合。唐廷又得到回纥、于阗及西域各族的援助。至德二年（757）正月，安禄山被他的儿子安庆绪杀死。李光弼坚守太原（今山西太原），史思明攻之不克，屡为所败。郭子仪也收复了河东（今山西永济蒲州镇）郡。这时大臣李泌提出了先取范阳，覆叛军巢穴，以免叛军势焰复炽的建议。但肃宗急于收复两京，未能接受他的意见。这年九月，肃宗使广平王李俶（后为唐代宗）与郭子仪统朔方军及借来的回纥、西域兵共15万自凤翔（今陕西凤翔）出发，攻克长安，十月收复洛阳，安庆绪逃往邺郡（相州，今河南安阳）。留在范阳的史思明收复残兵，为安庆绪所忌，率领所统13郡及兵8万降唐，唐封他为归义王，任范阳节度使。但唐廷对他不放心，暗中策划消灭他。事泄，史思明遂反，与安庆绪遥相呼应，战事又起。

乾元元年（758年）九月，唐朝派郭子仪、李光弼等九节度使统兵20余万（后增至60万）讨伐安庆绪，声势虽大，但无统一指挥，肃宗以宦官鱼朝恩为观军容宣慰处置使以统辖之。初期还有进展，包围了邺城，次年三月，史思明率兵来援，焚夺唐军粮草，致使唐军缺乏粮草。不久接战，唐军60万众溃于城下，各归还本镇。史思明杀安庆绪，因到范阳，称大燕皇帝，九月，复攻占洛阳，上元二年（761年）二月，李光弼攻洛阳失败，三月，史思明为其子史朝义所杀，叛将士离心，多次为唐军所败。宝应元年（762年）十月，唐使仆固怀思再借回纥兵收复洛阳，并乘胜追击。史朝义奔莫州（今河北任丘北），次年正月，史朝义想亲自到幽州发兵救援，至范阳，为部下所拒，欲北奔奚、契丹，为部将李怀仙追及，穷迫自杀，历时7年零两个月的安史之乱，此时才宣告结束。

安史之乱是唐朝由盛而衰的转折点。在这次动乱中，中国北方地区的人民遭受了一场空前浩劫，社会经济也受到严重破坏。后来战乱虽然平定，但安史降将田承嗣、薛嵩、李怀仙等却均被朝廷安置于河朔一带任节度使，藩镇割据的局面开始形成。此后内地也相继设立节度使，与中央相抗衡，造成中央与藩镇及藩镇与藩镇之间连绵不断的战争。此外，由于战乱中朝廷曾内调河西、陇右的边防军队以讨安史，因此边备空虚，吐蕃趁机入侵，唐朝不仅丧失了对西域的控制，而且连关中也不能保证安全，终使唐朝中央政府日益陷入困境。

战乱背景及过程

唐玄宗后期政治的腐败，导致了安史之乱的爆发。

开元后期，玄宗陶醉于已经取得的成就和经济的表面繁荣，不思进取，怠于国事。他委政于口蜜腹剑的李林甫和贪权纳贿的杨国忠，自己迷恋于声色，过着安逸淫乐的生活。

李林甫是历史上有名的奸相，他任宰相19年（734—752年），忌贤妒能，玩弄权术，他通过勾结玄宗宠爱的武惠妃和大宦官高力士，刺探玄宗的动静而投其所好，取得宠信。他为了防止文臣"出将入相"，威胁自己的权势，向玄宗建议用胡人蕃族为节度使。所以，安禄山、高仙芝、哥舒翰等相继被提拔为节度使，使他们掌握兵权，为安史之乱埋下了隐患。

武惠妃死后，唐玄宗将其子寿王李瑁的妃子杨玉环召入宫中，封为贵妃，宠爱无比。从此，玄宗更加沉溺于酒色之中，过着奢侈糜烂的生活。宫中有700织锦刺绣的工匠和数百雕刻熔造的工匠专为杨贵妃制作异服奇器，并为她在骊山华清池专辟温泉浴池。天宝十一年（752年）李林甫病死，杨国忠继任为相。他是杨贵妃的堂兄，系流氓无赖出身，依裙带关系起家。他与李林甫一样，最大的本事是献媚唐玄宗。他身兼40余职，专横跋扈，贿赂公行。为了供唐玄宗享乐挥霍，他大肆搜刮全国钱财，把各地征调的粟帛，统统运到京师，积储于中央的左藏库。当唐玄宗率领百官看到堆积如山的粟帛时，以为唐王朝富庶无比，已经到了取之不尽、用之不竭的程度，更加视金帛如粪土，赏赐无限度。曾把全国一年的贡物全部赏给李林甫，杨氏家族得的赏赐也不计其数，仅杨贵妃的3个姐姐每年得到的脂粉钱就有上百万。

唐玄宗天宝十四年（公元755年）兼领范阳、平卢、河东三镇节度使的胡人安禄山，与其部将史思明发动叛乱，一度攻陷洛阳、长安。这次动乱，史称"安史之乱"。经过8年，叛乱才被平息。安史之乱标志着唐朝在政治、军事上由盛转衰。

安禄山是营州柳城（今辽宁锦州）杂胡，曾为幽州节度使张守珪的捉生将。安禄山"性巧黠"，善揣人意。由于残酷镇压奚、丹等族的反抗斗争，受到唐玄宗的赏识。天宝元年（742年）擢为平卢节度使，天宝三年（744年）兼范阳节度使，至天宝十年（751年）又兼河东节度使。他身兼三镇，"赏刑己出，日益骄恣"，又见唐朝"武备堕弛，有轻中国之心"。便招兵买马，笼络众心，阴谋起兵推翻唐朝的统治。

安禄山的同伙史思明，也是杂胡，早与安禄山为密友，安禄山起兵时，史思明已官至平卢兵马使。

天宝十四年十一月，安禄山以诛杨国忠为名，率兵15万从范阳南下。是时，唐朝军备废弛，叛军所过州县，官兵望风瓦解。安禄山军迅速渡过黄河，又连败唐军，攻陷陈留、荥阳；十二月陷洛阳，直叩潼关。天宝十五年（756年）正月，安禄山在洛阳即皇帝位，国号大燕。

叛军过河北之后，常山（今河北正定）太守颜杲卿、平原（今山东德州）太守颜真卿等17郡地方官起而讨伐叛军，兵力达20万人，使安禄山在河北控制之地只剩下6郡。马嵬之变后，史思明率叛军攻破常山，杀颜杲卿，许多州县又被攻陷。不久，唐朝大将郭子仪、李光弼率军由山西出井陉，在河北大败史思明，河北10余郡复归唐朝，断绝了叛军返回范阳的道路。但是，腐败的唐朝廷，逼迫防守潼关的哥舒翰出战，结果大败。六月，潼关失守，哥舒翰被俘，叛军西攻长安。在长安失陷之前，唐玄宗仓皇出逃。至马嵬驿（今陕西兴平西），将士兵变，杀杨国忠，逼唐玄宗缢杀杨贵妃。马嵬之变后，唐玄宗逃至成都，太子李亨则去朔方，在灵武即皇帝位，尊唐玄宗为太上皇，改元至德，是为唐肃宗。郭子仪、李光弼在潼关失守后，收兵退入井陉，河北郡县又尽为史思明所占。

叛军取得了军事上的胜利，但并未得到人民的拥护，内部又矛盾重重。坐镇洛阳的安禄山及其部将，"日夜纵酒，专以声色、宝贿为事，无复西出之意"。安禄山恣行暴虐，导致众叛亲离。至德二年（757年）正月，安禄山之子安庆绪杀父自立，屯驻范阳的史思明拥重兵不听调遣，叛乱集团分裂了。趁此机会，郭子仪率唐军在回纥军的帮助下，于九月收复了长安，十月攻下洛阳，安庆绪败守邺城（今河南安阳），十二月，史思明迫于形势，以所部13郡及8万兵降唐，叛军势力进一步削弱。

乾元元年（758年），唐肃宗和李光弼怕史思明再反，密谋杀死史思明，事泄。十月，史思明起兵再反，并与安庆绪遥为声援。郭子仪、李光弼等九节度使率

20万唐军围攻邺城，史思明将精兵5万救援，大败唐军。乾元二年（759年）三月，史思明杀安庆绪，四月，史思明在范阳称大燕皇帝。上元元年（760年）叛军再次攻陷洛阳，并企图西入潼关，内部又发生分裂，史思明被其子史朝义杀死。

宝应元年（762年），唐肃宗死，太子李豫即位，是为唐代宗，他再次借兵回纥，讨伐史朝义。唐军收复了洛阳、郑州等地，史朝义节节败退，逃往河北。河北叛将见大势已去，不听史朝义指挥，纷纷降唐。广德元年（763年）正月，穷途末路的史朝义自缢而死。这样，历时8年之久的安史叛乱终于平息。

安史之乱对唐朝影响极大。持续8年的叛乱，使社会经济遭到了严重的破坏，户口大减。战斗最激烈的河南地区，"人烟断绝，千里萧条""洛阳四面数百村县，皆为丘墟""汝、郑等州，比屋荡尽，人悉以纸为衣"。唐玄宗天宝末年，全国有户约900万，至唐肃宗上元元年（760年），仅剩130万，唐朝元气大伤。

安史之乱，破坏了唐朝的统一局面，中央集权遭到削弱。安、史降将被任命为节度使，内地军将、地方长官亦被委任为节度使，形成了地方的藩镇割据。安史之乱，不仅暴露了唐朝衰弱的国力，同时又进一步削弱了唐朝的力量，使唐朝在以后的民族冲突中，处于被动局面。唐朝中央政权再也无力改变和扭转地方分裂趋势了。

安史之乱，激化了唐朝社会的各种矛盾，成为唐朝社会生产由发展到停滞、进而衰落的转折点，是唐朝国家从中央集权、统一到地方分裂割据的转折点，它也是唐朝社会阶级矛盾从比较缓和到逐渐激化的转折点，它还是唐朝在民族关系中从主动到被动、退守的转折点。总之，以安史之乱为分界线，唐朝从前期进入了后期，它由盛转衰了。

唐朝自安史之乱后，河朔三镇形成半独立状态，内地节度使亦多仿效。宪宗时一度打败藩镇的反抗，但并没有真正统一。穆宗时卢龙镇朱克融之乱，河朔三镇故态复萌。黄巢起义后，唐廷为了镇压起义，利用各地藩镇的兵力，致使各地藩镇的力量日益加强。黄巢起义虽然被镇压下去，但唐朝的力量也大为削弱。旧藩镇未去，在镇压黄巢起义过程中壮大起来的武将，又成为新的藩镇。这些新藩镇分布在南北各地：李昌符据凤翔府（今陕西凤翔）；李茂贞据兴元府（今陕西汉中）；李克用据太原府（今山西太原）、上党；王重荣据蒲州（今山西永济）、陕州；孟方立据邢州（今河北邢台）、洺州；诸葛爽据河阳（今河南孟州市）、洛阳；朱温据汴州（今河南开封）、滑州；秦宗权据许州（今河南许昌）、蔡州；朱瑄据郓州（今山东郓城）、曹州、濮州、齐州；王敬武据淄州（今山东淄博）、青州；杨行密据庐州（今安徽合肥）；秦彦据宣州（今安徽宣城）、歙州；时溥据徐州（今江苏徐州）、泗州；高骈据淮南（今江苏扬州）；刘汉宏、钱镠先后据浙东（今浙江绍兴）。这些新藩镇加上旧藩镇，使唐朝境内四分五裂。新、老藩镇不仅自擅一方，职贡不入，赏罚由己，而且叠相吞噬，朝廷不能制。在四分五裂的局面下，唐王朝王室日卑，号令不出国门。唐朝小朝廷只能收取京畿、同、华、凤翔府等数州租税。

这些新、老藩镇都怀有更大的野心，藉甲兵雄盛，凌弱王室，颇有问鼎之志。在这种情况下，藩镇间混战不已，互相吞噬，形成若干个特别强大的藩镇。这些藩镇，从北至南，分别为：卢龙镇（今河北蓟县），刘仁恭所据。镇冀镇（今河北正定），王镕所据。魏博镇（今河北大名以北），罗绍威所据。宣武镇（今河南开封），朱全忠所据。河东镇（今山西太原），李克用所据。凤翔镇（今陕西凤翔），李茂贞所据。西川镇（今四川成都），王建所据。淮南镇（今江苏扬州），杨行密所据。湖南武安军（今湖南长沙），马殷所据。镇海、镇东镇（今浙江绍兴），钱镠所据。福建威武军（今福建福州），王审知所据。岭南镇（今广东广州），刘隐所据。及至朱全忠建立后梁，这些藩镇节度使，也纷纷称王称帝，形成了五代十国分裂的局面。这种分裂局面的形成，实即唐末藩镇割据的继续和进一步的发展。

德宗即位之初，建中二年（781年）正月，成德节度使李宝臣死，子李惟岳向朝廷请求袭其父位，魏博节度使田悦亦代为之请。唐德宗坚决拒绝这种无理要求，李、田遂联络淄青节度使李正己、山南东道节度使梁崇义等起兵反唐。七月李正己死，八月其子李纳亦请袭父位，德宗不允，李纳遂反。战事日益扩大，卷进来的藩镇越来越多，其中有4人称王，两人称帝，即朱滔称冀王、王武俊称赵王、田悦称魏王、李纳称齐王，朱泚称秦帝、李希烈称楚帝。德宗一度逃往奉天（今陕西乾县），后又奔梁州（今陕西汉中）。是为"二帝四王"之乱。这次战争持续了5年之久，朱泚和李希烈等虽先后败死，唐朝却与其余藩镇妥协，条件是藩帅取消王号，朝廷承认他们在当地的统治权。德宗对藩镇的态度由坚决讨伐转变为姑息妥协。从此，有些节度使父死子继、兄终弟立成为惯例，割据局面进一步深化。

唐朝后期，藩镇战争连年不断，朝廷每次镇压藩镇的战争都意味着一批新的割据势力又在酝酿之中。藩帅割据不能消除的重要原因之一，是他们得到本镇骄兵的支持。这种兵士全家老小随身，兵饷衣粮只供本人消费，家属妻子多赖赏赉为生。节度使对他们厚赏丰赐，他们就拥护爱戴，成为其进行割据叛乱的工具；节度使对他们刻薄衣粮，骄兵就起而逐帅杀将，因而形成了"兵骄则逐帅，帅强则叛上"的现象。

连绵不断的、此起彼伏的藩镇战争给社会经济和人民生活带来了严重的后果。一次大的战乱之后，黄河流域往往出现人烟断绝、千里萧条的惨状。唐代后期朝廷与藩镇各自扩大自己的兵力。唐宪宗元和中，朝廷直接控制的地区平均以两户资一兵，大大加重了人民的负担。节度使在本镇勾结豪强地主对人民进行横暴的统治，战争和重敛使生产遭到了严重破坏。

天宝十节度

天宝十节度，是天宝年间于边境设立的十大军区的军政长官。唐初沿北周及隋旧制，于沿边及重要地区的州治设置总管府，以州刺史兼任，总揽周围数州军事。武德七年（624年）改称都督府。贞观中，有征伐行军则置大总管。督统所征道的军事，戍守本州则仍称都督。节度使本为都督带使持节之意，睿宗景云中，以薛讷为幽州镇守经略大使，贺拔延嗣为凉州都督充河西节度使，始有正式的经略使及节度使称号。节度使有一定辖区。并"得以军事专杀，行则建节，府树六纛"，成为常设的地方军事长官。开元中，唐边烽日警。为了镇戍边防、对外作战及抚绥周边少数民族的需要，遂遍设节度使于边区。至天宝初，沿边共设9节度使、一经略使，合称为十节度使或十节度。其名称、布防及兵力设置如下：

安西节度使，又称四镇节度使、安西四镇节度使。开元六年（718年）始设。职务是抚宁西域。治龟兹城（今新疆库车）。统辖龟兹、焉耆、于阗、疏勒4镇，统兵2.4万人。天宝时节度使为夫蒙灵詧、高仙芝、王正见、封常清。

北庭节度使，开元十五年（727年）自伊西节度使分置，或合称伊西、北庭节度使。职务是防御游牧在北方的突骑施和坚昆。治北庭都护府（治庭州，今新疆吉木萨尔北破城子）。统辖瀚海军、天山军、伊吾军，屯伊州（今新疆哈密）、西州（今新疆吐鲁番东南），统兵2万人。天宝时节度使为来曜、王安见、程千里、封常清。

以上两镇内外相连，主要防御对象是西域天山南北两路的诸国。

河西节度使，景云二年（711年）始设，是设立最早的节度使。职务是隔绝吐蕃与突厥的交通。治凉州（武威郡，今甘肃武威）。统辖赤水军、大斗军、建康军、宁寇军、玉门军、墨离军、豆贞军、新泉军（后改守捉）、张掖守捉、交城守捉、白亭守捉（后改为军），统兵7.3万人。天宝时节度使为王绲、皇甫惟明、王忠嗣、安思顺、哥舒翰。

以上一镇兼顾西方与北方两强敌，主要是防御吐蕃，守护河西走廊。

朔方节度使，开元九年（721年）始改朔方行军大总管为之。职务是防御突厥。治灵州（灵武郡，今宁夏灵武西南）。统辖经略军、定远军、丰安军、东中西三受降城、安北单于两都护府，乃至丰、胜、灵、夏、银、匦、长等州均受其节度。统兵6.4万人。天宝时节度为王忠嗣、张齐邱、安思顺。

河东节度使，开元十一年（723年）以前称天兵军节度使，其年改为太原已北诸军节度使。开元十八年，又改称河东节度使。职务是御突厥。治太原府（今山西太原西南晋源镇）。统辖天兵军、大同军、横野军、苟岚军、清塞军及忻、代、岚3州郡兵,管兵5.5万人。天宝时节度使为田仁琬、王忠嗣、韩休琳、安禄山。

以上两镇相互应援,专备突厥。

范阳节度使,先天二年(713年)始置,称幽州节度经略镇守使。天宝元年(742年)改名范阳节度使。主要是压制奚、契丹。治幽州(范阳郡,今北京)。统辖经略军、静塞军、威武军、清夷军、横海军、高阳军、北平军、唐兴军、怀柔军、恒阳军、怀远军、镇安军,统兵9.14万人。天宝时节度使为裴宽、安禄山。

平贞节度使,开元七年(719年)始置。职务是招抚室韦、靺鞨,治营州(柳城郡,今辽宁朝阳),统辖平卢军、卢龙军、榆关守捉、安东都护府,统兵3.75万人。天宝时节度使为安禄山。

以上两镇专门备御、镇抚东北诸地,主要是对付奚、契丹。

陇右节度使,开元元年(713年)始置。职务是防御吐蕃。治鄯州(西平郡,今青海东都)。统辖临洮军、河源军、白水军、安人军、积石军、英门军、振武军(后改神武军)、威戎军、镇西军、绥和守捉、合川守捉、平夷守捉,管兵7.5万人。天宝十三载(754年)又于鄯、廓、洮河4州两境增置宁边、神策等8军。天宝时节度使为皇甫惟明、王忠嗣、哥舒翰。

剑南节度使,开元五年(717年)始置,职务为西备吐蕃,南抚蛮僚。治益州(蜀郡,今四川成都)。统辖天宝军、昆明军、洪源军、宁远军、南江军、澄川守捉及翼、茂、维、柘、松、当、雅、黎、姚、悉等州郡兵,统兵3.09万人,天宝时节度使为章仇兼琼、郭虚已、鲜于仲通、杨国忠。

以上两镇主要为备御吐蕃,防范西南。

岭南五府经略使。开元中置,以兼领广、桂、容邕、镇南(亦称安南)五管经略府而得名。职务为抚绥境内各少数民族。治广州(南海郡,今广东广州)。统辖经略军、清海军、直辖广管诸州,并兼其余四管诸州郡兵,统兵1.54万人。天宝时裴敦复为五府经略使。至德元年(756年),改为节度使。

十节度相继设立之后,统领常驻边军,对外作战,对内镇抚,代替以前的府兵,成为主要的军事力量。与此同时作为坐镇边陲的统兵官,他们的权力也日益扩大。开元天宝时期,节度使往往不仅拥有军权,亦且兼及统辖区内的民政、财政。如幽州(后称范阳)节度使于开元十五年(727年)兼河北支度营田使,二十年兼河北采访处置使,二十七年又增领河北海运使。河西节度使开元二年兼陇右群牧都使、赤水九隆本道支度营田等使,十二年又加长行转运使。朔方节度使的职务中也有"兼关内道支度兼管内营田、盐池、押诸蕃部落副大使、兼采访处置使"等众多名目,至天宝年间,节度使已大都完全兼领边州军、政、财及监察大权。不仅如此,节度使由于联防的需要,还常常一人兼摄数镇。如天宝中王忠嗣兼领河西、陇右、朔方、河东四节度使，"控制万里，天下劲兵重镇，皆在掌握"。天宝末安禄山也以身兼范阳、卢龙、河东三镇而起兵反唐。

唐代在最初任命节度使时，多用名臣，而且不久任，不遥领，不兼统，功名卓著者往往入知政事，升任宰相。开元中，张嘉贞、王晙、张说、萧嵩、杜暹都以节度使而入朝为宰，但天宝以后，一方面由于科举制兴盛，宰相逐渐多用进士出身的文臣，而将帅中，勇敢善战的胡族武人愈来愈多；另一方面，朝廷出于蕃族内附、羁縻统治的需要，兼之李林甫为宰相，欲巩固自己的地位，"志欲杜出将入相之源"，奏言"文臣为将，怯当矢石"，不如用"寒族蕃人"，为玄宗所接受，故节度使多用胡人，安禄山、史思明、哥舒翰、高仙芝等人，都以胡人身份出任节度使。由于节度使的权势日重，而中央军备空虚，故逐渐形成外重内轻、尾大不掉之势。

至德以后，天下用兵，故内地也逐渐遍设节度使，他们往往拥兵自重，不奉朝命，成为与中央相抗衡的藩镇。

安史之乱发生

天宝元年（742 年）正月，玄宗任命安禄山为平卢节度使，种下了"安史之乱"的祸根，标志着开元盛世的结束。

安禄山是营州（治所今辽宁朝阳）杂胡，原是幽州节度使张守珪帐下的捉生将，骁勇好战，屡立战功。开元末，他巴结御史中丞张守贞，被破格为营州都督，充平卢军使。唐建国以来，边帅都用忠厚名臣，而且不久任，不遥领，不兼任；功名卓著，往往入朝为相。如是"番将"，即使忠勇双全，功劳很大，也不能专一方军政。李林甫专权，想杜绝边帅入相之路。他认为胡人不知书，不会入相，就向玄宗建议用胡人为将，镇守边域。

玄宗晚年，日渐昏聩，特别是夺了儿子寿王李瑁之妃杨太真，宠为贵妃后，更是沉湎酒色。为了能专事游乐，他把宫事交给高力士，把政事交给李林甫，对李林甫言听计从，于是打破唐朝成例，用安禄山镇边。天宝三年（744 年）又任安禄山兼范阳节度使，天宝九年（750 年）爵东平郡王，天宝十年（751 年）兼领河东节度使，拥兵 18.3 万，超过中央禁卫军（12 万），超过全国镇兵（45.1 万）的 1/3。一人兼领三镇，集军政、财政，行政权于一身，赏罚自专，威权日重，声势显赫，实力雄厚，逐渐滋生了取唐朝而代之的政治野心。安禄山有同乡史窣干，从小要好，也是张守珪麾下，以骁勇闻名，以功累迁将军，玄宗赐名思明。安禄山为三镇节度使，史思明也升为平卢兵马使兼北平太守、充卢龙军使。两人狼狈为奸，终于酿成了延续 8 年的"安史之乱"。

安禄山奸诈狡猾，善于揣度别人的心思，却装得很憨直。一次入朝，玄宗叫太子李亨与他相见，安禄山故意不拜。殿前侍监责问他为何不拜太子，他却假装糊涂，问："臣不失朝廷礼仪，不知皇太子是什么官？"玄宗还真以为他不懂，爱他愚直，在勤政殿设宴招待，并要杨贵妃一同参加。席间，安禄山凑趣，亲自跳了一个胡旋舞，惹得玄宗连声叫好。散席以后，玄宗独留安禄山跟随入宫，并一口一声呼他为禄儿。安禄山趁势走到杨贵妃面前，跪下便拜："儿臣愿母妃千岁！"玄宗笑问："禄儿，天下哪有先母后父的道理！"安禄山说："胡人的礼节是先母后父，我只照习惯，却把天朝的礼节忘记了。"玄宗不以为怪，反而对杨贵妃夸赞不止。

安禄山在朝中耳闻目睹，知玄宗年老昏庸，朝政腐败，军备松弛，就有轻视中原之心。孔目官严庄、掌书记高尚多次怂恿他造反。于是安禄山便以高尚、严庄、张通儒及孙孝哲为腹心，史思明、安守忠、李归仁、崔乾佑、尹子奇、田承嗣、阿史那承庆为爪牙，秣马厉兵，积聚力量，伺机叛乱。

李林甫在世时，安禄山以为李林甫狡猾胜过自己，尚有畏惧。杨国忠继任宰相，安禄山根本不把他放在眼里。杨国忠因此怀恨在心，屡次奏请玄宗要提防安禄山，玄宗正宠着安禄山，哪里听得进去。

杨国忠为了排挤安禄山，便拉拢哥舒翰，奏请任哥舒翰为河西节度使，晋爵西平郡王，并拉哥舒翰一同向玄宗进言："安禄山必反，陛下如果不相信，不妨试召安禄山入朝，看他来与不来？"玄宗果然下敕，征安禄山入朝。

杨国忠为了要取信玄宗，证实安禄山必反，日夜收集安禄山谋反的事实，指使京兆尹围住安禄山在京城的府第，逮捕了安禄山的门客李超等，交御史台审讯，接着又把他们都秘密处死。安禄山的儿子安庆宗娶的是唐宗室女荣义郡主，一直住在京师，马上把这消息密报给安禄山。安禄山虽野心勃勃，因玄宗待他甚厚，本打算等玄宗死后再举反旗，现在被杨国忠一逼，便顾不得这许多了，立即与严庄、高尚、阿史那承庆密谋起兵。

洛阳陷落

这时，正好有一个派往京师的奏事官员回到范阳。安禄山便伪称接到玄宗手敕，令他入朝诛杨国忠，还装模作样，取出伪造的御敕给众将看。

天宝十四年（755年）十一月初九日，安禄山发所部兵，及同罗、奚、契丹、室韦等部兵15万，号称20万，以讨杨国忠为名，引兵南下，浩浩荡荡，杀向京城。

当时，天下太平日久，武备松弛，百姓都不懂战争，突然听到范阳起兵，远近震惊。河北原是安禄山统治的地方，安军所过，势如破竹，各地官吏，望风瓦解，不是开门迎接，就是弃城逃窜。

这时，安禄山已渡过黄河，长驱直入，连陷灵昌（今河南开封以北）、陈留（开封以南）、荥阳，其前锋田承嗣、安忠志、张孝忠等已领兵到武牢，与封常清率领的官军对垒。封常清部下多是新募士卒，未经战阵，被叛军骑兵一冲，立即溃退，逃进洛阳。封常清收拾残部，连战皆败，最后只好凿坏城墙，逃往陕州。于是，洛阳陷落。

封常清到了陕州，对高仙芝说："贼势锐不可当，陕州已不可守，不如引兵先据潼关，以保长安。"于是高仙芝急忙率所部兵西退潼关，据险固守。

高仙芝领军出镇陕州时，监军边令诚有事请托，高仙芝没有给他办。边令诚一直记恨在心，趁入朝奏事，便加油添醋地奏说高仙芝、封常清撤离陕州时的狼狈情状，又说："常清以贼势动摇军心，而仙芝无故弃地数百里，又克扣军士口粮和赏赐给他们的东西。"玄宗听了一面之词，也不调查，立即写了一道手敕，命边令诚往军中将封常清、高仙芝就地正法。

边令诚到了潼关，先向封常清宣敕，将他斩首。接着向高仙芝说："大夫也有恩命。"宣敕已罢，高仙芝说："我遇敌而退，该当死罪！但说我克扣军粮，上有天，下有地，这是毫无根据的事情！"一旁的将士们也帮着高仙芝喊冤，边令诚只当没有听见，命刀斧手将高仙芝斩了。

玄宗杀了封、高二将，但派谁代替他们领兵守潼关呢？恰好河西、陇右节度使哥舒翰因病在京休养，玄宗想借重他的威名，且他一向与安禄山不和，便拜他为副元帅，领兵征讨安禄山。哥舒翰因病固辞，不肯受职，玄宗不许。以田良丘为御史中丞，充行军司马，起居郎肖听为判官，率番将火拔归仁等部兵8万，加上高仙芝的兵马，号称20万，出镇潼关。一面传檄四方，命各道进兵，会攻洛阳。

哥舒翰到了潼关，因病不能理事，把军政大事都委托给田良丘。田良丘一个人不敢做主，便请王思礼主管骑兵，李承光主管步兵。王、李二人又互不服气，争长论短，内部不能统一，士卒懈怠，纪律松弛，缺乏斗志。幸亏安禄山进入洛阳后，忙着筹备称帝，而且他的后方河北，常山太守颜杲卿和平原太守颜真卿连兵讨伐安禄山，诸郡纷纷响应，拖住了安禄山，使他不能乘势西进，潼关暂无激烈的战斗。

常山太守颜杲卿，当安禄山引兵南下抵达藁城时，估计自己无力抵拒，便与长史袁履谦出城迎接，安禄山很高兴，仍命他守常山，只派了一个部将李钦凑领兵数千守井陉口，以防河东。

颜杲卿回到城中，便与长史袁履谦、参军冯虔、前真定令贾深、藁城尉崔安石、内丘丞张通幽等密谋起兵，以拒安军，并遣人与太原尹王承业联系，要他接应。正在这时，杲卿族弟、平原太守颜真卿派外甥卢逖来常山，说真卿在平原联络附近州郡，招募勇士，修城浚濠，积草屯粮，杀了安禄山的海运使刘道玄，夺得甲丈50余船，要与杲卿连兵合力断安禄山的归路，拖住安军，阻止他西进。

至德元年（756年）正月初一，安禄山在洛阳自称大燕皇帝，以达奚珣为侍中，张通儒为中书令，严庄、高尚为中书侍郎，其余文武都有升赏。颜呆卿就以安禄山的名义，召驻守井陉的安将李钦凑领兵来常山领赏。第二天黄昏时分，李钦凑带了人冒冒失失地来了，呆卿派袁履谦、冯虔等带了酒肉妓乐去慰劳，把他们灌醉了，杀了李钦凑，遣散了守井陉的安军。

次日，有探马来报：安禄山派往幽州征兵的金吾将军高邈，从幽州回洛阳，快要到藁城了。呆卿立刻叫冯虔带兵去捉了高邈。接着，南边又来探报，安禄山的大将何千年从东京去范阳，已经入境。呆卿派崔安石和翟万德赶往醴泉驿，装作迎接，把何千年也捉了。

崔安石、翟万德押何千年到常山，何千年向呆卿献计说："太守欲为朝廷出力，只宜深沟高垒，坚守城池，待等朔方军到，方可合力齐进。今应传檄赵、魏，只说李光弼引步骑1万，已出井陉，以解饶阳之围。"呆卿试用其计，围困饶阳的安禄山部将张献诚果然解围而去。

颜呆卿派人入饶阳，慰劳将士，又命崔安石等到各郡宣传，说官军已经攻克井陉，朝夕将至，号召河北诸郡驱杀安禄山派来的官吏，举郡反正。诸郡纷纷响应，河北24郡，有17郡宣布效忠朝廷，只有范阳、卢龙、密云、渔阳、汲、邺6郡仍依附于安禄山。

颜呆卿又派人去范阳，招降范阳节度副使贾循。贾循犹疑不决，郏城（今河南郏县）人马燧劝贾循说："禄山负恩悖逆，必然失败，公若以范阳归国，倾其巢穴，此不世之大功！"贾循心里活动了，便与马燧商议具体行动，不料被安禄山亲信将领牛润容听到了，急忙报告安禄山。安禄山立刻派他的亲信党羽韩朝阳去范阳杀了范循，一面命史思明、蔡希德领兵袭击博陵、常山。

颜呆卿昼夜守城，粮尽矢竭，终于被敌攻破。史思明、蔡希德挥兵入城，捉住了颜呆卿和袁履谦等，把他们押送洛阳，交安禄山发落。

颜呆卿被解到洛阳，安禄山见了，大骂颜呆卿："你本是范阳户曹，我保荐你为判官，不过几年，便升任太守，我有什么地方亏待了你，你竟敢反对我？"呆卿瞪着双眼大骂："你本是营州牧羊羯奴，天子任你为三镇节度使，恩幸无比，何负于你，而你竟反！我世为唐臣，虽经你保举，岂肯跟你造反！我为国讨贼，恨不能斩了你，臊羯狗，要杀便杀，不必多言！"安禄山大怒，命人将颜呆卿、袁履谦等绑在洛阳中桥柱上，一同剐死。呆卿、履谦一直到死，骂不绝口。颜氏一门死难的，有30余人。

玄宗西逃

潼关失守，京城内外，一片惊慌。六月初十，玄宗召宰相议事。杨国忠因兼领剑南节度使，当安禄山起兵时，便命副使崔圆做好准备，一旦危急，可以奔蜀，当下便建议玄宗暂往蜀中避难。玄宗认为是个办法。

十一日，杨国忠召集百官，问他们有何妙策可解眼前之危，百官"嗯嗯""啊啊"，都说不出一个办法。杨国忠便说："安禄山谋反事，我们已经提了10年了，无奈皇上只是不信。今日之事，不是我做宰相的过失。"散会后，杨国忠便叫韩、虢二夫人进宫去劝玄宗入蜀。

六月十二日，玄宗登勤政楼，声言要御驾亲征，听到的人都不大相信。果然到了这天晚上，玄宗便命龙武大将军陈玄礼整顿大军，挑选良马900匹，待到十三日黎明，便带了贵妃姐妹、皇子、皇孙、公主、妃嫔以及杨国忠、韦见素、魏方进、陈玄礼和亲信宦官、宫人，偷偷地出了禁苑西门，逃出长安。匆匆中连住在宫外的诸王、公主都没有去通知。

这天清晨，仍有一些官员来上朝。他们到了宫门外，只见侍卫仪仗依旧，宫中的更漏声依然清晰地传到大家的耳朵里，但到宫门开后，只见宫女们到处乱跑，说是不知皇上跑到哪里去了。于是王公大臣，士民百姓四出逃窜，有些人就趁机闯进宫来，抢夺金宝，也无人干涉，有的竟赶着毛驴到金銮殿上来装金银财物，一片混乱。

玄宗一行一路西行，派宦官王洛卿打前站，以便通知沿途各郡县准备接驾。走到中午过后，到了咸阳，县令早已逃走了，寻王洛卿时，也不见了。玄宗等走了大半天，还没有吃到一点东西，杨国忠亲自去买了胡饼献给玄宗。大家都没有吃饭，地方官又找不到，玄宗只好命百姓献食。百姓送来了糙米做的饭，中间还掺了许多麦片和黑豆，皇子皇孙早已饿坏了，也不论好坏，抓来就吃，不一会就吃光了。玄宗吩咐按值给价，好言抚慰。

玄宗一行风餐宿露，忍饥挨饿，一路西行。六月十四日，队伍到马嵬坡，暂息在马嵬驿（在今陕西兴平西）。这时，将士们都憋着一肚子火，陈玄礼认为，这次祸乱都是杨国忠造成的，要想杀了他出气，便叫东宫宦官李辅国去请示太子李亨，李亨不敢做主。刚巧有吐蕃使者20余人拦住杨国忠的马头，向他要饮食，杨国忠还来不及回答，军士们忽然大叫起来："杨国忠与胡虏谋反！"一箭向杨国忠射去，没有射中。

杨国忠一看苗头不对，急忙拍马逃进西门，军士们追上去把他杀了，屠割肢解了他的尸体，把他的头挑在枪尖上，来到驿门外，又杀了他的儿子户部侍郎杨暄及韩国、秦国夫人。

玄宗听到驿外喧哗，问发生了什么事，左右说是杨国忠谋反。玄宗拄杖走到驿门外，慰劳军士，叫大家散开，军士不睬。玄宗叫高力士去问，陈玄礼说："杨国忠谋反，贵妃不宜再留，请陛下割恩正法。"玄宗听说，退入驿门，倚杖低头，暗暗流泪。京兆司录韦谔提醒玄宗："众怒难犯，安危就在顷刻，愿陛下从速决断！"说罢，叩头不止。玄宗说："贵妃住在深宫，怎么会知道杨国忠谋反？"高力士从旁劝道："贵妃果真无罪，但将士们已杀了杨国忠，而贵妃仍在陛下左右，叫他们怎么能安心呢？请陛下仔细想想这个道理，目前只有使将士安心，陛下才可没有危险。"于是，玄宗命高力士把贵妃带进佛堂，用帛勒死。

高力士把贵妃尸体抬到庭院中，叫陈玄礼等进来验看。陈玄礼等一看贵妃真的死了，这才脱去甲胄，向玄宗叩头请罪，玄宗抚慰了几句，叫他们晓谕军士。陈玄礼等高呼万岁，再拜而去。整顿队伍，准备出发。

六月十五日，玄宗将从马嵬驿出发，将士们都说："杨国忠的将吏都在蜀，不可去蜀。"玄宗本意想入蜀，但恐违众心，不敢说出来，只好问众人去哪里是好？韦谔说："不如先去扶风，慢慢再商议去处。"众人以为有理。

安禄山没有料到玄宗会急急忙忙西逃，派人叫崔乾佑暂住潼关，不要前进。过了 10 多天，才遣孙孝哲领兵进驻长安，以张通儒为西京留守，崔光远为京兆尹；命安守忠领兵进驻苑中，镇守长安。

孙孝哲是安禄山的亲信爪牙，常与严庄争权，安禄山命他监督关中诸将。他骄横跋扈，嗜杀成性，他到长安后，一面纵兵烧杀抢掠，一面屠杀唐朝宗室，凡王、侯、将、相跟了玄宗跑的，在长安的家属都被杀尽，连怀里的婴儿也不放过。

安禄山下令搜捕百官、太监、宫女，每捉到几百人，便押送洛阳。陈希烈因晚年失宠，怨恨玄宗，便与张垍、张均等都投降了安禄山。安禄山封陈希烈、张垍为宰相，其余唐朝官吏都授原职。于是安禄山的势焰更盛，西面威胁沂、陇，南侵江、汉，北割河东之半。不过安禄山部下的将领，虽然勇猛，但都是些没有远见的粗人，自从进入长安，只知掳掠财宝美女，日夜纵酒，再没有西进的心思，所以使玄宗得以从从容容去成都，太子李亨也能在没有追兵的情况下从容北上。

肃宗灵武即位

太子李亨被留下以后，想到自己名义上曾担任过朔方节度使，也知道几个朔方将士的姓名，便决定去朔方节度使的治所灵武（今宁夏灵武以西）。他们经由新平（今陕西彬县）、安定（今陕西宁县）、平凉（今甘肃平凉），七月初九，到达灵武。河西行军司马裴冕、朔方留后杜鸿渐上书太子，请即皇帝位，太子起先不同意，后经一再劝说，方才应允。

七月十二日，太子在灵武城南楼即位，史称肃宗。尊玄宗为上皇天帝，改这一年为至德元年。以杜鸿渐、崔漪为中书舍人，裴冕为中书侍郎、同平章事。一面遣使入蜀，向玄宗报告即位经过，一面派人去召请故人李泌入朝辅政。

肃宗即位的消息传到敌后，颜真卿写了一份祝贺的奏表，藏在蜡丸内，派人送到灵武。肃宗大喜，授颜真卿为工部尚书兼御史大夫，仍为河北招讨使，并致敕书，也藏在蜡丸中带去。颜真卿将敕书颁发河北、河南、江淮各郡，各道都知道肃宗即位，大受鼓舞。

郭子仪留河东节度使李光弼守井陉，自己领兵 5 万，赶往灵武，于是灵武军威稍振，大家对恢复唐室有了信心。八月初一日，肃宗以郭子仪为兵部尚书、灵武长史，以李光弼为户部尚书、北都（太原）留守，并同平章事。

肃宗听了李泌的意见，任命广平王李俶为天下兵马元帅；又委任李泌为元帅府行军长史，李泌固辞，肃宗说："朕本不敢相屈，只因天下艰难，全仗大才匡济，一待乱事平定，当听从尊便。"李泌无奈，只得接受任命。

九月二十五日，玄宗从成都派了韦见素、房琯等来到灵武，奉上宝册，正式传位。肃宗久闻房琯之名，对他特别器重。房琯专好清谈，言词慷慨，自以为除他以外，没人能担当平定天下的重任，因此他上疏肃宗，愿领兵恢复两京。肃宗同意了，房琯自选将佐，以户部侍郎李揖为行军司马，给事中刘秩为参谋。李揖、刘秩都是书生，不懂军事，房琯却把军务都委托二人。

十月二十一日，中军、北军到达咸阳以东的陈涛斜，与叛将安守忠的部队相遇。房琯要效法古代的车战，以牛车 2000 乘，两旁配以步骑，一声令下，驱车冲向敌阵。哪知这些牛没有经过训练，叛军顺风鼓噪，纵火焚烧，便四散奔逃，反而冲倒了步军，一霎时，人喊马嘶，乱作一团。叛军趁机掩杀过来，官军大败，死伤十之八九。杨希文、刘贵哲都投降了叛军。

肃宗听到房琯败报，不禁大怒，要惩处他，亏得李泌一力营救，才赦免了他。

这时，河北也传来败报，河间、景城、平原、饶阳诸郡，相继陷落。肃宗急坏了，对李泌说："今敌强如此，何时可定！"李泌设想了一个避其锋，乘其疲，不攻城，不遏路，分 3 路轮番出击，拖垮敌人的战斗计划。肃宗转忧为喜，立即任命建宁王李倓为范阳节度使，只待来春与郭子仪、李光弼分 3 路东征范阳。

郭李出兵

史思明攻下常山，复引兵进击诸郡，诸郡都不能守，独有饶阳太守卢全诚据城固守，屡挫叛军。史思明见一时难破饶阳，便将饶阳团团围困，只待饶阳粮尽矢绝，一举破城。河间司法李奂领 7000 人、景城（今河北沧州市以西）长史李昕派儿子领兵 8000 往救，都被史思明杀败。

这时，朔方节度使郭子仪正围攻云中，玄宗命他进军东京，并选一良将，分兵出井陉，略定河北。郭子仪荐举李光弼有大将之才，于是玄宗授李光弼为河东节度使，加魏郡太守、河北道采访使，率蕃、汉步骑万余，太原弩手 3000 出井陉，进军河北。

李光弼兵到常山，常山团练兵捉了安军守将安思义出降。李光弼向安思义问计，安思义说："大夫远来，兵马疲劳，不如趁早入城，据城固守。安军虽锐，但不能持久，稍一失利，就气馁心离，那时便可图了。思明在饶阳，距此不过200里，明晨其前锋必到，不可大意。"光弼听他说得有理，亲解其缚，随即移军入城。

史思明听到常山失守，立刻放弃围困饶阳，亲率2万余骑，果然于第二天早上到达常山，马上指挥攻城。李光弼据城拒敌，待敌军少懈，遣兵出击，屡有斩获。过了几天，有村民来报告，说有贼兵5000，自饶阳来到九门（今河北藁城以西），光弼即遣步骑各2000，偃旗息鼓，趁敌不备，掩杀过去，杀得贼兵一个不留。史思明闻讯失色，退入九门。

李光弼与史思明在常山相拒40余日，城中粮食渐乏，遣人向郭子仪告急。郭子仪引兵出井陉至常山与李光弼合兵，蕃、汉步骑共10余万，会攻九门。史思明出城迎战，被郭、李军杀得大败，大将李立节也被官军中郎将浑瑊射死。史思明收拾余众，逃往赵郡，蔡希德奔钜鹿。于是河北各郡纷纷杀了安军守将向官军投诚。

安禄山在洛阳接到河北败报，又急又怕，大骂严庄、高尚："都是你们劝我造反，如今潼关未破，进不能进，退路又断，官军从四面合拢过来，我所有的不过汴、郑几州而已。你们从今以后不要再来见我了！"严庄、高尚害怕了，好几天不敢去见安禄山。

潼关失守

正当安禄山处境困难的时候，朝廷内部将相间又发生了新的摩擦，使安禄山摆脱了困境。原来对于安禄山的叛乱，朝廷内外都一致认为是杨国忠一手造成的。而安禄山又是打着清除杨国忠的旗号，潼关守将王思礼，秘密建议哥舒翰，请他上表玄宗，请诛杨国忠，哥舒翰没有回答。王思礼又请哥舒翰准许他带30骑到长安，把杨国忠捉来潼关除掉，哥舒翰连忙摇头："这样做，倒不是安禄山造反，而是我哥舒翰造反了！"

这次密议，不久便传到杨国忠的耳中，他又怕又恨。恰巧有探马来报，说叛将崔乾佑在陕州兵不满4000，而且都是老弱残兵，杨国忠趁机奏请玄宗，下令促哥舒翰速进兵恢复陕州和洛阳。哥舒翰上表奏称："安禄山久习用兵，岂肯无备！他这是诱兵之计，如果前往，必落入他的圈套。况贼军远来，利在速战；官军据险，利在固守。且贼兵残虐，已失人心，兵势日衰，将有内变，那时乘机出击，可不战而擒。只要灭贼有期，何必急于求成！"郭子仪、李光弼也送来奏表："请引兵北取范阳，直捣贼巢，捉住贼党妻子，招降叛将，贼必内乱。潼关大军，只宜固守，不可轻出。"杨国忠怀疑是哥舒翰要谋害自己，又奏玄宗，说什么贼军现在无备，正是机会，哥舒翰逗留不进，坐失良机。于是玄宗便一个接一个派中使去潼关，促哥舒翰急速出兵，不得有误。哥舒翰迫不得已，只好领兵出关。

至德元年（756年）六月初七日，官军于灵宝西原与崔乾佑军相遇。崔乾佑据险以待，南依山，北控河，道路狭窄，延绵70里。哥舒翰不敢轻进，下令部队暂停前进。初八日，哥舒翰与田良丘登舟至中流观察敌阵，见崔乾佑兵少，急令诸军进兵。王思礼等领精兵5万在前，庞忠等将领兵10万随后，哥舒翰亲自领兵3万登河北岸观阵，擂鼓助威。

不一会，崔乾佑领兵出来，大约不过万人。敌兵东一群，西一伙，零零落落，忽前忽后，毫无纪律。官军看了，不禁发笑。既交兵，叛军便偃旗息鼓，望后便退，官军更无戒备，随后紧追。忽听一声炮响，两边山上，擂木滚石，从空而下，官军一下子被打死打伤了许多。道路又狭，士卒拥挤着，刀枪施展不开。哥舒翰用毡车驾马为前驱，企图冲开敌阵。崔乾佑用数十乘草车来堵毡车，纵火焚烧，顷刻间浓烟滚滚，烈焰腾腾。官军被烟焰迷住眼睛，自相厮杀，只道贼军在烟中，又聚集弓弩手来射，直到黄昏矢尽，方才知道里面根本没有敌军。

这时，崔乾佑遣同罗精骑绕过南山，来到官军背后，出其不意地发起攻击，官军首尾不能相顾，于是大败，有的弃甲丢盔逃进山谷躲藏，有的被挤入河中淹死，哭喊声震天动地。

后军见前军已败，不战自溃，驻在河北的官军看见了，也望风而逃。哥舒翰只带了麾下数百骑，自首阳山渡过黄河，逃进潼关，检点士卒，18万大军，只有8000余人逃进关来，不禁仰天大哭。

六月初九日，崔乾佑率军进攻潼关，官军已亡魂丧胆，哪里还有斗志，潼关很快就被攻破了。哥舒翰逃到关西驿，招集逃散的士卒，想要收复潼关。蕃将火拔归仁等百余骑围住关西驿，对哥舒翰说："贼兵到了，请公快上马。"哥舒翰出驿上马，火拔归仁领着众人跪在地下叩头说："公率20万众出征，一战覆没，还有什么面目去见天子！且公不见高仙芝、封常清吗？为今之计，只有东投安禄山，尚可自全。"哥舒翰不答应，要想下马，火拔归仁忙用绳索把哥舒翰的两只脚绑在马腹上，簇拥着往东而去。

哥舒翰被押送到洛阳，安禄山说："你平时一直看不起我，如今怎样？"哥舒翰拜伏在地上说："臣肉眼不识圣人。天下未定，李光弼在常山，李祗在东平，鲁炅在南阳，陛下留臣性命，臣即写信去招降他们，不日便可来归。"安禄山大喜，授哥舒翰为司空、同平章事。又对火拔归仁说："你卖主求荣，不忠不义。"叫左右绑出去杀了。

哥舒翰果然写了几封信招降诸将，诸将复信都斥责他投降叛军。安禄山知道不会有什么效果，便把哥舒翰囚禁在洛阳内苑中，后来被安庆绪杀害。

安庆绪弑父

新春到来之际，意外的事变打乱了肃宗与李泌商定的东征计划。原来安禄山盘踞洛阳以后，纵情酒色，荒淫无度，弄得满身病痛，双目失明，性情更加暴戾，大臣、侍从稍不如意，重则杀头，轻则鞭打。侍监李猪儿经常被打得死去活来。

安禄山的宠妾段氏，估计安禄山活不长了，要想让自己的亲生儿子安庆恩代安庆绪为嗣。安庆绪听到风声，惊恐万状，求严庄给他想个办法。严庄也受过安禄山的鞭打，一直怀恨在心，便劝安庆绪杀了安禄山自立，并要他赶快行动，免得错过时机。安庆绪欣然同意，只是派谁去行刺呢，严庄说可以找李猪儿。

安庆绪马上把李猪儿秘密叫来，严庄先问："你前后挨打，还记得清次数吗？"李猪儿回答："已记不清了。"严庄又说："照你这么说，不死还是侥幸的。"李猪儿连连点头。严庄见火候已到，便把自己的计划告诉了他，并说："不行大事，死期就不远了！"李猪儿满口应承。

这一天夜里，严庄和安庆绪手执刀剑来到安禄山的寝所，侍卫见安庆绪、严庄满脸杀气，不敢阻挡。李猪儿手持利刃，直入帐中，先把安禄山枕边的宝刀抽出来，狠命朝安禄山肚皮上砍去。安禄山伸手摸枕边的宝刀，没有摸到，摇着帐竿说："一定是家贼谋逆！"话刚说完，肚肠已经流出来，就在床上滚了几滚，气绝身亡。严庄命左右抬开卧床，掘地数尺，用毡把安禄山的尸体裹好，埋在床下，告诫宫中不准泄漏。

次日早晨，严庄向百官宣布，安禄山病危，立安庆绪为太子；隔了几天，又宣布安禄山把帝位传给安庆绪，自己做了太上皇；再过几天，又宣布安禄山死了，然后发丧。从地下掘出来的尸体，已经腐烂，只好草草成殓了事。

血战睢阳

至德二年（757年）正月二十五日，尹子奇率妫、檀及同罗、奚兵13万攻睢阳（今河南商丘），以便南取江、淮。睢阳太守许远向河南节度副使张巡告急，张巡自宁陵引兵入睢阳。

张巡，进士出身，博览群书，精通战阵，在守雍丘时，以千余兵力与敌数万作战，常常出其不意袭击敌人，几个月中歼敌万余，因功授为河南节度副使。

张巡带到睢阳的兵马，只有3000人，与睢阳原有守军加在一起，也不过6800人。这一点人马要敌13万叛军，在数量上处于绝对劣势，但因他指挥得当，经过16昼夜苦战，擒敌将90余人，杀敌2万余。许远对张巡的指挥才能非常钦佩，便请张巡负责指挥作战，自己愿作后备，张巡爽快地答应了。

三月，尹子奇又调集大军再攻睢阳。张巡激励将士们说："我受国恩，为国守城，是完全应该的。但诸君为国捐躯，我却不能加赏你们，深感痛心。"将士们很受感动，纷纷请求出战。张巡便杀牛宰羊，大犒士卒。食毕，尽数出城作战。张巡亲执大旗，身先士卒，直冲敌阵。敌军毫无准备，望后溃退，官军奋勇厮杀，斩叛30余，杀敌3000余，叛军溃退数十里。

张巡守睢阳，将近10个月，城中食尽，众议弃城东走，张巡与许远商议，以为睢阳是江淮保障，若弃之而去，贼必乘胜而进，且士卒都饥疲羸弱，也冲不出去，不如坐守待援。这时，城里连茶纸也吃尽了，便杀马吃；马吃尽了，又捉鸟雀和老鼠吃；鼠、雀没有了，张巡将爱妾杀了给士卒吃，许远也杀了家奴给士卒吃。城中人自知必死，但没有一个叛变投降的。

至德二年十月初九日，贼军登城，将士们都饥饿病弱得动也不能动了，张巡与许远等都被叛军捉住。尹子奇问张巡："听说你每战皆裂齿碎，是什么原因？"张巡说："我志吞逆贼，但恨力不从心！"尹子奇被张巡的气节所感动，不想杀他，部下都说："他是个守节之士，终不为我用。且他深得人心，还是杀了的好，免得后患。"于是把张巡与南霁云、雷万春等36人都杀害了。张巡临刑，颜色不变，神情如常。

收复两京

在张巡苦战的同时，肃宗接受李泌的意见，在至德二年（757年）二月，移驾凤翔（旧址在今陕西雍县），以示进取。肃宗到了凤翔，果然前方士气大振，陇右、河西、安西、西域之兵都陆续到达凤翔，江淮漕运也经汉水通到洋州（今陕西西乡）、汉中，长安人听说肃宗到凤翔，纷纷逃来，昼夜不绝。

李泌请派安西及西域之兵按原定计划取范阳，肃宗坚持要先收复两京。于是各路兵马奉命进战，结果几路人马出战都不顺利，郭子仪派子郭旰攻潼关，得而复失，败退河东；王思礼出战不利，退守扶风（今陕西扶风），叛军乘胜追击，前锋抵达太和关（今陕西岐山西北），离凤翔只有50里。

败报一日三传，凤翔震骇，全城戒严。肃宗传令，命郭子仪速来凤翔护驾。郭子仪一到凤翔，肃宗任命他为副元帅，令兵再攻长安。郭子仪请向回纥借兵，肃宗同意，一面命元帅广平王李俶调集朔方、西域等军，一面遣使去回纥。

回纥怀仁可汗有心与唐和好，立刻遣子叶护率精兵4000余至凤翔，肃宗当即召见，厚礼相待，并当面与叶护约定："克城之日，土地人民归唐，金帛子女归回纥。"又令广平王李俶与叶护结为兄弟。

至德二年（757年）九月十二日，李俶率朔方军及回纥、西域等军15万，号称20万，从凤翔出发，十七日，至长安西香积寺北沣水东摆开阵势：李嗣业为前锋，郭子仪为中军，王思礼为后军。叛军10万布阵于沣水之北，叛将李归仁出阵挑战，李嗣业执长刀，身先士卒，大呼奋击，杀敌数十人。诸军齐进，奋勇杀贼。

李归仁事先在阵东埋伏一支精骑，准备袭击官军后背，被朔方左厢兵马使仆固怀恩发觉，引回纥精骑出击消灭，叛军由此气馁。李嗣业又要回纥骑兵会合，出敌阵后，与大军夹击，自午时战到酉时，斩敌6万余，叛军大败，逃进城去。

到了夜里，只听城内喧嚣之声不绝，仆固怀恩马上去见李俶，说："贼必弃城走了，请允许我率200骑追击，必能捉住安守忠、李归仁等。"李俶说："将军疲劳了，先休息，等明天再说。"怀恩说："战事贵在神速，何必等到明天。"李俶不听，叫怀恩回营。待到天明，有探马来报，安守忠、李归仁与张通儒、田乾真都连夜逃走了。怀恩听说，叹息不已。

九月二十八日，官军进入长安。回纥叶护来见李俶，请履行前约，准予掳掠金帛子女。李俶跪在叶护马前，再拜说："今刚克西京，便行掳掠，则东京人民必助贼死战，请到东京后再遵前约。"叶护爽快地同意了，即与怀恩引回纥、西域之兵绕城而过，扎营浐水之东。李俶整军入城，百姓携老扶幼，夹道欢呼。李俶留长安3日，引大军东进，留太子少傅虢王李巨为西京留守。

三十日，捷报传到凤翔，百官向肃宗祝贺。肃宗一面遣人入蜀奏禀玄宗，请他回京，一面命左仆射裴冕去京师祭祀宗庙和安抚百姓。

东进官军，在郭子仪的率领下，追击叛军到潼关，宰敌5000余，连克华阴、弘农二郡，兵锋所向，直指陕州。盘踞在洛阳的安庆绪，尽发洛阳兵15万，由严庄率领着往救陕州，与张通儒等共拒官军。十月十五日，郭子仪等抵达新店，遇叛军依山布阵，郭子仪等初战不利，正危急时，回纥精骑突然从南山击敌后背，叛军大惊，高呼："回纥兵来了！"立即溃退。官军与回纥兵两面夹击，叛军大败。严庄、张通儒连陕州也不敢进，逃回洛阳。

安庆绪见严庄败回，惊慌不安，十六日夜，杀唐将哥舒翰、程千里等30余人，率领党徒，偷偷地出了苑门，逃往河北。

回纥兵争先拥进洛阳，大肆抢掠，可怜洛阳百姓，前番已遭叛军蹂躏，这次又遇回纥兵逞凶，家家儿啼女哭，家财尽空。回纥兵足足骚扰了两昼夜，还不满足，后来由城中父老募集了罗锦万匹送给他们，方才罢休。

洛阳既复，李泌再次请求回山。在收复长安后，李泌就请求回山，肃宗问他为什么要走，李泌说："臣遇陛下太早，陛下宠臣太深，臣权太重，功太高，迹太奇，所以不可留。"肃宗说："夜深了，先睡觉，以后再商量。"李泌说："今陛下与臣同榻而眠，臣尚不敢尽言，何况他日宠衰。"肃宗问他还有什么话不敢说，李泌就说是关于建宁王李倓的事情。原来李倓因得罪了肃宗宠妃张良娣，被张良娣和宦官李辅国进谗，肃宗一怒，命李倓自裁。李泌说了李倓冤死的真相后，又举武则天杀太子李弘和雍王李贤的故事，劝肃宗不可再犯这样的错误。李泌说这番话的用意，是因为广平王李俶功高，引起张良娣的妒恨，暗中散布流言，又想暗害李俶，所以特意提醒肃宗。李泌坚决要求归山，肃宗也没有办法，只好让他回衡山。

胶战邺城

十月二十一日，郭子仪遣左兵马使张用济等率兵取河阳及河内；严庄走投无路，向官军投诚；陈留人杀了尹子奇，举郡出降。安庆绪败走邺郡，兵马不过1300人。过了几天，阿史那承庆、蔡希德、田承嗣等将各率所部来归，又聚众至6万。安庆绪忌史思明势强，遣阿史那承庆和安守忠率劲骑5000，以征兵为名，企图杀了史思明。

史思明得到消息，忙召部将商议，好几个人都劝他率兵投唐，史思明觉得有理，设计捉了安守忠和阿史那承庆，遣使奉表降唐。肃宗大喜，封史思明为归义王、范阳节度使，遣内侍李思敬与乌承恩前往慰抚，命他领所部兵讨安庆绪。

乾元元年（758年）六月，李光弼上表肃宗，认为史思明降唐，只是迫于形势，终将为乱，劝肃宗授乌承恩范阳节度使，叫他与阿史那承庆共图思明，肃宗同意了。

乌承恩接到密令，多次穿了女人的衣服到诸将营中诱说，赂以金帛，收买诸将。有人把这事告诉了史思明，史思明便捉了乌承恩，搜他的行李，查到了授予阿史那承庆的铁券和李光弼的信。史思明责问乌承恩："我有什么地方对不住你，你要害我？"乌承恩无言答对，只说是李光弼指使他做的。史思明马上召集将佐吏民，西向而哭："臣以13万之众降朝廷，何负陛下，而要杀我。"将乌承恩杀了，牵连被杀的有200余人。

史思明又捉了李思敬，上表要求肃宗诛李光弼。肃宗遣使抚慰，把事情都推在乌承恩身上，说都是他自作主张，不是朝廷和李光弼的意思。史思明当然不会相信，于是举旗复叛。

九月二十一日，肃宗命郭子仪、李光弼、李嗣业、王思礼等9节度使各统所部大军共20万，征讨盘踞在邺城（今河南安阳）的安庆绪。肃宗因郭子仪、李光弼都是元勋，不宜互相统属，因此没有任命元帅，却叫一个毫不知军事的宦官鱼朝恩为观军容宣慰处置使，以协调各军。

郭子仪引兵自杏园渡过黄河，在获嘉（今河南获嘉）击败安太清。安太清退保卫州（今河南汲县），郭子仪进兵包围了卫州。接着，鲁灵、崔光远与李嗣业等各领所部来会。

安庆绪发邺郡兵7万来救卫州，以崔乾祐领上军，田承嗣率下军，安庆绪自统中军。郭子仪集射手3000人，埋伏在军营四周的矮墙内，下令说："我退，贼必追我，你们便登墙鼓噪而射。"说罢，率军纵马来战安庆绪。战不多时，子仪佯退，安军便追，追至矮墙下，伏兵齐起，矢如雨滴，喊杀连天，安军急退，子仪紧追，安军大败，逃往邺郡。

郭子仪率军追到邺郡时，许叔冀、董秦、王思礼等相继引兵而来。安庆绪收拾余军与官军战于愁思冈（安阳西），又大败，损失兵马 3 万余，只好退入邺城，据城固守。郭子仪等领兵围住邺城，安庆绪窘急无计，只好遣薛嵩向史思明求救，并请将皇位让给他。史思明答应了，便发范阳兵 13 万救邺，但到了魏州（今河北大名）便观望不再前进，只遣李归仁领步骑一万屯于滏阳（今河北磁县），与安庆绪遥相呼应，自己于乾元二年正月初一，于城北筑坛，自称大燕皇帝。

在邺城的官军得悉史思明称帝，在一次军事会议上，李光弼建议分兵进迫魏州，牵制住史思明，使官军有较充裕的时间攻邺城，先解决邺城的安庆绪，然后再解决史思明。鱼朝恩坚决反对，只好罢休。

郭子仪等围攻邺城，筑堤两重，引漳河水灌入城中，城中井泉皆溢，安军只好构栈而居。史思明见邺城危急，令诸将各至离邺城 50 里扎营，鸣锣擂鼓，威胁官军，命每营各选精骑 500，去城下骚扰，官军出击，便四散奔回；官军回营，又聚集前来，闹得官军日夜不宁。史思明还选了几队精兵，扮做官军，四出拦截官军粮运，看到运粮的车船，纵火便烧，官军粮食渐乏，人心浮动，都想撤军回去。

史思明看时机已到，引大军直抵城下。当时官军步骑 60 万列阵于安阳河北，史思明亲率精骑 5 万来战，李光弼、王思礼等先与之交战，杀伤各半。郭子仪领军继进，还没来得及布阵，忽然乌云四合，狂飙骤起，拔木吹沙，天昏地暗，咫尺不能相辨。两军大惊，官军南逃，史军北奔，丢弃的甲仗辎重塞满道路。郭子仪以朔方军断河阳桥（今河南孟州市境）保东京，东京士民惊骇，散奔山谷；各镇节度使率军各归本镇。败兵过处，沿途抢掠，将士无法禁止，只有李光弼、王思礼的部队仍整齐严明，全军而归。郭子仪退到河阳，诸将陆续赶来，合兵数万，一面布置守城，一面上表朝廷请罪，肃宗还要用他，因此没有加罪。

河阳之战

史思明探知官军溃走，没有追击，屯兵邺城。安庆绪见官军败退了，又得了官军遗弃的许多粮食，便与孙孝哲、崔乾祐商议，撕毁前约，拒绝史军入城。史思明派人来责问，安庆绪只好遣安太清上表称臣。史思明表示不必如此，愿与安庆绪约为兄弟，互相援应，与唐鼎足而立。安庆绪大喜，请与史思明歃血为盟，史思明同意了。

安庆绪率 300 骑到史思明营中，向史思明说："我失两京，久陷重围，幸亏大王来救，才得复生。"史思明忽然变了脸，说："你失两京，还是小事。你杀父夺位，天地不容。我为太上皇讨贼，难道是要你奉承吗？"即命左右把安庆绪并其四弟，还有高尚、孙孝哲、崔乾祐等都杀了。史思明本想西进，因顾虑根本不牢，便留儿子史朝义守相州，自己引兵回范阳。

观军容使鱼朝恩借邺城失利，屡进谗言，诋毁郭子仪，肃宗召郭子仪回来，以李光弼代为朔方节度使、兵马元帅。李光弼刚到范阳，就接到史思明大军分 4 路南下的消息，便急忙赶往汴州，要汴滑节度使许叔冀守住汴，他即刻回东京发兵来救，许叔冀一口答应。哪知史思明兵到，许叔冀便与濮州刺史董秦及部将刘从谏等投降了史思明，史思明以许叔冀为中书令，仍守汴州。

史思明乘胜西攻郑州。李光弼与洛阳留守韦涉商议，决定放弃洛阳，移军河阳，命韦涉率百官退入潼关，河南尹李若幽率吏民出城避敌。

李光弼到了河阳，不久，史思明也引兵到了，令骁将刘龙仙到城下挑战。刘龙仙自恃勇悍，谩骂光弼。李光弼问诸将："谁敢出马？"仆固怀恩说他愿往，光弼说："此非大将所为。"裨将白孝德请去，光弼问他要带多少人？白孝德说一个也不要，手持两支长矛，跃马出城，从容向刘龙仙驰去。刘龙仙见只有一个人出城，毫不在意，依旧谩骂，等白孝德走近了，正要动手，只见白孝德向他摇了摇手，刘龙仙不知是什么意思，不敢动手。白孝德走到离刘龙仙还有 10 步，睁眼问道："贼将认得我吗？"刘龙仙说："什么狗彘！"白孝德大吼一声，举矛把刘龙仙挑下马来，割了首级回城。

史思明有良马千匹，每日都放在河南岸洗刷，光弼命索军中牝马 500 匹，将马驹留在城中，待思明马到水边，都赶出城。母马离开马驹，嘶叫不已，史军牡马看见母马，立即蜂拥渡过河来，官军将它们尽数赶入城中。

史思明大怒，派了一支部队到河清，要想阻绝官军粮道，光弼屯军于野水渡防他。到天黑，光弼回河阳，留兵千人，派部将雍希颢守栅，吩咐说："贼将高庭晖、李日越，都有万夫不当之勇，今夜必来劫寨，他若投降，你便引他来河阳。"果然到大近黎明，李日越领 500 骑来劫寨，见雍希颢整军站在栅门前，便问："司空（李光弼）在吗？"雍希颢说："昨夜已经走了。"李日越默然良久，对部下说："今失李光弼，我必死了，不如投降吧！"雍希颢便领他去见李光弼，李光弼厚礼相待，当作心腹。高庭晖听到后，也来向李光弼请降。

诸将问李光弼："降两将为何这样容易？"李光弼说："史思明常恨不得野战，听说我在外，必以为可取。日越捉不到我，必不敢回。庭晖才勇胜过日越，听到日越被宠任，也就来归了。"众人都叹服。

史思明领军再攻河阳，光弼登城观敌，对左右说："贼兵虽众，但部伍不整，不足畏。不过日中，保证破贼。"命诸将出战。

到了日中，双方仍杀得难解难分，光弼召诸将来问："敌阵何处最坚？"答："西北方。"又问："其次何处？"答："东南隅。"光弼遂命部将郝廷玉率精骑 300 攻敌西北隅，又命论惟贞率精骑 200 攻敌东南方，并对诸将说："你们看我令旗而战，我挥旗缓，任你们择利而战；我挥旗急，则万众一心，杀入敌阵，有进无退，违者立斩！"于是挥动令旗，命诸将出城再战。

战不多时，忽见郝廷玉回马奔逃，李光弼大怒，急遣人去取他首级。郝廷玉报告说因马中箭，否则怎敢后退，李光弼命回马再战。又过了一会，大将仆固怀恩父子倒退下来，光弼又遣人去取他父子首级，怀恩看到使者提刀奔来，慌忙和儿子拨转马头，硬着头皮冲向敌阵。李光弼连连挥动令旗，诸将一齐拼死向前，喊杀声震天动地。叛军支持不住，向后溃退。这一仗斩首千余级，俘虏500，溺死者千余人，擒敌大将徐璜玉、李秦授，董秦率部投降官军。

史思明河阳兵败，退守洛阳，此后双方相持，互有胜负。史思明残忍好杀，部下稍不如意，便命族诛，人人不能自保。史朝义是史思明的长子，常跟史思明在外打仗，很谦恭，爱士卒，将士多愿依附于他。但史思明不喜欢朝义，而爱小儿子朝清，留他守范阳，并且常想杀了朝义，立朝清为太子。左右将士知道了他的心思，暗中告诉了史朝义。

有一天晚上，史思明宿于鹿桥驿，令心腹曹将军领兵宿卫。史朝义住在旅店里，其部将骆悦、蔡文景对朝义说："悦等与王死日快到了！请召曹将军来商议行大事。王若不许，悦等即刻投唐，王亦不能保全自己。"史朝义只是不响。

骆悦等把曹将军召来，与他商议行刺史思明。曹将军知道诸将都怨恨史思明，由不得他不答应。当天夜里，骆悦等带了300人到鹿桥驿，宿卫兵士虽感到奇怪，但害怕曹将军，都不敢阻挡。骆悦等进入史思明卧室，却不见史思明，喝问左右，左右早吓呆了，骆悦挥刀砍了几个，才有人说到厕所去了。骆悦等赶到厕所，仍找不到史思明，忽听墙外有马铃声，登墙一看，见史思明正要骑马逃走，忙一箭射去，正中思明，翻身落马，把他捆绑了，带到柳泉驿，用绳子勒死。

骆悦等返报史朝义，用毡裹了史思明尸体，送归洛阳。史朝义即皇帝位，秘密派人去范阳，命张通儒等杀了史朝清及朝清母辛氏，以自己的部将李怀仙为范阳尹，燕京留守。

史朝义自杀

宝应元年（762年）四月初五，太上皇玄宗病死，享年78岁。当时肃宗也患了重病，到了十八日，也两脚一伸，跟着玄宗走了。

四月二十日，广平王李俶即位，是为代宗。九月，代宗因仆固怀恩之女是回纥登里可汗的可敦，便遣怀恩出使回纥，重修旧好，并向回纥征兵讨史朝义。登里可汗开始时不答应，经怀恩再三劝说，才同意派兵。

十月，以雍王李适为天下兵马元帅，约期诸道兵及回纥兵马在陕州会合，进讨史朝义。代宗想命郭子仪为副元帅，宦官鱼朝恩和程元振坚决反对，只好任命仆固怀恩为副元帅。

战事告捷，怀恩进克东京和河阳城，捉住史朝义的中书令许叔冀、王伷等。

怀恩留回纥军于河阳，遣子仆固玚及朔方兵马使高辅成率步骑万余乘胜追击史朝义，到郑州，两战皆捷。史朝义逃到汴州，其陈留节度使关了城门不让他进去；朝义自濮州北渡黄河，其睢阳节度使田承嗣等领兵 4 万来与他会合，又被仆固玚击败了，长驱进到昌乐（今河南南乐）东，朝义又率魏州兵来战，又被仆固玚击败。于是敌邺节度使薛嵩向唐泽潞节度使李抱玉投降，敌恒阳节度使张忠老投降了唐河东节度使辛云京。

史朝义逃到莫州（治所在今河北文安县以西的鄚州），官军很快赶到。史朝义屡次出战，都吃了败仗。田承嗣要史朝义亲往范阳，然后发兵来救鄚州。哪知史朝义前脚刚走，田承嗣便开门投降了官军。

这时史朝义的范阳节度使李怀仙也已投降了朝廷，并遣兵马使李抱忠领兵 3000 镇守。史朝义逃到范阳，李抱忠关了城门不让他进城。史朝义派人去责问李抱忠，李抱忠说："天不保佑燕，今既归唐，岂可反复。"史朝义要求让他饱餐一顿。李抱忠答应了，命人在城东设食供应，结果家在范阳的将士都要求回家，史朝义一点办法也没有，只好让他们走了。史朝义吃饱了，带着数百胡骑东奔广阳（今北京市杨柳青），走到温泉栅，李怀仙派兵追来了，史朝义穷蹙无计，在树林中自缢而死，被李怀仙取了首级献给朝廷。历时 8 年的"安史之乱"到这时总算结束了。

唐末农民起义

时代背景

唐朝晚期，皇帝多半昏庸腐朽，不理朝政，军政大权全落宦官之手。唐懿宗委政于宦官田令孜，自己则音乐宴游。每次游幸，前呼后拥，扈从十几万人。其女同昌公主出嫁，懿宗"倾宫中珍玩以为资送，赐第于广化里"，同昌公主死时，他又为她大办丧事，仅殉葬物品，就陈列了 30 里长。懿宗笃信佛教，为了迎佛骨，以禁军为仪仗，迎佛骨的香车和盛佛骨的浮屠，都以金玉、锦绣、珠翠装饰，挥霍了大量钱财。

僖宗的奢侈更盛于懿宗，他尊田令孜为"阿父"，听其专权胡为，终日"斗鸡""赌鹅""击球"，把国库积蓄耗费一空。

唐末，官吏贪贿成风。"自咸通以后，上自宰辅以及藩镇，下至牧伯县令，皆以贿取"。懿宗时，宰相路岩公开贪赃纳贿，仅他的一个家吏贪污来的家产，就可供全国两年军资。当时宦官掌握禁军大权，有些禁军将领，以成倍的利息向长安巨富贷款，贿赂宦官，以谋取节度使的职位。担任节度使以后，通过吃空额、克扣军饷等方法，搜刮钱财，偿还贷款而外，又积蓄巨万财富。至于官吏抢占民田、兼并土地更是司空见惯。统治阶级集团已到了极其腐朽的地步。

由于统治阶级腐败，官僚机构的膨胀，战争的频繁，国家财政开支无限制地扩大了。为了解决这个困难，便一再增加两税税额。两税法实行后，只过了两年，税额就每千钱"增二百"；加上钱重物轻，两税初期万钱折绢3匹，15年后折绢6匹。人民负担实际增加了一倍。穆宗时，实际税额已增至3倍。除了两税以外，还有各种苛捐杂税，诸如盐、酒、茶、竹木、果蔬、牲畜税，名目繁多，几乎无物不征。尤以盐税影响最大。唐天宝时斗盐10文。乾元元年（758年），第五琦改变盐法，实行榷盐，即国家专买，盐价一下提到每斗110文。此后即不断上涨，至有"以谷数斗，易盐一升"者。政府每年盐税收入猛增到600万贯。百姓吃不起官盐，只好淡食或买私盐。政府为了禁止贩卖私盐，设立了巡院缉私，以酷刑镇压私盐贩，"盗鬻两池盐一石者死"，还采用了连坐法。结果，迫使私盐贩武装起来，结成帮伙，进行反抗。有些人后来成了唐末农民起义军的骨干和领袖。

唐末土地兼并盛行。河南长葛县一个小小的县令严郜，退职以后竟兼并了"良田万顷"。大官僚更不用说。有人形容那时土地问题严重的情况是"富者有连阡之田，贫者无立锥之地"。大地主占有的田地，十分才税二三，负担都转嫁给农民。农民失去土地，被迫逃亡。政府却还要实行摊逃，把逃户的赋税分摊到未逃的农户身上，结果是促使更多的农民逃亡。渭南县长源乡400户仅剩100户，阌乡县（今河南灵宝）3000户只剩1000户。人民无法继续生活下去，只有起来反抗，"所在群盗，半是逃户"，破产农民成为起义的中坚力量。

各地起义概况

大中十三年（859年）底，浙东爆发了裘甫领导的农民起义，揭开了大起义的序幕。裘甫领导的起义队伍，以不可遏阻之势，攻下了浙东象山（今浙江象山），进逼剡县（今浙东嵊州市），浙东震动。次年正月，起义军攻下剡县。起义军人数激增至3万多人，裘甫以剡县为根据地，自称"天下都知兵马使"，建元"罗平"，铸印"天平"，建立农民政权。三月，裘甫领导义军连续攻下上虞、奉化、余姚、宁海等地，一时声震中原。唐朝急派安南都护王式带领河南和淮南的军队，并招募发配在江淮间的回纥和吐蕃人，编成骑兵，前来镇压。六月，起义军退守剡县，和唐军展开血战，终因兵力悬殊，剡县失守，裘甫被俘牺牲。这次起义前后历时8个月。

裘甫领导的起义军失败后，不久又爆发了桂林戍兵起义。咸通四年（863年），唐朝为了防御南诏，招募徐、泗士兵800人戍守桂林，定期3年换防。到咸通九年（868年）已戍守6年，仍不准归回故乡，加以军官暴虐，士兵不堪忍耐。七月，众杀都将王仲甫，举庞勋为首，取兵甲自动结队北归。队伍经湖南沿江东下，过浙西，入淮南，九月抵达徐州境内。当时正逢淮北大水，灾民纷纷参加庞勋的队伍，义军很快发展到五六万人。这样，这次兵变就转变成农民起义。他们一举攻下徐州，杀死了徐州观察使崔彦曾等残暴官员，并且占领了淮南、淮北的广大地区，控制了江淮通往长安的漕运线，队伍发展到20多万人。咸通十年（869年）唐政府急忙调用沙陀、吐谷浑、契丹的骑兵约10万，在右金吾大将军康承训的率领下，前往镇压。徐州失陷。起义军失去据点，东西转战，连告失利，不幸在蕲县（今安徽宿县南）被围失败。

裘甫、庞勋领导的起义虽然失败，但他们的余部分散在山东、江淮一带，坚持斗争。

咸通十四年（873年），河南、山东一带，水旱灾害严重，粮食颗粒无收，但官府仍然催逼租税，从而激起民变。乾符元年（874年）底，私盐贩濮州（今河南范县南）人王仙芝领导农民几千人，在长垣（今河南长垣）起义，自称"天补均平大将军兼海内诸豪都统"，乾符二年六月，王仙芝率领起义军，攻下濮州、郓州（今山东东平西北），曹州（今山东曹县北）等地。这时黄巢聚众数千人，在家乡冤句（今山东菏泽市西南）起义，响应王仙芝。黄巢也是私盐贩，喜击剑骑射，读过书，粗通诗文，曾数次至长安应试不第。他曾同王仙芝同贩私盐，目睹唐统治的腐败和百姓生活的痛苦，愤世不平，便带领兄弟子侄等人，走上了反抗唐王朝的道路。两军会合后，队伍迅速发展到几万人。

起义军的迅速发展，严重威胁着唐王朝。唐朝急忙调集淮南、忠武、义成、宣武、天平5个节度使的兵力，前往镇压。任命平卢节度使宋威为统帅，统一指挥，围攻起义军。

起义爆发后，王仙芝和黄巢两支起义军并肩作战，从山东转战到河南、安徽、湖北一带，屡败唐军。唐政府以授给王仙芝左神策押牙兼监察御史的官职进行诱降，王仙芝动摇，但因黄巢等将领坚决反对，诱降未成。此后，黄巢回山东战斗，王仙芝留在湖北。乾符五年（878年）二月，王仙芝兵败被杀。其余部由尚让率领北上与黄巢会合。黄巢称"冲天太保均平将军"。

乾符五年起义军渡江南下。黄巢鉴于唐军大多集中北方，南方空虚，便避实就虚，于同年夏横渡长江，南下安徽、江西、浙江，并在当地人民的支持下，用一个月时间，开山路700多里，翻越仙霞岭，从浙江进入福建。第二年，攻占广州，发布文告，揭露唐朝弊政，宣布要推翻唐朝统治。同年十月率军北伐。广明元年（880年）七月在采石（今安徽当涂）渡过长江，又过淮河，队伍扩大到60万人。义军顺利占领洛阳后，于广明元年（880年）十二月进入长安，唐僖宗逃往四川。尚让向市民宣告："黄王起兵，本为百姓，非如李氏不爱汝曹，汝曹但安居无恐。"

起义军在长安正式建立政权，国号大齐。黄巢称皇帝，年号金统。以尚让等为宰相，朱温等为诸卫大将军，皮日休等为翰林学士。规定唐官三品以上的停职，四品以下的留用。大齐政权还镇压了豆卢瓒、张直方等一批隐匿不降和假投降的官僚、地主，但严禁随便杀人。大官僚、大地主被剥夺了田宅和货财，扫地出门，"富家皆跣而驱"。对一般百姓，则"见贫者，往往施与之"。这些措施，表现了农民的革命性，也反映了大齐政权和代表地主阶级利益的唐政权的显著区别。

起义军建立大齐政权后，以黄巢为首的领导集团，满足于既得的胜利，既没有乘胜肃清唐朝残余势力，又没有集中兵力消灭关中唐朝禁军的主力和周围藩镇势力。因此，以僖宗为首的唐中央在四川站稳脚跟后，得以重新组织力量，向起义军进行反扑。由于起义军北上过江后，没有重视根据地的建设，一味流动作战，特别是渡淮之后，队伍已发展到60万人，一路势如破竹，直取两京，然所经之地，甚至包括洛阳这样的重要城市，都不派兵驻守。而攻入长安后，也没有利用唐军溃散的机会巩固和扩大以长安为中心的根据地。这样一来，大齐政权势力范围只局限于东起华州，西至兴平，南抵商州的地区内，兵源、军资和粮食供应都很困难。

中和元年（881年）三月，唐僖宗在四川发布命令，号召各藩镇进击起义军，唐朝的军队汇集了沙陀贵族李克用的骑兵，从四面包围长安，双方展开殊死战斗，长安几度失而复得，战斗十分激烈。这时，被唐重兵围困在城内的起义军，粮食极为缺乏，只得以树皮等物充饥，处境日益困难。唐政府为配合军事围剿，又加紧对起义军的分化诱降活动。九月，起义军的同州防御使朱温叛变降唐，削弱了起义力量。

由于朱温的叛变，起义军处于外无援兵、内无粮草的险恶境地。中和三年（883年）五月，黄巢被迫退出长安，向河南转移，在陈州与唐军胶着近300天，失去了及时向有利地区转移的机会，进一步陷入被动的局面。这时，唐朝从各地调兵增援陈州，李克用领沙陀骑兵5万，从太原南下河南。黄巢只得放弃陈州，向山东退却。中和四年（884年）五月，起义军在中牟县王满渡北渡汴河时，遭李克用骑兵突击，伤亡惨重。在这一关键时刻，尚让等叛变，局势急转直下。最后黄巢败退至山东，又遭唐军追击。六月，起义军在瑕丘（今山东兖州西）被唐军李师悦包围，因力量悬殊，部众丧亡殆尽。黄巢率残部退至泰山狼虎谷，自刎而亡。

黄巢领导的农民起义军，英勇奋战10年，转战大江南北，行程万里，席卷大半个中国。起义军由几千人发展到60余万，攻占长安，建立政权，时间之长，规模之大，在农民战争史上是空前的，这次起义打击了藩镇割据势力，镇压了贪官污吏，瓦解了唐王朝的统治，也沉重地打击了整个地主阶级，特别是荡涤了魏晋以来残存的世族地主势力。在政治上，促使门阀观念的消除，五代以后"取士不问家世，婚姻不问阀阅"。在经济上，削弱了大土地所有制，使土地高度集中的情况有所缓和，佃农的地位有所变化。

经过藩镇混战、宦官乱政和农民起义的打击，唐王朝已虚弱不堪。而靠镇压农民起义起家的新旧军阀却乘机扩大势力。他们互相进攻吞并，最后只剩下10余个藩镇。

势力较强的，在北方有：河南的宣武节度使朱全忠（朱温）、山西的河东节度使李克用、陕西的凤翔节度使节茂贞、河北的卢龙节度使刘仁恭。南方有：浙江的镇海节度使钱镠、江苏的淮南节度副大使杨行密、四川的西川节度使王建。这些节度使中，又以朱全忠、李克用最强。

龙纪元年（889年），朱全忠打败河南的秦宗权后，势力大增，光化三年（900年）又打败刘仁恭，"河北诸镇皆服于全忠"。朱全忠与李克用为扩大地盘、控制唐朝皇帝，连年攻战，天复二年（902年），朱全忠打败李克用，一时称雄北方。

唐朝小朝廷，宦官与朝官的斗争不息。天复元年（901年），宦官韩全海勾结凤翔节度使李茂贞，宰相崔胤勾结朱全忠，互相斗争。天复三年（903年），朱全忠打败李茂贞，控制了唐昭宗，崔胤引朱全忠入京，杀宦官数百人，只留下品低幼弱者30人以备洒扫，宦官势力被根除。

天祐元年（904年），朱全忠又杀宰相崔胤，逼唐昭宗迁都洛阳。这年八月，杀唐昭宗，立其13岁的第九子李柷为傀儡皇帝，即哀帝。第二年，朱全忠又杀宰相崔枢、崔远等朝士30余人，投尸黄河，以减少他代唐称帝的阻力。天祐四年（907年），朱全忠废唐哀帝，自立为帝，国号梁（史称后梁）。至此，经21帝，历时290年的唐朝灭亡了，历史进入了五代时期。

王仙芝、黄巢起义

唐朝后期，统治阶级内部矛盾日趋尖锐，宦官专权，朋党相争，朝政腐败，地方割据势力膨胀。统治阶级与被统治阶级之间的矛盾，以及民族矛盾也日趋尖锐。在严重的社会危机和自然灾害面前，广大农民无以为生，反抗力量遂遍及各地。在裘甫起义、庞勋起义失败之后，终于酿成了更大规模的以王仙芝、黄巢领导的农民大起义。

唐朝镇压了裘甫、庞勋起义，并没能缓和社会矛盾和阶级矛盾，反而造成了更大的不稳定。懿宗又不思励精图治，而是骄奢政荒，宠信谀臣，贬窜忠良。咸通十一年（870年），庞勋起义的余部就相聚闾里，散在兖、郓、青、徐之间，进行反对朝廷的活动。这个地区成了唐末社会矛盾和阶级矛盾的热点，终懿宗朝，都没能消除这个热点。咸通十四年（873年）七月十八日，懿宗死，年41。大宦官刘行深、韩文约杀长立幼，立懿宗第五子普王李俨即位，改名儇，是为僖宗，时年12。这个小皇帝专事游戏，斗鸡打毬，把政事全委托给从普王府带进宫来的左神策中尉田令孜。

这年秋，自虢州（今河南灵宝）直到海边，发生了大旱灾，小麦只收了一半，秋粮几乎颗粒不收，老百姓只能以草为面，磨叶成粉充饥，无数百姓饿死。官府还要催缴钱粮，逼得百姓撤屋伐木，卖妻鬻子。整个关东地区燃烧起来了，一股一股贫民揭竿而起。僖宗乾符元年（874年）十一月，濮州（今河南范县）盐贩子王仙芝率众数千，在长垣（今河南长垣）起义。乾符二年（875年）正月三日，他自称"天补平均大将军兼海内诸豪都统"，传檄诸道，抨击唐朝廷官吏贪婪，赋税繁重，赏罚不平，同裘甫起义一样，要建立一个以公平为原则的社会。六月，王仙芝与大将尚君长一起攻克濮州、曹州（今山东曹县），队伍迅速壮大到数万人。

王仙芝贩私盐有个老搭档，就是历史上大名鼎鼎的黄巢。黄巢是曹州冤句（今曹县西北）人，能文能武，善骑能射，任侠好义，曾经多次考科举落第。王仙芝起义，黄巢毅然投笔，与弟黄揆等聚众数千响应。

七月，关东又发生大蝗灾，赤地千里，民不聊生，饿殍遍野。于是更多的农民纷纷聚义，多的千余人，少的数百人，投入王仙芝、黄巢起义。数月之间，黄巢所部也发展到数万，攻州略县，横行山东。

唐朝廷诏调淮南、忠武、宣武、义成、天平五镇军急速集结曹濮地区镇压。十二月，以平卢节度使宋威为诸道行营招讨草贼使，统一指挥各道。乾符三年（876年）七月，宋威率军在沂州城下，与王仙芝大战，获胜。王仙芝、黄巢突然踪迹全无。宋威表奏王仙芝、黄巢已被消灭，就遣散诸道兵，自己也回青州（治所今山东益都）去了。百官入朝僖宗，庆贺天下太平。

谁知过了三日，各州县纷纷上表报告说，发现了王仙芝。朝廷只得又诏调诸道兵，惹得被征调兵士怨怒思乱，战斗力大为削弱。八月，王仙芝、黄巢乘虚挥师西进，攻克阳翟（今河南禹县）、郏城（今河南郏县）。九月，攻克汝州（今河南临汝）、阳武（今河南登封东南），兵锋直逼洛阳，东都大震。朝廷急命宋威统率本镇及平卢、宣武等四镇兵进驻亳州（今安徽亳县），诏忠武节度使崔安潜发兵迎击，又调昭义节度使曹翔率步骑5000守卫东都，任命左散骑常侍曾元裕为招讨副使守卫东都，山南东道节度使李福扼守汝、邓（今河南邓县）要路，邠宁节度使李侃、凤翔节度使令狐绹守陕州、潼关以防义军入关。

王仙芝西攻郑州、中牟后，突然翻过伏牛山，疾驱600余里，攻打唐、邓二州。再长驱南下600多里，攻克郢（今湖北钟祥）、复（今湖北天门县西北）二州。十二月，回师攻申（今河南信阳）、光（今河南潢川）、庐、寿（今安徽寿县）、舒（今安徽潜山）州，又南攻蕲（今湖北蕲州）等州。黄巢也率部穿过嵯峨山（今河南遂平县西），与王仙芝部平行南下，在蕲州会合。

这时两支义军只剩下 5000 人马，王仙芝想受朝廷招安求官，派降官王镣送书信给蕲州刺史裴偓。裴偓正中下怀，与王仙芝约定，双方收兵不战，由他向朝廷为王仙芝求官。裴偓是宰相王铎的门生，他开城门延纳王仙芝、黄巢等义军将领 30 多人，设宴置酒，还送了义军很多财货，当场具表给朝廷为王仙芝请求委任状。

不久，宦官专程从长安到蕲州，送来告身，委任王仙芝为左神策押牙兼监察御史。王仙芝拿到告身很高兴，王镣、裴偓等人都去向他祝贺。黄巢闻讯赶来反对，大发雷霆，大骂王仙芝："当初大家共立大誓，横行天下，如今你一人想去左军当官，叫 5000 弟兄到哪里去！"说完，痛打王仙芝，义军将领齐声反对不已。

王仙芝怕触犯众怒，就没有受命，烧了官舍，在城中驱杀，裴偓逃奔鄂州去了。但黄巢与王仙芝从此分裂，王仙芝与尚君长带了 3000 余人，黄巢带了 2000 余人，在蕲州分道而去。

黄巢率部北上，行军 1500 里，乾符四年（877 年）春攻克郓州（今山东郓城）、沂州，杀天平节度使薛崇。然后突然再下嵯峨山，与据山留守的尚让会合。休整后，于七月，回兵中原，进攻宋州，与宋威所率忠武、平卢、宣武 3 镇兵大战，打得宋威躲进城不敢出战。朝廷派左威卫大将军张自勉率兵 7000 赶来增援，黄巢怕受夹击，便避其锋芒，不得不撤围，南下攻克安州，略地蕲、黄（今湖北黄冈北），又突然北上，攻克匡城（今河南扶沟西南）、濮州，打得唐朝廷晕头转向。

与此同时，长江以南也活跃着一支由柳彦章率领的起义军，他们攻占江州（今江西九江）。俘刺史陶祥，在江州建立水寨水军，拥有百余艘战船。

王仙芝与黄巢分裂后，一直在湖北辗转作战。八月，攻克随州（今湖北随县），活捉刺史崔休征，略地复、郢，连续打了几次胜仗。但唐朝廷已知王仙芝有投降之心，十一月，招讨副使、都监杨复光派判官吴彦宏招降王仙芝。王仙芝回派尚君长等 3 员大将去见杨复光议降，3 人在途中被宋威劫取。宋威上奏冒功，说他在战斗中俘获了尚君长等。杨复光得知后，上表揭露说尚君长是主动来投降的。朝廷派侍御史来审讯，审不明白，结果宋威杀了尚君长等 3 人。王仙芝白白牺牲了 3 员大将。

消息传到王仙芝军中，王仙芝大怒，率军自郢州直扑江陵（今湖北江陵）。荆南节度使杨知温不懂军事，不设防备。乾符五年（878 年）元旦，大雪纷飞，王仙芝渡过汉水，攻陷罗（大）城。城中将士退守子（小）城。杨知温若无其事，穿戴着文官袍帽上城抚慰士卒，还在城上赋诗给幕僚们看。山南东道节度使李福和驻扎襄阳的沙陀骑兵闻讯连夜赶来援救，在荆门（今湖北荆门）

与义军遭遇，沙陀骑兵横冲直撞，义军战败。王仙芝得报，焚掠了江陵大城，往北向申州转移。

正月初五日，王仙芝在申州遭到唐招讨副使曾元裕的袭击，死降散2万人。王仙芝被迫南返，穿过大别山区。二月，进入黄梅（今湖北黄梅）。不料曾元裕在此布置了伏兵，当王仙芝退入黄梅山时，官兵四起，王仙芝牺牲，5万余义军大部战死，鲜血飞溅，染红了黄梅山峦。

黄巢大举北伐克长安

黄巢在岭南积极准备下一步的军事行动，把矛头直接指向唐朝的中央政府。他发表文告，自称义军百万都统兼韶广等州观察处置等使，历数宦官专权、官吏贪污残暴、考选不公、埋没人才等弊病；宣称禁止刺史添置私产，县令贪赃者灭族；明白表示引军北上，入潼关克长安的决心。这篇文告博得了人民的欢迎，把斗争引向一个更高的阶段。

这年十月，黄巢大军从桂州（今广西桂林）出发，编了几千只大木排，乘着水涨，浩浩荡荡，沿湘江而下，经永、衡二州（今湖南零陵、衡阳），直抵潭州（今长沙），猛攻一天，便打下了这座10万大军防守的城市。

这时担负镇压义军责任的是荆南节度使、南面行营招讨都统王铎。他原任宰相，是个典型的老官僚。他带着一批"旧族子弟"的幕僚，在江陵纵情声色，逍遥自在，把前方的军事交给部将李系负责。李系是名将李晟的曾孙，其实不懂军事。战国时赵国名将赵奢的儿子赵括虽然没有本领，多少还有点勇气，可这个李系连勇气也没有，只会在没事时说大话。王铎却以为李氏世为良将，必然可用，于是让他去守潭州。不料黄巢兵临城下，他便急急忙忙地溜掉，把城池丢了。

尚让领得胜之师，进逼江陵。王铎平日只是和姬妾们胡闹。他的老妻知道了，要到江陵去问罪。王铎知道了，向幕僚们说："黄巢北上，夫人南来，如何是好？"有人打趣说："不如投降黄巢！"这个指挥部里全是一批腐朽的货色，当然只会用"三十六计"的"上策"，逃走了事。尚让还没有到，他们已逃往440里以北的襄阳去了。

十一月初六日，黄巢大军进入江陵。这时江陵已被王铎的部将大肆焚掠，变为一座空城了。

从当时的交通线来看，由江陵出襄阳，北入河南，距离最近，取径最直。黄巢本来也准备走这条路，但是到了距襄阳270余里的荆门时，中了唐将刘巨容、曹全晟的埋伏，前队败了一阵。黄巢一向惯用避实击虚的战法，他见正面唐军力量较强，便改变方向，于十二月初七日放弃江陵，由水路沿江东下，攻破鄂州的外郭。在广明元年（880年）的上半年中，转战江南，先后攻下过饶、信、池（今安徽贵池）、歙、衢、婺（今浙江金华）、睦（今浙江建德）等州，西起江西，东至浙东，声势非常浩大。

唐政府用淮南节度使高骈做诸道行营都统，对付义军。高骈是个老军阀，颇有作战经验，这时驻屯扬州，兵精粮广，都统有调动各处兵马的权力，力量更是雄厚。他确是义军最强大的敌人。他不仅守淮南，而且派部将张璘深入江南，进攻义军。五月间，黄巢在信州一战歼灭张璘的全军，大大地打击了高骈的气焰。这一仗为渡江北上打开了道路。

六月底，大军攻克宣州。七月间，从采石（今安徽当涂西北）渡江，攻下和、滁二州（今和县、滁县），挥戈东指，直逼天长、六合，进至离扬州50里的地方。

自命为一世之雄的高骈吓破了胆，只想保全实力，不敢出战，诈称得了疯癫病，躲在扬州城里不动。黄巢知后顾无忧，在天长屯扎了40多天，在九月间全军渡淮，进驻今皖北豫东一带。

于是黄巢自称天补大将军（一作率土大将军），向各地唐军将领发出通牒，叫他们各守本境，不要听从政府调遣，前来抗拒；又声明吊民伐罪的宗旨，表示入京问罪，与众人无干。这样一来，唐军士气更加低落，藩镇只图自保，观望形势，因而朝廷陷于孤立，河南郡县纷纷陷落。只有泰宁节度使齐克让一军，勉强抵敌，然兵不满万，节节败退，连招架之功也没有了。

十一月十七日，黄巢率领60万大军，不战而下东都洛阳。留守刘允章与百官迎降。黄巢入城，慰问居民，秩序井然。

唐政府手里的武力只有神策军了。这支队伍多年来粮饷优厚，是宦官用以专制朝政、废立君主的工具。说起战斗力来，却是一点都没有的。军士多半是富家子弟，除了贿赂，取得军籍外，就会仗着身份横行市井。一旦听说要打仗，连忙雇些穷人做替身。这些人连兵器也不晓得怎么拿，哪里会打仗，更重要的是哪里肯打，自然一接触便溃散了。

十二月初一日（881年1月4日），义军进至潼关，漫山遍野，一片白旗，连尽头也望不见。黄巢亲临前线的时候，全军欢呼，山河都好像为之震动，声威之盛，真是惊人。唐军成了惊弓之鸟，那里见得这般阵势。齐克让军在关外抵挡了一下，便烧营溃退。潼关旁边有个山谷，平日防商贩逃税，禁止通行，叫做"禁坑"，里面灌木寿藤长得异常茂密。溃兵夺路乱奔的时候，往"禁坑"里钻，一夜工夫，踏成了一条平坦的道路。

初二日，义军填平关外的天堑，进兵攻关。尚让和黄巢的外甥林言，分兵从"禁坑"绕到关后，前后夹攻，于初三日天明时完全攻克潼关。

长安得讯，顿时大乱。十二月初五日，僖宗和宦官田令孜带了几个亲王、妃嫔，率神策军500人，偷偷地出金光门，昼夜不停地飞跑，逃往西川去了。百官没有预料到局势变得这样快，早晨还去上朝，退朝之后，听得败兵进城，才惊慌逃窜。"忽看门外起红尘，已见街中擂金鼓。居人走出半仓皇，朝士归来尚疑误。"一会儿，消息证实，皇帝已逃，义军将到，"须臾主父乘奔至，下马入门痴似醉。适逢紫盖去蒙尘，已见白旗来匝地。"韦庄《秦妇吟》攻击农民起义，内容是反动的，但也反映了某些历史情况。从这些诗句，可以想见当时统治阶级分子惊慌失措的情况。

这是天翻地覆的时刻。溃兵、恶少乘机打劫，长安城中闹得乱糟糟的，幸而义军赶到，很快制止了这场骚乱。

当天午后，前锋将柴存进入长安。唐朝金吾大将军张直方带了数十名文武官员，到霸上迎接黄巢。黄巢乘一辆金装肩舆，左右随从，披着长发，发上扎了红绸，手执兵刃，身披锦绣，团团簇拥着他。军队人强马壮，轻重车辆充塞道路，千里不绝，浩浩荡荡地进入京城。

大齐金统皇帝

广明元年十二月十三日（881年1月16日），含元殿上战鼓咚咚，这是黄巢即位的乐声。接着，他登丹凤楼，宣布赦书。新政权国号大齐，改元金统，任尚让为太尉兼中书令，赵璋为侍中，孟楷、盖洪为左右仆射兼知左右军事，崔璆、杨希古为同平章事。

新政府严厉地镇压了一批罪大恶极的唐朝皇族和大官僚地主，及一些顽固的反动分子。宰相豆卢瑑、崔沆等隐匿不出，被义军搜获杀死。张直方表面上带头迎降，实则包庇亡命之徒，阴谋复辟，也被查出处死。对长安一般朝官，规定三品以上停职，四品以下留任，参加义军的诗人皮日休也充当了翰林学士的职务。

金统二年（唐中和元年，881年），凤翔节度使郑畋纠合西北各镇，反攻长安。四月初五，义军主动退出长安，宿营霸上。唐军先头部队进了城，大肆掳掠。城中的反动分子也活跃起来，有的帮唐军作战，有的浑水摸鱼，跟着官兵抢劫。义军乘此机会，由孟楷统兵，重入长安，杀死唐将程宗楚、唐弘夫等，把入城部队消灭了八九成。四月初十，黄巢回到长安，对城里的反动分子进行了一次镇压。

大齐金统政权建立了，郑畋指挥的反攻被击退。黄巢领导的义军取得了伟大的胜利，然而他没有料到，胜利正在偷偷地从他手里溜走。

黄巢进了首都，没有乘胜追击，彻底消灭唐朝中央政府；组织新政府以后，又没有进一步考虑应该实行哪些措施，来巩固斗争的成果，实现原先的远大意图。从当时的情况看，他是把攻占长安、组织政权看作大功告成，可以坐待各方面的归顺。在巨大的胜利面前，他眼花缭乱了，有些陶醉了。

反动势力乘此机会整顿改组了它的阵线。唐僖宗到了兴元（今陕西汉中），便发布诏令，号召天下藩镇出兵镇压义军。他到了成都，情势安稳了，更可以在那儿发号施令。这个政府尽管腐朽，它的存在总表明唐朝并没有被消灭，使一切反动力量有重新组合的核心。

长安刚陷落的时候，许多地方军政长官惊慌失措，确有一些人表示愿意降齐，连那个郑畋也用诈降为缓兵之计。黄巢真的缓了兵，过了3个多月，形势大变，郑畋便联合各镇反扑过来了。各地方的节度使，由于阶级的对立，在反黄巢这一点上，态度一致。分散的反动力量逐渐联合起来，向长安采取围攻的姿态。

在义军这一面，军事地位由主动变成被动了。这是"流寇主义"造成的恶果。

多年以来，黄巢转战南北，避实击虚，使唐军防不胜防，取得辉煌的胜利。天下各地，多的是受苦难的农民阶级兄弟，义军不愁兵力得不到补充。地主阶级中一些找不到出路的人才，见义军强大了，也会前来投效。流动作战正像滚雪球，愈滚愈大。在这个地区因"气候"不利而缩小了，滚到另一个地区去，又会迅速地扩大。至于给养粮饷，因为到处都有府库仓廪和豪富的资产可以没收，加上人民的输纳，决不会感到缺乏。这些是流动作战的好处，应该承认。但是进入长安以后，情况变了，这些有利条件统统消失了。

起义军一向没有注意巩固占领的地区，军队前进，就把占领的城市乡村都放弃了。这在初期，力量不足，无法固守，是不足为奇的。到了南方，由于要北上推翻唐政府，势难留兵岭南，这也合情合理。但是到渡江北上之后，取而代之的时机已经成熟，还不考虑这个问题，实在是个致命的错误。黄巢进了长安，所有不过关中的小部分，连东都洛阳也不在手里。于是一系列的问题都出现了。

首先是变成了挨打的目标。以前唐军处处设防，黄巢以全军击其一点，常占优势。如今坐守长安，遭受围攻，陷入了被动地位。

其次，兵源、饷源都没有了来源，出现了严重的粮荒。义军守着长安，失掉了与广大农民群众的联系，休说没有土地来满足士兵和农民对土地的要求，连兵源也丧失了。关中地区，由于长期受唐朝统治者残酷的榨取和剥削，生产凋敝，向来苦于粮食不足。义军数十万之众云集于此，粮食问题实难解决。加以唐朝军队在长安外围肆行掳掠，使这一带人口流散，土地荒芜。长安孤城，益发难以维持，粮价曾涨到3万文一斗，数百倍于晚唐的正常价格。在这样的情况之下，义军的力量就大大地削弱了。

另外，情况困难了，义军内部的裂痕也出现了。黄巢部下将领能够不屈不挠坚持斗争到底的，很难举出什么人来；反之，在危急之际，投到敌人阵营中去的，却很不少。这很可能是因为闯荡江湖的人多，真正从贫苦农民出身的少；顺利时一同打天下容易一致，艰难时肯力战牺牲的就不多了。我们对于许多人的早期情况不清楚，不好具体分析。但是朱温的经历，文献上比较清楚，他可以算作一个代表人物。此人出身贫苦家庭，却从小不肯劳动，游手好闲，是个泼皮无赖。他会有一定的反抗性，但更富于投机冒险的习性。这种人以参加起义始，以叛变投降终，一点也不奇怪。

金统三年（唐中和二年，882）九月，朱温叛变，在军事上给敌人打开了缺口。当时朱温驻兵同州（今陕西大荔），独当一面，负有屏障长安的重责。不料他见义军声势渐衰，又与孟楷有点矛盾，竟降了唐朝。唐僖宗知道了，喜出望外，赐了一个名字，从此改叫朱全忠。

此后，唐军加紧了围攻，并调沙陀贵族李克用统领的4万名穿黑衣的"鸦军"，投入战斗。李克用本姓朱邪，李是赐姓。他是镇压庞勋的朱邪赤心的儿子，父子两代都是农民起义军的死敌。

金统四年（唐中和三年，883年）的春天，义军陷入了苦战的局面。同州梁田坡一役，伤亡数万，大将赵璋战死。接着华州等据点失守，长安屏障尽失，坐守危城，势必覆没。黄巢不得已于四月初八日晚上，撤出长安，由蓝田关入商山，望东而去。

黄巢进长安，弃长安，都没有什么破坏行动。唐军进了长安，烧杀抢劫，无所不为，宫室民居，绝大部分都遭破坏，壮丽的长安城几乎变成了一片瓦砾场。后来唐僖宗虽力加以修缮，然而旧日的面目，一直没有完全恢复。

退出长安

黄巢没有继续进取，打下的城池也大部放弃了，因此大齐政权局促在东起潼关，西到龙尾坡，北至同州（今陕西大荔），东南到商、邓的狭小区域内，长安处在官兵的四面包围之中，粮源非常困难。

黄巢不断遣使到河中（治所今山西永济蒲州镇）征调粮食，当地吏民不胜负担，降将原唐河中节度使王重荣乘机叛变，杀了大齐使者。黄巢命驻防同州的大将朱温和驻守潼关的兄弟黄思邺合兵击河中，没能取胜。王重荣与举军入援关中的义武节度使王处存结盟，在渭水北岸安营扎寨，虎视长安。西面的唐凤翔节度使郑畋一面由幕僚修表表示归顺大齐，一面加紧挖城堑，筑工事，修兵器，训练士卒，收集数万禁兵，密约邻道合兵凤翔，准备反扑。中和元年（881年）三月僖宗在成都任郑畋为京城四面诸军行营都统，命他传檄天下藩镇合兵勤王，围剿大齐。

黄巢派大将尚让、王播率5万主力西攻郑畋。可尚让以为郑畋是个书生，轻敌大意，队伍不整，鼓行而西，结果在龙尾坡中了官兵的埋伏，被杀2万多，伏尸数十里。郑畋乘胜部署各道兵进逼长安。唐弘夫率泾原镇兵屯渭北，王重荣率河中镇兵屯沙苑（今陕西大荔南），王处存率易定镇兵屯渭桥（今西安西北），拓跋思恭率鄜延镇兵屯武功（今陕西武功），郑畋自屯盩厔（今陕西周至），缩小了对长安的包围圈。

四月五日，官兵发起进攻。黄巢见官兵来势汹汹，兵多将广，主动率军撤出长安，露营霸上。唐将程宗楚、唐弘夫、王处存相继突入长安城。他们怕他镇得知赶来分功抢利，所以不报告郑畋，在城中纵兵出入民宅，大抢大杀，奸淫妇女。城中恶少流氓也乘机扮成官兵，浑水摸鱼，打家劫舍。城中一片乱糟糟。

黄巢得到情报，立即组织反攻。大将孟楷率兵从各门攻入，在城中与官兵展开激烈巷战。官兵都背负着抢来的财物，行动大受影响，被杀得片甲不留，十成中死了八九成，程宗楚、唐弘夫战死，只有王处存率残兵逃出。十日，黄巢第二次进入长安，忙着接受诸将所上尊号"承天应运启圣睿文宣武皇帝"。这次，他又犯了偏执的错误，他恨长安居民帮助官兵，为了报复，纵兵屠杀，流血成河。这注定了他最后在长安城待不下去。自此，大齐形势日益险恶。

中和二年（882年）九月，同州防御使朱温叛变。朱温是宋州砀山人，出身孤贫，随母兄依人，成年后凶悍无赖，好吃懒做。黄巢起义，他立即参加，屡立战功，是黄巢心爱的大将之一。他驻防的同州处在最前线，但兵力不足，多次请求增兵，都被知右军事的孟楷扣压不报，早就心怀不满。这时，见黄巢兵势日蹙，诸将离心，晓得依靠黄巢再也没有出路，就杀了监军，举州投降了王重荣。于是长安东北门户大开。唐僖宗得报大喜，任命朱温为右金吾大将军、充河中行营招讨副使，赐名朱全忠。

年底，李克用率4万沙陀兵到达同州。沙陀兵骁勇好战，一到即战，中和三年（883年）初在沙苑大败黄巢弟揆。二月，沙陀兵会同河中、易定、忠武镇兵，在梁田坡与尚让所率15万大齐军激战，整整打了一个下午，大齐军被打败，伤亡数万，伏尸30里。

李克用乘胜不断推进，连连得胜，进屯渭北。四月三日，李克用与黄巢一日三战，黄巢没有后援，官兵却源源不断增援，黄巢大败。八日，李克用打进长安。黄巢力战，抵挡不住潮水般涌进来的官兵，烧了宫室，弃城撤走。黄巢走兰田道入商山，沿路边撤边故意把金银财宝丢撒在路上，追赶的官兵见了，争先恐后抢拾，无心紧追。于是黄巢摆脱了追军，平安退入河南。

丧身狼虎谷

黄巢退出长安时，有兵18万人，战斗力仍很强劲。如果他能认真总结经验教训，用己之长，击敌之短，仍旧可以大有作为。可惜他到了河南，就犯一个战略错误，硬打陈州（今河南淮阳）300天之久，结果遭到重大的挫折，并且导致了失败的结局。

事情是这样的。孟楷率领先头部队先遭陈州刺史赵犨袭击，被俘牺牲。黄巢大怒，集结主力，围攻陈州。在感情冲动之下，他忘了利害，犯兵家大忌，屯兵坚城之下，不顾一切地猛攻。

日子一久，兵力疲乏，河南连年饥荒，粮食也非常缺乏。唐乘机集结援军，准备在陈州附近打一次歼灭战。金统五年（唐中和四年，884 年）五月初，黄巢被迫解围，引兵北上，在中牟（今属河南，在郑州、开封间）被李克用击败。尚让带了一部分队伍，投到徐州节度使时溥那里；另外一些旧将，逃往汴州（今河南开封），投奔朱温，后来都成为朱温部下的大将。这些人都是农民起义军中的败类。

黄巢率余部东走，连遭追兵掩击。六月十七日，黄巢和兄弟黄邺、黄揆、外甥林言等，退到泰山狼虎谷（今山东莱芜境内），力竭自杀（一说使林言代杀）。林言持黄巢弟兄的首级，带了黄巢的家属，投往时溥，也为追兵所杀。轰轰烈烈的持续 11 年之久的农民大起义至此结束了。

朱温篡唐

镇压了黄巢起义，并没有能挽回唐朝急剧衰落的命运。在镇压黄巢起义中，各路诸侯都乘机拥兵自重，割据称雄，不受朝廷制命，相互攻并。汴州刺史朱温与河东节度使李克用的战争刚刚停下来，朱温又同蔡州节度使秦宗权打了起来；沧德节度使王铎在漳南高鸡泊被魏博节度使乐彦祯之子乐从训杀了，淮南、江南军将也在相互攻打，混战、军乱此起彼伏。

光启元年（885 年）正月，在这一片纷扰混乱中，僖宗从成都出发，三月十一日，返回长安。只见城中建筑十焚六七，宫阙破残，荆棘满城，狐兔纵横，破败不堪。十三日，僖宗御宣政殿，宣布大赦，改元光启。可这时李昌符割据凤翔，王重荣割据蒲、陕，诸葛爽割据河阳、洛阳，孟方立割据邢、洛，李克用割据太原、上党，朱温割据汴、滑，秦宗权割据许、蔡，时溥割据徐、泗，朱瑄割据郓、齐、曹、濮，王敬武割据淄、青，高骈割据淮南 8 州，刘汉宏割据浙东，都自擅兵赋，叠相吞噬，废置不由朝廷。江淮转运路绝，两河、江淮赋税都不输供长安。朝廷号令，只行于河西、山南、剑南、岭南数十州，"王业于是荡然"。

起初，最厉害的是秦宗权。黄巢起义被镇压不久，他就称帝，设官分署，派部将四出攻掠，秦彦掠江淮，秦贤掠江南，秦诰攻陷襄阳，孙儒攻陷孟、洛、陕、虢，张晊攻陷汝、郑，卢塘攻打汴州，攻陷附近 20 余州，所过屠残人物，燔烧城邑，使得西至关内，东到青、齐，南至江淮，北至卫、滑，鱼烂鸟散，人烟断绝，荆榛蔽野。光启元年六月，孙儒攻占东都，烧杀抢掠，东都变成一片废墟，鸡犬不留。

秦宗权的凶势在汴州、陈州遭到了阻遏。陈州刺史赵犨和朱温是儿女亲家，为了保住自己的地盘，顶住了秦宗权的进攻。秦宗权越过陈州，把战场推进到汴州大梁城（今河南开封）城外，与朱温进行了旷日持久的兼并战争。光启元年十月，在城外八角镇，秦宗权大败朱温。光启二年（886年）五月，朱温在尉氏（今河南尉氏）南战败秦将秦贤。秦宗权自以为兵力是朱温的十倍，竟然被他战败，就在光启三年（888年）正月，倾全力来攻汴州。秦宗权部署张晊屯兵汴州北郊，秦贤屯兵城西板桥，各有兵力数万，列36寨，连延20余里；卢塘屯兵万胜（今河南中牟县境），夹汴水筑营，断绝汴州粮路，要一举吞灭朱温。

朱温因汴州兵少，派大将诸军都指挥使朱珍为淄州刺史，去淄青招兵万余，买马千匹。四月，朱珍还大梁，朱温大喜说："吾事成功了！"他召集诸将说："敌人不知朱珍已到，一定还以为我们兵少畏敌。我们正好出其不意，先发制人。"于是他自引兵攻袭秦贤寨，士兵们鼓勇而进，踊跃争先，连拔四寨，斩万余级，秦兵大惊。这时，朱温派遣到河阳、陕、虢的部将郭言也募兵万余赶到。朱温兵力大增，乘着漫天大雾，乘胜袭击万胜秦兵，将其掩杀殆尽。秦兵都徙到张晊的营寨，朱温乘胜追击，斩杀2万余。五月，再次出击，大败张晊。

听说围城秦兵大败，秦宗权率精兵从郑州赶回，会合张晊，进攻汴州。朱温不敌，向朱瑄求救。朱瑄、朱瑾弟兄率兖、郓兵赴救，义成军也同时赶到。朱温合四镇兵反攻，在汴州北郊边孝村大败秦宗权，斩首2万余级，一直追击秦宗权到汴州西北90里的郑州阳武桥才奏凯还师。秦宗权弃了郑州，逃回蔡州。其余占据东都、河阳、许、汝、怀、虢的秦将也弃城焚舍而去。朝廷任命护驾都头杨守宗为许州事，朱温以其将孙从益知郑州事。

从此，秦宗权势力日益衰落，朱温崛起中原，举足轻重。他野心勃勃，常想外掠，扩展地盘，吞并邻道，因感兵力不足，而四境又都是割据的藩镇，时常郁然不快。馆驿巡官敬翔探知他的心事，向他献计说："明公想图大事，可一有举动必为四境乘机入侵。如今只要指使麾下将士假叛逃到邻道，然后明公奏告朝廷，传告四邻，以自伐叛徒为名就出兵并吞邻道了。"朱温大喜说："真是天降奇人来帮助我了。"从此，他就依计而行，不断攻袭邻道，攻城夺池，在兼并战争中，朱温势力日益发展。

僖宗文德元年（888年）二月，僖宗以朱温为蔡州四面行营都统，诸镇兵都受他节度，实际上赋予了朱温征伐吞并邻道的合法权利。三月六日，僖宗暴死，年27。大宦官杨复恭拥立皇太弟寿王杰即皇帝位，改名敏，是为昭宗。五月，昭宗加朱温兼侍中。这时襄阳守将赵德湮估计秦宗权必败，举山南东道投降了朱温。朱温大举进攻蔡州，在城南大败秦宗权，又攻克北关门。秦宗权退守蔡州中城。朱温部署诸将环城筑28寨，围困蔡州。八月，攻克蔡州南城。九月，朱温因粮草没有及时运到，又见秦宗权已是强弩之末，引兵还汴州。十二月，蔡州将领申丛斫了秦宗权的足，把他囚了，投降朱温。昭宗龙纪元年（889年）正月，蔡州将领郭璠又杀了申丛，槛送秦宗权到汴州。二月，朱温献秦宗权到长安处斩。三月，昭宗加朱温兼中书令，晋爵东平郡王。朱温军势大盛，取代了秦宗权而成为中原最大的割据势力、唐朝廷最大的威胁。

昭宗在位期间，朱温在朝廷中有奸相崔胤做他的内应，专事东吞西并。到乾宁四年（897）二月，朱温灭朱瑄，于是天平（郓、齐、曹、棣）、秦宁（兖、沂、密）、感化（徐、宿）、忠武（陈、许）、宣义（郑、滑、濮）5镇14州全归朱温。到昭宗光化三年（900年）十月，朱温自率军攻定州（今河北定县），于是河北诸镇都表示服从朱温。举目天下，已无人能独力抗衡朱温了。

进封梁王

光化三年十一月六日，长安发生宫廷政变。神策军左右中尉刘季述、王仲先等率禁兵千人把昭宗禁闭在少阳院，矫诏称昭宗为上皇。十日，拥立太子。宰相崔胤向在定州行营的朱温告难，要他发兵问罪。朱温还师大梁，正好刘季述派养子希度和供奉官李奉先送到矫诏，还许诺把大唐社稷送给朱温。朱温犹豫不决，召将佐商议。有人认为："朝廷大事，不是藩镇所应当参与的。"天平节度副使李振主张出兵靖难，说："王室有难，这实在是建立霸业的最好机会。一个宦官小子敢废天子，公不能讨伐，怎么还能号令诸侯。而且幼主位定，天下之权就尽归宦官了。不靖王室，是把太阿之柄授予他人。"朱温正想挟天子以令诸侯，于是大悟，囚了使者，派亲吏蒋玄晖到长安与崔胤共谋平乱。

右神策中尉王仲先治军很严，查出贪污舞弊的军校都痛打不恕，还要追出赃款，禁兵一向对他不满。昭宗被禁，左神策指挥使孙德昭尤愤愤不平。崔胤侦知，命判官石戬笼络孙德昭，传示崔胤的衣带书，要他杀刘季述、王仲先二人，迎上皇复位。孙德昭一口答应，又去联络了禁兵将领董彦弼、周承海。十二月二十五日，孙德昭伏兵安福门，杀了王仲先。天复元年（901年）正月初一，昭宗复位，在长乐门楼接受百官朝贺，董彦弼、周承海捉了刘季述等大宦官，押到楼前受审，乱杖打死。昭宗论功行赏，任孙德昭同平章事、充静海节度使，崔胤进司徒，进封朱温东平王。

朱温野心更大了，存心要篡代唐室，积极谋划。他收服了河北，命大将张存敬率兵3万进军河中，剪除最大的敌手李克用的羽翼。河中节度使王珂是李克用的女婿，遗书向李克用告急。李克用还书说他众寡不敌，不如弃城举族归太原。王珂又遗书向凤翔、昭义节度使李茂贞求救，李茂贞连回音也不给。二月，张存敬兵围河中，城中守兵都无斗志，于是王珂请降。朱温得报，从洛阳赶到河中受降，将王珂举族迁往大梁，又派人在途中杀了王珂。

李克用派使者送重金给朱温修好，朱温怪李写的信言辞不逊，派大将氏叔琮统兵 5 万合魏博等镇兵大举进攻河东。氏叔琮连克泌州、泽州、潞州，直抵晋阳。李克用日夜抵御，挡住了氏叔琮的攻势。后因粮草供应不上，又逢连日大雨滂沱，士卒疟疾痢泻不止，朱温才命氏叔琮撤围还兵。但在篡唐的道路上，已不必再担心李克用与他角逐了。昭宗又以朱温为宣武、宣义、天平、护国（河中）四镇节度使。于是，自蒲、陕东到海滨，南起淮水直到黄河诸镇都为朱温所有。

当时凤翔、昭义节度使李茂贞也有挟天子以令诸侯之意。李茂贞镇处关中，侧近长安，又和左神策军中尉韩全海勾结，政治地理形势较为有利。宰相崔胤是朱温的死党，建议昭宗尽诛宦官。韩全海侦知了崔胤的密谋，指使禁兵向昭宗喧噪控诉崔胤减损禁兵冬衣。昭宗不得已，解除了崔胤的盐铁使职务，夺了崔的财政大权。这时，李茂贞又请求昭宗迁居凤翔。崔胤自知密谋泄露，急忙报告朱温，伪称昭宗诏他以兵来迎驾。

朱温得书，于十月二十日率四镇兵 7 万清君侧。二十九日，兵到河中，上表请昭宗迁东都。京城大恐，士民逃窜山谷，百官都不入朝，阙前寂无一人。

四日冬至，韩全海与凤翔护驾都将李继海陈兵殿前，纵火烧了后宫院，挟持昭宗与皇后、妃嫔、诸王百余人，直趋凤翔。朱温南渡渭水，直抵长安。崔胤率文武百官迎接，劝促朱温西迎昭宗。朱温挥师西进，直抵凤翔，屯兵城东。李茂贞挟天子命朱温还镇。又诏河东李克用发兵进攻河中。朱温移兵邠州（治所今陕西彬县）。十二月，攻克螫屋，令崔胤率百官及长安居民迁往华州。天复二年（902 年），朱温移军武功。二月初一，李克用在平阳（今山西临汾）取胜的消息报到，朱温还军河中，调兵遣将迎击李克用，取慈、隰、汾了州。从此，李克用连续多年不敢与朱温相争。

四月，崔胤怕李茂贞劫持昭宗到四川，从华州赶到河中，泣诉朱温，力劝他及时迎接昭宗。五月，朱温自率精兵 5 万从河中进军凤翔。凤翔人畏之如虎，都逃入城中。朱温在虢县大败李茂贞，重抵凤翔城下。九月，因为久雨不止，士卒多病，朱温又召诸将商议还兵河中。部将高季昌、刘知俊说："天下英雄，观战已有一年了。如今茂贞已困，为什么要舍此而去！"朱温担心李茂贞坚壁不出，高季昌便向他献了诱兵计。

秣马饱士后，朱温按计命一支骑队诈逃。李茂贞果然中计，倾巢而出，攻击朱温大营。朱温在中军擂鼓，鼓声一作，百营俱出，纵兵大杀，凤翔兵被杀伤殆尽。朱温又遣轻骑数百占据凤翔城门，断了李茂贞的退路。李茂贞进退无路，被迫与朱温议和，答应送昭宗还京。

可李茂贞进城就反悔。十月，保大节度使李茂勋率兵万余来救凤翔，被朱温击退，遣使投降。到十二月，关中州镇都被朱温占领，凤翔成了孤城，城中又粮食缺乏，连诸王妃嫔也只能一日食粥一日食汤饼。李茂贞只好谋诛宦官，以向朱温求和。

光复三年（903年）正月，李茂贞请昭宗诛宦官。昭宗喜从，部署凤翔兵捕杀了韩全海等20余位首谋西迁的宦官，把他们的首级送到朱温营中。二十二日，昭宗亲自到朱温大营，朱温素服待罪，顿首流涕。昭宗也不禁哭泣，说："宗庙社稷，赖卿再安；朕与宗族，赖卿再生。"亲解玉节带赐朱温。二十七日，朱温杀了数百宦官，只留下30名小黄门在宫中服杂役，并以崔胤兼判六军十二卫事，典掌禁军。二月，以昭宗幼子辉王祚为诸道兵马元帅，加朱温守太尉，充副元帅，晋爵梁王，进崔胤为司徒兼侍中。从此唐朝的军政大权全归朱温掌握，昭宗成了朱温手中的傀儡。

追弑昭宗

朱温并吞关中，威震天下。这年，四川王建遣使与朱温修好，平卢节度使王师范举青州投降朱温。朱温加快了篡夺唐室的步伐。他想让昭宗到洛阳，怕崔胤持异议，元祐元年（904年）正月，上表密奏崔胤专权误国，离间君臣。九日，昭宗贬崔胤为太子少傅，次日下诏数崔胤罪状。十二日，朱温密令他安插在京师的宿卫都指挥使朱友谅包围崔府，杀了这个多年与他狼狈为奸的老伙计崔胤及其亲信数人。接着，挟余威请昭宗迁都洛阳。

正月二十一日，朱温荐任的宰相裴枢收到朱温书，催促百官东行。第二天，长安士民被驱赶上路，号哭满途。边哭边骂："都是贼臣崔胤召朱温来倾覆社稷，害得我们流离失所！"二月十六日，昭宗离开长安。朱温命宫苑使张廷范拆毁长安宫室百司及百姓庐舍，将所取了木材，浮渭河而下。长安从此成了一片废墟。

闰四月，朱温尽杀宦官，把内廷的小黄门200多人也全杀了，统统用汴州兵代替。于是，昭宗左右都是朱温的人。十日，昭宗被强迁入洛阳。

昭宗被朱温劫持，天下大惊。李克用、李茂贞等天下藩镇相互移檄联络，要兴复唐室。朱温认为昭宗有英气，担心朝中生变，谋划另立幼君，以便禅位给自己。他派遣判官李振到洛阳，与枢密使蒋玄晖、左龙武统军朱友恭、右龙武统军氏叔琮商议，伺机下手。

天祐元年（904年）八月十日夜，昭宗酒后宿在皇后的椒殿。蒋玄晖派龙武牙官史太等百人叩宫，称有急事要面奏。夫人裴贞一开门见黑压压兵临宫门，大惊说："急奏为什么要带兵？"史太二话不说，挥刀杀了她。蒋玄晖带兵冲入，大声问："至尊在哪里？"昭仪李渐荣临轩高呼："宁杀我们，勿伤大家（皇帝）！"昭宗闻声急起，披了件单衣，绕柱而逃。史太紧追不放。李昭仪以身掩护昭宗，也被史太一刀杀了。昭宗终于被史太追上，杀害，年38。

第二天一早，蒋玄晖矮矫诏，声称李渐荣、裴贞弑逆，被诛，立辉王祚为皇太子，更名柷。李柷在枢前即位，年13，改元天祐，是为昭宣帝，又称哀帝。

均田制

唐代仍然实行"均田制"，是北魏以来均田制的继续，从武德年间起到开元末年止，曾3次颁行诏令，根据新情况对前代"均田制"略加调整。成为唐前期的基本土地制度。

唐初，在多年战乱之后，社会经济破坏严重，人民流离失所，政府财政困难。整顿田制和赋税制度，成为安抚流亡、恢复经济、保证财政收入、巩固政权的当务之急。

唐高祖在武德元年（618年）十二月下令实行给内外官职分田制度：京官一品12顷，二品10顷，三品9顷，四品7顷，六品4顷，七品3顷50亩，八品2顷50亩，九品2顷；雍州牧及外州官二品20顷，三品10顷，四品8顷，五品5顷，七品4顷，八品3顷，九品2顷50亩。

武德二年（619年）二月十四日，高祖下令征收租税：每丁租两石、绢2丈、绵3两。

武德七年（624年）三月二十九日，唐政府首次颁行均田及赋税制度，其内容是："凡天下丁男给田一顷，笃疾废疾给40亩，寡妻妾20亩（若为户者二十亩）。"老男亦给田四十亩。所受田以二十亩为永业田，其余为口分田。受田人亡故，他名下的永业田转授给他的承户人，而口分田则由官府收回另行授给他人。是为均田之制。赋税制度是：每丁岁八粟二石；调则随乡土所产：绫绢絁各二丈，布加五分之一；输绫绢絁者兼调绵三两，输布者麻三斤。凡丁岁役二旬，若不役则收其庸，每日三尺。有事而加役者，旬有五日免其调，三旬则租调俱免。通正役不过五十日。若夷獠之户皆从半税。凡水旱虫伤为灾，十分损四以上免租，损六以上免（租）调，损七以上课役俱免。"但武德田令中没有一般妇女受田的内容，这在现存可见的均田制资料中是最早的。

武德七年（624年）田令还包括给官永业田和给道士田的内容。受官永业田的限额是：亲王百顷，职事官一品60顷，郡王及职事官从一品50顷，国公及职事官正二品40顷，郡公及职事官从二品35顷，县公及职事官正三品25顷，职事官从三品20顷，侯及职事官正四品12顷，伯及职事官从四品10顷，子及职事官正五品8顷，男及积事官从五品5顷，职事官六品七品2顷50亩，八品九品2顷；勋官上柱国30顷，柱国25顷，上护军20顷，扩军15顷，上轻骑都尉10顷，轻骑都尉7顷，上骑都尉6顷，骑都尉4顷，骁骑尉、飞骑尉80亩，云骑尉、武骑尉60亩；散官五品以上受田限额与职事官相同。五品以上各类官须在宽乡受官永业田，六品以下的则在本乡受之。

道士给田 30 亩，女官、僧尼等亦有授田。

武德田令以本地耕地可以满足给田定额的地方为宽乡，反之则为狭乡。在宽乡可以按照全额受田，在狭乡则要减半。同时，对于耕种一年休耕一年的瘠薄耕地加倍给授，对于宽乡的耕种一年休耕二年的耕地则再加一倍给授。

由以上可以总结出唐代均田制的特点：第一，扩大了授田的种类和范围，凡属老、小、笃疾、废疾、寡妻妾、工商户和僧尼道都分给一定的土地。由于寺院经济的不断发展和商贾占有大量土地，所以在均田令中把这一事实合法化，保证僧侣地主和商人地主的既得利益；第二，"杂户"授田同于百姓，"官户"半给，奴婢、部曲和一般妇女不给田。这种情况，反映了隋末农民战争后社会阶级关系的变化，"杂户"身份有所提高，待遇同于百姓。大量奴婢、部曲获得解放，数量日益减少，已无受田必要。官僚地主通过"均田"普遍获得大量土地，用前代通过奴婢或牛来受田的办法，也无必要；第三，均田令中规定："凡授田，先课后不课，先贫后富，先无后少"的原则。对缓和社会阶级矛盾有一定作用，既能维持唐朝财政收入，又有可能防止无地农民逃亡，将农民固定于土地之上，维持社会生产；第四，唐令规定："谓永业田家贫卖供葬，及口分田卖充宅及碾硙邸店之类，狭乡乐迁就宽乡者，准令并许卖之。"允许买卖永业田或口分田，这是我国封建社会土地私有制的发展和均田制即将崩溃的反映，它给土地兼并开了方便之门。

均田制以关东地区最高，关中地区最低，长江流域居中。均田制的实施，把自耕农束缚在土地上，使政府有了较为稳定的财政收入和力役、兵役的来源。

和前代相比，在唐代的授田对象中，增加了杂户、官户、工商业者和僧道。这是因为自南北朝后期，杂户、官户以及工商业者的身份都在逐渐上升，唐代统治者不得不多少改变过去对他们的歧视政策，对他们也进行授田。南北朝以后，寺观经济获得了很大发展，唐政府对僧道进行授田，是为了肯定寺观对土地的所有权。唐代取消对妇女的授田，反映了妇女地位的进一步低落，也说明那时大量土地日益集中于各类地主手中，国家掌握的均田土地越来越少，因而取消了对妇女的授田。至于取消对奴婢、部曲的授田，这是与他们的大量解放以及士族地主的没落相适应的。

唐代的均田制调动了农民的积极性，促进了农业生产的发展和恢复，在唐初期起了积极作用。但是唐朝推行的均田制和从前一样，并没有触动地主官僚的私有土地，对农民的授田只限于无主荒地。不仅如此，唐代对贵族官僚进行授田的规定比以前更完备，而且授田的数额也很高。唐代对土地买卖的限制也比较松弛，法令上允许买卖口分田是以前所没有的。这都给大土地所有制的发展提供了方便。

租庸调制

均田制是唐前期的基本土地制度，而与之伴行的租庸调制则是该期的基本赋税制度。均田的目的是要向得受田者收取赋税劳役。从武德时起的百余年中，唐政府的主要财政收入来自租庸调。

武德二年（619年）二月，唐王朝规定：丁男，每年缴租粟2石、绢2丈、绵3两。武德七年三月，颁布《田令》，实行均田制度。与此同时，颁布《赋役令》，规定：丁男，岁入粟2石，谓之租。桑蚕产地，缴绢（或绫、绝）2丈、绵3两；麻产地，缴麻布2丈5尺、麻3斤，谓之调。丁男每年服徭役20日；若不出役，则每日缴绢3尺，布则3尺7寸5分，谓之庸。总括谓之租庸调制。租庸调是国家对均田农民的三项主要剥削。它的内容是：丁男每年向国家缴纳粟2石，称作租。缴纳绢2丈、绵3两或布2丈5尺，麻3斤，称作调。每丁每年服徭役20天，如不服役，每天输绢3尺或布3尺7寸5分，称作庸，也叫"输庸代役"。官僚贵族享有蠲免租庸调的特权。租庸调剥削是以均田制的推行为前提的，均田制规定每个成丁的农民都受田100亩，因此国家征收租庸调就只问丁身，不问财产。唐代的租庸调制承袭隋代而来，不过有些变动。唐代租庸调的征收只以成年男子对对象，妇女、老小、残疾并不征收。贵族和九品以上官员有免课役的特权。

唐代的剥削制度不同于前代的是"输庸代役"的出现。庸始于隋，到唐代成为一项普遍的制度。输庸代役制度的推行，使农民有较多的时间来进行生产，具有积极意义。

唐前期除租庸调以外，还有户税和地税两种税收。户税是根据财产多少而确定的户等进行征收。唐初民户按资产分为3等，不久又改为9等，户等高则多征，低则少征。王公、百官之家都要征收。唐玄宗开元年间，户税征收进入了主要阶段，当时规定：凡天下诸州税钱，各有准常。3年一大税，其率150万贯；每年一小税，其率40万贯，以供军国、传驿及邮递之用。每年又别税80万贯，以供外官月料及公廨之用。这说明至开元年间，户税已制度化，而户税又区分为大税、小税和别税。由于唐初百姓授田较多，所承担的赋役尚能承受，加之"以庸代役"普遍实行，农民有较多的时间进行生产，因而有利于唐初农业的恢复和发展。

租庸调制在唐朝长期占统治地位，直到均田制末期的天宝年间（8世纪中期）租庸调的收入仍占唐政府全部财政收入的百分之六十左右，对巩固中央集权国家作用巨大。是唐代重要的财政来源之一。但随着地主经济的逐渐成熟和唐朝统治集团的不断腐败，土地兼并日益加剧。到了开元初年（8世纪二十年代），土地兼并使大量均田农民破产逃亡，唐政府不得不一方面实行括户以防止租庸调收入过快下滑，另一方面则反复强调官僚贵族的占田限额，以减缓土地兼并的速度。但这些都非治本之计。从高宗朝起，政府就日益重视户税和地税，使之由补充租庸调发展到与之并行。天宝年间，均田制迅速弛坏，租庸调制随之下落。安史之乱及随后的河北藩镇割据终于使实行了 300 年的均田制、租调制退出了历史舞台，让位给租佃制和以户税地税为先导的、按财产田亩计征的两税法税法。

刘晏改革财政

　　唐朝后期藩镇战争连绵不断，社会经济只能缓慢地恢复和发展，始终未能重现开元年间的全盛景象。安史之乱结束之初，中央所能掌握的户口仅 300 万户左右，相当于天宝年间的三分之一。建中元年（780 年）实行两税时客户落籍，经过整顿，增加至 380 余万户。到唐武宗会昌（841—846 年）年间，国家掌握的也不过 490 余万户。户数大减于盛唐，固然与强藩巨镇不申报户籍和逃户大量存在有关，但也确实能在一定程度上说明经济状况今非昔比。不过，在这样的不利条件下，劳动人民仍然在生产上取得了不小的成就。

　　刘晏是唐朝著名的理财家，宝应元年，代宗以刘晏为户部侍郎兼河南道水陆都转运使。广德二年（764 年），又以刘晏为河南、江淮以南转运使，以后又兼盐铁使、常平使等职。铸钱、盐铁、转运、常平都是敛钱的手段，不过，得钱最多的还是盐税，刘晏理财主要就是增加盐税收入。刘在整理财政方面的主要成就是：改革漕运、改进盐政和行常平法。

　　安史之乱使汴河堙废，运河沿线户口流散，漕运不能畅通，刘晏为整顿漕运采取了以下几项有效的措施：①规定江船不入汴，汴船不入河，河船不入渭，以方便运船短途往返，并把漕粮分段运往太仓；②根据各段运路水流情况的不同，在扬子（今江苏扬州南）制造适合于各河水流的坚固耐用的船只；③改变过去州县取富人督挽漕及沿途人民服役牵挽粮船的办法，以盐利充漕佣，雇船工、水手进行运输；④大力疏浚运河河道，畅通漕运。经此整顿，运量大增，运河沿线的社会经济亦得到恢复。广德二年（764 年）刘晏刚主办江淮遭运时，唐政府全年收入（现钱）不过 400 万缗，大历末年即大历十四年（779 年）就增加到 1200 多万缗。所增加的收入中，百分之七十来自江淮盐利，而不是从加重农民的负担得来的。相反地，倒由于他采取了各种适当的措施，老百姓的生活还得到相对的稳定。

　　刘晏在肃宗上元元年（760 年）任盐铁使后，根据"因民所急而税之则国用足"的原则，改革盐法，其主要办法是：①国家在产地统购亭户（制盐户）

生产的食盐，然后加价卖给特许的盐商，任其自运自销；②鼓励商人以绢代钱籴盐，国家用所得的绢制作将士春服；③离盐乡很远的地方，转盐官在那里储备食盐，等商绝盐贵时减价出卖，称作"常平盐"。经过整顿，盐利由每年40余万缗增加到600余万缗，占国家总收入的一半左右。刘晏改革税法，到大历末年，他所管的各地的总收入一年多至1200万缗，其中盐利占大部分，比初创时增10倍以上。

他在诸道置巡院，选择勤廉干练的士人做知院官，管理诸巡院。诸巡院收集本道各州县雨雪多少、庄稼好坏的情形，每旬每月，都申报转运使司刘晏所在处。又招募能走的人，将各地物价迅速申报。刘晏掌握全国市场动态，在丰收地区用较高价钱籴入谷物，在歉收地区用较低价钱粜出，或用谷物换进杂货供官用，有多余再运到丰收地区出去卖。这样调剂的结果，物价大体上可免太贵太贱的危害，社会得以比较安稳，税收也就比较有着落，并增加了财政收入，这就是常平法。

上述改革对唐朝的财政状况尽管有所改善，但还没有触及主要的赋税制度，而且岁入的增加最终是来源于对人民的剥削，故具有一定的局限性。

由于刘晏在进行财政整顿时，照顾到了百姓的利益，对大贵族地主利益有所侵犯，致使他们千方百计地陷害刘晏。780年，德宗听信杨炎的谗言，杀刘晏。此后理财的官员多走刘晏的旧路，但没人能比得上刘晏。

杨炎和两税法

唐代自安史之乱后，"王赋所入无几"。为了维持唐王朝的赋税收入，朝廷不得不推行新的赋税办法来代替名存实亡的租庸调制。于是就有了杨炎的两税法。

杨炎是唐中期著名的政治家、宰相。780年，他看到"租庸之法，期弊久矣"，于是向德宗建议实行两税法。玄宗末年，版籍渐坏，至德兵起，赋敛无常。下户旬输月送，不胜困弊，率皆逃徙为浮户，其土著者百无四五。正月，宰相杨炎建议作两税法：先计州县每岁所应费用及上供之数而赋于人，量出以制入，户无主客，以现居为簿，人无丁中，以贫富为差。其田亩之税，以去年垦田之数为准，而均征之。为行商者，所在州县税三十之一。居人之税，秋夏两征之，夏税无过六月，秋税无过十一月。其租、庸、调杂徭悉省，皆总于度支。诏行之。

两税法的主要内容是"户无主客""人无中丁"，都要在现居住地建立户籍，按财产多少确定纳税等级。没有固定居住地的行商，一律在所在的州县，缴纳资产的三十分之一（后改为十分之一）的税收，废去以前的租庸调和杂税，统一于夏、秋两季征收。这是中国土地制度史和赋税制度史上的一大变化，反映出封建国家由不同程度地控制土地占有变为不干预或少干预的原则。从此以后，再没有一个由国家规定的土地兼并限额，同时征收对象也不再以人丁为主，而是以财产、土地为主，而且愈来愈以土地为主。

两税的具体办法是：将建中（780—783 年）以前的正税、杂税及杂徭合并为一个总额，称之"两税元额"。将这个元额摊派到每户，分别按垦田面积和户等高下摊分。以后不管有何变化，各州、县的元额都不准减少。每年分夏、秋两次征收，夏税不过六月，秋税不过十一月。租、庸、杂徭悉省，但丁额不废。无固定居处的商人，所在州县依照其收入的三十分之一征税。两税法把中唐极端紊乱的税制统一起来，短期内曾在一定程度上减轻了人民的负担。两税法颁行以后，唐王朝的财政状况曾经一度得到改善。按照规定，自王公百官到普通百姓都要交税；流散他乡的浮户、荫庇于豪家的客户、往来经商的人，以前不纳租调的，这时也都要交税，从而扩大了纳税面。施行两税的头一年，唐王朝的岁入大增。但是实行中的弊病也确实不少：首先，长期不调整户等，这样就不能贯彻贫富分等负担的原则；其次两税中户税部分的税额是以钱计算的，而市面上的钱币流通量不足，不久就产生钱重物轻的现象，农民要贱卖绢帛、谷物或其他产品以交纳税钱，无形中增加了负担，到后来比之定税时竟多出三四倍；其三是两税制下土地合法买卖，使土地兼并更加盛行。由于这些弊病，两税法遭到当时有影响的一些人物的反对。但是他们又拿不出更好的办法来替代它，因此这种税制仍然成为后来封建统治者所奉行的基本税制。两税法的实施是改税丁为税产，这符合土地集中和贫富升降的社会现实。两税法代替租庸调，是土地制度变化、地主土地所有制高度发展的结果。这次税制改革是中国财政史上具有重大意义的一件大事，对此后历代的赋税制度产生了深远的影响。在推行两税法时，由于租庸调及各项杂税都已并入了户税和地税，所以唐政府规定"今后除两税外，辄率一钱以枉法论"。但这种局面很短暂。不久，腐朽的统治者又开始搜刮百姓，增加苛捐杂税，再加上钱重物轻等原因，人民的负担成倍增加，生活比以前更加困苦。

韩愈与《原道》

韩愈（768—824 年）字退之，河阳（今河南孟州市西）人，郡望昌黎，人称韩昌黎。韩愈 3 岁而孤，随长兄会播迁韶岭。会卒，由嫂郑氏鞠养。7 岁读书，13 能文，刻苦自砺，日记数千百言，遂通《六经》、百家学。大历、贞元间，受独孤及、梁肃崇尚古文学风的影响，锐意进取，欲自振于一代。贞元八年擢进士第。同榜及第者多才俊之士，故称龙虎榜。韩愈任监察御史时，曾因关中旱饥，上疏请免徭役赋税，指斥朝政，被贬为阳山令。长庆四年十二月二日韩愈卒，世称韩吏部或韩文公。他是唐代著名的文学家、古文运动的领导者，又是宋明理学的先驱者。

韩愈位于唐宋八大家之首，其著作编为《韩昌黎全集》。他在政治上反对藩镇割据，从思想上尊儒抑佛，他在《原道》和《论佛骨表》中，从 3 个方面对佛教进行了尖锐的抨击。一是指责佛教大建寺院，不事生产，耗费大量的财富，加重百姓的负担，是使百姓"穷且盗"的根源。二是指责佛教来自夷狄，让佛教凌驾于儒学之上，有被夷狄同化的危险。三也是最重要的一点，指责佛教自外于天下国家，灭弃封建伦常，使得"子焉而不父其父，臣焉而不君其君，民焉而不事其事"（《原道》）。为此韩愈主张止塞佛道，勒令僧道还俗，烧掉佛经道书，把寺观改为民房，发扬儒家之道以取代佛道的宗教理论。他反佛的目的就是要以儒家的伦理纲常，代替佛教的所谓灭情见性的出世观点。佛教主张出家为僧应摆脱君臣、父子、夫妻的关系，否则会为情所累，而影响见性成佛。韩愈则认为只有在封建伦理关系内，才能使情"动而处其中"，因情见性，因此他提出了恢复孔孟以来中断了的道统观的主张，而"道统"就是封建的纲常伦理关系。他把封建社会的秩序称为"道"，认为"道"由尧舜传下至孟子而中断，儒学因此未得发展，而他的任务，就是接替道统，发扬儒学反对佛教。

元和十四年（819 年），唐宪宗把凤翔法门寺的一块佛骨迎入长安，掀起了一场迎佛骨的崇佛热潮。当时，韩愈冒杀身之祸向皇帝上表极谏。他说历史上信佛的皇帝都活不长久或不得好死。他要求把佛骨"投诸水火，永绝根本，断天下之疑，绝后代之惑"。宪宗见表大怒，要杀韩愈，后经群臣的解救，才免一死，贬为潮州刺史。但是他的反佛斗志并没有消沉。不过他不是以唯物主义作批判佛教的武器，而是以儒家的唯心主义批判佛教的唯心主义。因而不可能从根本上打击佛教。在宇宙观方面，韩愈认为天可以对人间进行赏罚；在人性论方面，他以儒家的伦理道德为标准，把性划分为上、中、下三品，而且认为每个人的性是与生俱来的。这些都是唯心主义的观点。

韩愈的学生李翱（约 772—842 年）在继承和发展其师的"性三品说"的基础上，提出了恢复人性的"复性说"。李翱认为，人的本性，都是先天的符合封建道德标准的，是善的。这个本性是做圣人的基础。为什么有人做不到圣人，不能体现本性呢？李翱认为，这是由于受到情欲的干扰，使得人性昏而不明，迷失了本性。因此，他提出了灭情欲复本性的主张。李翱仿效佛教的修行来改造儒学，教人从"弗思弗虑"中，去掉思虑，排除情欲，使心神达到一种清明"至诚"的境界，这就恢复了本性。李翱的"复性说"，实质上是要恢复封建社会的秩序，恢复封建道德对人们的约束，这是和佛教要摆脱封建道德的约束，破坏封建伦理关系的人性论相对立的。所以，李翱的"复性说"也是反对佛教的，这种观点也完全是唯心主义的。

韩愈、李翱的唯心主义思想，经过宋代周敦颐、程颢、程颐等人的继承和发展，逐步形成了唯心主义理学，是宋明理学的先声，韩愈的客观唯心主义思想是程、朱学派思想的萌芽，李翱则是陆王学派思想的先导。成为中国封建社会时期，占统治地位的官方哲学。

唯物思想家柳宗元

针对各种唯心主义思想，唐代先后产生了一些唯物主义思想家。唐初反对唯心主义的思想家有傅奕和吕才。傅奕主要批驳佛教的观点，而且上书唐高祖，建议废佛。吕才主要反对中国传统的宿命论，并揭露阴阳吉凶之说的虚妄。但两人都缺乏理论的高度，对唯心主义的批判不够有力。而柳宗元则从唯物主义的角度对佛教进行了批判。

柳宗元（773—819年），唐大臣、诗人。字子厚，唐河东解县（今山西运城西南）人，世称柳河东。父镇，安史乱时，徙家吴兴（今浙江湖州），官终侍御史。

贞元二十一年正月，顺宗即位，宗元擢为礼部员外郎，协助王叔文等力革弊政，为宦官、藩镇及守旧派朝臣所反对。八月，顺宗内禅，宪宗即位，改元永贞。翌月，贬宗元为邵州刺史，未到任，于十一月再贬永州司马。同日遭贬者尚有同政见者韩泰、韩晔、刘禹锡等7人，史称"八司马"。

元和十四年十一月八日（韩《志》作十月五日），宗元卒于任所，人称"柳柳州"，民为立祠。柳宗元为唐代古文大家，与韩愈齐名，世称"韩柳"。思想上反对天命论，认为"阴阳""元气"生育万物而不能赏功罚恶。他批判鬼神怪异的邪说，反对以符瑞贞祥、天人感应论史，否定神造天地说。

柳宗元著述甚富。其著作如《天说》《非国语》《断刑论》《贞符》等均具有朴素唯物论倾向。

柳宗元认为宇宙是由混沌的运动着的元气构成的。昼夜交替，寒来暑往，山崩地震，都是元气运动的结果。元气像瓜果、草木一样是自然物质。他认为，天是没有意志的，不能赏功罚罪。他指出，万物的生息和灾荒是自然现象，社会的治乱则是人事，"其事各行不相预"。柳宗元的天和人"各不相预"的观点，有力地批判了韩愈等人的"天命论"的唯心主义思想。

柳宗元还进一步揭露了天命论的社会根源。他指出"古之所以言天者，盖以愚蚩蚩者耳"，所以，他说："力足者取乎于人，力不足者取乎神。"这是对有神论者的严厉批判。柳宗元在对有神论的斗争中，还批判了神学的历史观和君权神授说。他认为整个社会历史是一个自然发展的过程，它有着自己固有的、不以人们主观意志为转移的客观必然趋势。这种趋势称之为"势"。他说，帝王"受命不于天，于其人""封建，非圣人意也，势也"。柳宗元从历史的"势"的观点，企图寻找历史发展的规律，在当时的历史条件下，是有进步意义的。主张儒佛融合。认为郡县制取代封建制是"势"之必然。文学上提倡文以明道，主张为文当"有益于世"（《读韩愈所著〈毛颖传〉后题》），反对"贵辞而矜书，粉泽以为工，遒密以为能"等片面追求形式美倾向。其所作大抵可分为论说、寓言、传记、游记、骚赋 5 类。散文创作以山水游记著名，如《永州八记》。也有揭露、讽刺时弊之作，如《捕蛇者说》《三戒》等。诗作高旷深隽。与韩愈共倡古文运动，被后世列入唐宋八大家中。

刘知几和《史通》

唐代史学上最大的成就是刘知几撰成《史通》和杜佑撰成的《通典》。

《史通》是我国第一部系统的史学理论专著。作者刘知几，字子玄，彭城人，是我国封建社会杰出的史学家。他用自己毕生的精力研究历史，在景公二年（711 年）写成《史通》。《史通》20 卷，49 篇。在这部书中，刘知几对过去史书的编纂体例、史料选择、人物评价、史事叙述及语言运用等方面都提出了自己总结性、独创性的看法。他强调史学家应当秉笔直书，无所阿容，并反对记叙怪诞不经的事。《史通》中有《疑古》《惑经》二篇，对古代典籍和传统经书中有关历史的记载提出了大胆的质疑。刘知几认为史家必备的 3 个条件是：才、学、识。他特别强调"识"的重要性，即史家最可贵之处在于自己的独到见解。他对于迎合权势或从个人恩怨出发进行讳饰的史书进行了严厉的批判。特别对被奉为儒家经典的《尚书》《春秋》等书进行抨击，指责它们讳恶虚美，爱憎由己，歪曲历史真相。这都是具有一定进行意义的卓越见识。《史通》是中国历史上第一部历史学理论著作，对后世产生了深远的影响。

杜佑和《通典》

杜佑长于吏治和理财，他总结历代的典章制度以服务于现实政治。在先前，刘秩已撰成《政典》35 卷，按《周礼》六官所职分门编撰。杜佑得其书，认为条目未尽，乃以 30 多年的时间广其所缺，参益新礼，于德宗贞元十七年（801 年）撰成《通典》200 卷。全书共分 9 门："食货""选举""职官""礼""乐"、"兵""刑""州郡"及"边防"。记载了从上古直到唐代的各种典章制度的沿革，对唐朝（天宝以前）的记载尤其详细。杜佑特别重视财政经济，故将"食货"门列于全书之首。过去也有关于典章制度的记载，均是附载于正史之"书""志"，未有专书；《通典》则发展以往的"书""志"而创典志体，且系纵贯古今之通史，在中国史学史上创建了新的史书体例，为后代政书的撰述开了先河。

杜佑研究历代典章制度的沿革是为了吸取历史经验，解决当时的政治经济问题。反对"非今是古"，主张"随时立制，遇事通变"。《通典》把食货列为9门之首，反映了杜佑对社会经济的重视。但《通典》大讲礼教，《礼门》占了全书分量的一半，这说明他写史的根本目的还是为了维护封建礼教，巩固封建统治。

唐代诗歌

唐代文学在中国历史上占有突出地位，诗歌创作、古文运动、民间文学等方面均有辉煌成就。诗歌尤为光彩夺目。

唐代的诗歌，在我国文学史上有着突出的地位。仅就清人编的《全唐诗》统计，诗人有2300余人，诗歌近48900余首，其数量之多，内容之丰富，题材之新颖，风格流派之多样是前代无法比拟的，远远地超过了过去任何一个朝代。

古典诗歌在唐空前发展的原因很多，其主要的有3个方面。一是唐代经济的昌盛繁荣，为诗歌发展奠定了良好的物质基础。二是庶族地主登上政治舞台，他们的革新精神，突破了六朝以来的浮靡文风，把诗歌创作推向新的发展阶段。三是唐代科举的诗赋取士，封建帝王对诗歌的提倡，刺激了士人对诗歌的创作。除此之外，如国内各民族的融合，中外经济文化的交流，也都为诗歌增添了新的营养。

唐诗的发展，大致可分：初唐、盛唐、中唐和晚唐4个时期。分别出现了"唐初四杰"，浪漫主义诗人李白及"诗圣"杜甫、白居易、李商隐、杜牧等一批著名的诗人，他们把唐代诗歌推向繁荣，奠定、发展了格律诗。

初唐四杰

"初唐四杰"指的是唐初期的王勃、杨炯、卢照邻、骆宾王4位诗人。他们创造了一批新鲜活泼的优秀作品，对摆脱旧诗风做出了很大贡献，奠定了律诗的形式。

王勃（650—676年）字子安，绛州龙门（今山西河津）人，郡望太原祁县（今属山西）。隋末大儒王通孙。早慧好学，9岁读颜师古注《汉书》。撰《指瑕》10卷以究其失，誉为神童。麟德元年上书刘祥道，刘表荐于朝，三年应幽素科举，对策高第，授朝散郎。后因戏为《檄英王鸡文》，被高宗怒逐出府。遂南游巴蜀。友人凌季友时为虢州司法，盛称弘农药物，乃求补虢州参军。

王勃恃才傲物，为同僚所嫉。咸亨五年，因匿杀官奴曹达事，犯死罪，遇赦革职。其父王福畤时为雍州司户参军，亦受累贬为交趾令。

王勃在文学上主张实用创作，崇尚"壮而不虚，刚而能润，雕而不碎，按而弥坚"的诗文，批评以上官仪为代表的宫廷诗风"争构纤微，竞为雕刻，骨气都尽，刚健不闻"，开始自觉革除齐、梁诗风的余绪，对转变风气起了很大作用。王勃属文，初不精思，先磨墨数升，引被覆面而卧，及寤，挥笔成篇，不易一字，时人谓之腹稿。王勃的诗流传下来的有80多首，多为五言律诗和绝句，拓展了题材领域，表现出激越浑厚的情调。其中写离别怀乡之作较为著名。王勃的赋和序、表、碑、颂等文，流传后世的有90多篇。上元二年，王勃赴交趾探亲途经南昌作《滕王阁序》。《滕王阁序》在唐代已脍炙人口，被认为"当垂不朽"的"天才"之作。王勃与杨炯、卢照邻、骆宾王的诗文齐名，并称"初唐四杰"，《四库全书总目》亦称"勃文为四杰之冠"。

王勃自交趾探亲返回时，渡海溺水而卒。

杨炯（约650—692年后），唐代著名诗人，与王勃、卢照邻、骆宾王以文辞齐名海内，并称"初唐四杰"。华州华阴人（今属陕西）。幼年聪明博学，善属文，显庆四年（659年）年，被举荐为神童，当时只有10岁。上元三年（676年）参加制举及第，后补授校书郎，提升为詹事司直。垂拱元年（685年）因徐敬业武装讨伐武则天事件的株连，贬出詹事府，远充梓州司法参军。杨炯的诗作以边塞征战诗最为著名，《从军行》中的"烽火照西京，心中自不平""宁为百夫长，胜作一书生"等充满爱国激情的诗句，一扫宫廷诗矫揉造作的情态，给人一种气势磅礴的感觉。《出塞》《战城南》《紫骝马》也都表现了为国立功的精神，风格豪放。他另存有赋、序、表碑、铭、志、状等50篇。其中最著名的是《王勃集序》。《王勃集序》以高昂的战斗激情、捭阖自如的文笔，成为千古传诵的名文。《王勃集序》论及龙朔间"上官体"泛滥情况及彼等与之斗争业绩叙述较详，具有重要的史料价值。原文集30卷，已佚。杨炯的作品具有复杂性，既带有宫廷诗的烙印，又与之抗衡，从中可以看出他由宫廷诗走向革新文风的道路。

杨炯擅长五律。闻"王、杨、卢、骆"之称，说："吾愧在卢前，耻居王后。"张说以为"盈川文思如悬河注水，酌之不竭，既伏于卢，亦不减王"（两唐书本传）。但从现存作品分析，杨炯的诗文成就确不及卢王。

卢照邻（约637—686年后）字升之，自号幽忧子，幽州范阳人（今河北涿州市），卢照邻10余岁从曹宪、王义言授《苍》《雅》及经史，博学善文。20岁时为邓王李元裕府典鉴，总揽书记，甚受爱重。元裕为寿州、襄州刺史，照邻皆随至任所。其间曾出使至益州及庭州。

照邻工骈文、诗歌，诗之题材"从宫廷起到市井"（闻一多《唐诗杂论·四杰》）。尤长于七言歌行，对推动七言古诗发展多有贡献，《行路难》《长安古意》为其代表作。他的诗多忧怨愁苦，或揭露当时黑暗的社会。著有文集 20 卷，已佚失。后人重辑其作成《幽忧子集》。

武则天时，卢照邻曾聘为贤士，但在仕途上坎坷不得志，后又染"风痹症"投颍水自杀身亡。

骆宾王（640—684 年后）字观光，浙江义乌人，7 岁能诗，有神童之名。但这位神童的命运并不佳，一生书剑飘零，沉沦下僚，为人作幕，当过主簿一类小官。他"十年不调为贫贱，百日屡迁随倚伏"，曾官游西北西南，自诉"剑动三军气，衣飘万里尘"。唐高宗仪凤四年（679 年），擢迁侍御史，这是他一生中得到的最高官职，但为时不长，终因好向武则天上书言事，而被诬下狱。在狱中，他忧心如焚，愤而作《萤火赋》《在狱咏蝉》以明志。获释后任临海（今属浙江省）丞，故后人亦称之为骆临海。骆宾王对武氏政权不满，684 年，参加了徐敬业的幕府，他曾以慷慨淋漓的笔致，为徐敬业草写《讨武氏檄》。檄文历数武则天的秽行劣迹，阴谋祸心，申明大义，备述起兵目的，以"试看今日之域中，竟是谁家之天下"作结，写得气势不凡，极富煽动性。相传武则天看到此处时，赫然变色，连忙打听檄文是谁所作，左右答说是骆宾王。她听了后，十分惋惜地说："宰相之过也，人有如是才，而使之流落不偶乎？"但是纵然骆宾王才高八斗，无奈徐敬业武略不济，起义仅经历了 3 个月就失败了。嗣后，关于骆宾王的下落有种种说法，一种说是兵败被杀，一种说是逃亡后落发为僧。

骆宾王擅长写七言歌行。《帝京篇》在当时就被称为绝唱；《畴昔篇》五七言间用，洒洒洋洋，于以后歌行颇有影响。五言律诗亦时有佳作，如《在狱咏蝉》托物咏怀，尤为后人传诵。吴之器称其"五言气象雄杰，构思精沉，含初包盛。卓然鲜俪。七言缀锦贯珠，《汪洋洪肆》；《灵妃》《艳情》尤极凄靡。虽本体间有离合，抑亦六代之遗则也"（《骆丞列传》）。

骆宾王文集毁于战火，后中宗令郗云卿集之，名《骆宾王集》，共 10 卷，即赋一卷、诗 4 卷、文 5 卷。

"初唐四杰"为唐代诗歌的发展和繁荣奠定了基础，对后世影响也很大，杜甫在《戏为六绝句》中对四杰评价云："王杨卢骆当时体，轻薄为文哂未休。尔曹身与名俱灭，不废江河万古流。"

盛唐诗歌

盛唐（开元初至代宗大历初）时期，唐诗发展到繁荣的顶峰。诗歌体裁众多，风格各异。有高适、岑参为代表的边塞诗派，有以王维、孟浩然为代表的山水田园派，并产生出伟大的浪漫主义诗人、"诗仙"李白和伟大的现实主义的诗人、"诗圣"杜甫。以他们的丰富创作为中心，盛唐诗坛呈现出昌盛繁荣的局面。

①高适（702—765 年），盛唐时期边塞诗人的主要代表之一。高适的代表作《燕歌序》，描写了塞外的雄奇风光和艰苦生活，抒发了将士乐观豪迈的开拓精神，同时也揭露了统治者的安逸生活，具有很高的思想性和艺术性。

②岑参（715—770 年），盛唐时期边塞诗人的又一主要代表。岑参曾几度出塞，对塞外风光和边地生活的描写尤为真切动人，丰富多彩，他的《白雪歌送武判宫归京》《走马川行奉送出师西征》等都是脍炙人口的名篇。他与高适并称"高岑"，所著有《岑嘉州诗集》8 卷流传后世。

③王维(701—761 年)，唐代田园山水诗的主要代表人之一，画家。字摩诘。祖籍太原祁县（今山西太原）。父处廉，终汾州司马，徙家于蒲，遂为河东（今山西永济）人。

开元九年，王维进士及第，授太乐丞，旋因坐伶人舞黄狮子事，贬为济州司仓参军。二十三年，张九龄执政，擢为右拾遗。二十五年，近监察御史，秋，出使凉州慰问，留任河西节度判官。二十八年冬，以殿中侍御史知南选。十五年，安史乱军陷长安，维扈从不及，为乱军所获，送至洛阳，拘于菩提寺，被迫受伪职。至德二载冬，陷贼官以六等定罪，维因《菩提寺口号》诗，为肃宗所称许，又以其弟缙恳请削己官职以赎兄罪，获免。

乾元元年二月，王维责授太子中允，加集贤殿学士。不久，又迁太子左庶子、中书舍人，复拜给事中。上元元年，转尚书右丞，世称"王右丞"。

王维以诗名盛于开元、天宝年间，尤长于五言诗，多以山水田园为内容。王维多才艺，精诗文、书画、音乐，其诗清新秀雅，兼善各体，尤擅长山水田园诗，为盛唐山水田园诗派代表作家，与孟浩然齐名，世称"王孟"。王维聚其田园诗，称《辋川集》。著有《王右丞集》。存世的《雪溪图》和《写济南伏生像》，传为维作，恐非真迹。殷璠评其诗云："维诗词秀调雅，意新理惬，在泉为珠，着壁成绘。一字一句，皆出常境。"（《河岳英灵集》）苏轼云："诗中有画，画中有诗。"（《书摩诘蓝田烟雨图》）清代神韵派奉为圭臬，有"天下文宗"之称。

王维晚年笃志奉佛，退朝之余，焚香独坐，以禅诵为事，晚年长期素食，得宋之问蓝田别墅，在辋口，沿辋水，环境幽美。上元二年卒，享年 62。

④孟浩然（689—740 年）是唐代第一个大量写作山水诗的诗人。他和王维使唐代的田园山水诗达到了新的境界。

孟浩然，襄州襄阳人。他的五言诗享有盛誉，名篇有《临洞庭》，《夏日南京怀辛大》《春秋》等。他的诗含蓄、清丽，情景交融，耐人寻味。有《孟浩然集》。

　　⑤李白（701—762年），唐诗人，字太白，号青莲居士。祖籍陇西成纪（今甘肃秦安东），隋末其先人流寓碎叶（唐时属安西都护府，在今吉尔吉斯北部托克马克附近），他即出生于此。5岁时随父迁居绵州昌隆（今四川江油）青莲乡。

　　李白少年即显露才华，吟诗作赋，博学广览，并好行侠。曾受到过儒、道、纵横各家的影响。25岁时离川，"南穷苍悟，东涉溟海"。后来寓居安陆，后十年又北上太原，西入长安，东至鲁郡，交游颇广。

　　李白的诗风格雄奇豪放，想象丰富。语言流畅自然，音律和谐多变，是继屈原而后我国最伟大的浪漫主义诗人。表现出蔑视封建权贵的傲岸精神，对当时政治的腐败作了尖锐的批判；对人民的疾苦表示同情；对安史叛乱势力予以斥责，讴歌维护国家统一的正义战争；又善于描绘壮丽的自然景色，表达对祖国山河的热爱，善于从民歌、神话中汲取营养和素材，构成其特有的瑰玮绚丽的色彩。

　　李白的作品有《李太白全集》30卷行世。他创造了浪漫主义和现实主义相结合的诗风，开拓了唐诗的新境界。现存900多首，他的诗歌内容广泛，想象丰富，语言生动，热情奔放，反映了盛唐时的社会现实和精神面貌，具有强烈的艺术魅力，对后世影响极为深远。

　　李白对豪门权贵的弄权和腐朽，给以极度蔑视，他说："安能摧眉折腰事权贵，使我不得开心颜！"他极端蔑视邪恶势力，有许多诗是直接揭露腐败的统治阶级的。如《古风》五十一："殷后乱天纪，楚怀亦已昏。夷羊满中野，菉葹盈高门。比干谏而死，屈平窜湘源。虎口何婉娈，女婆空婵娟。彭咸久沦没，此意与谁论。"

　　在这首诗里，诗人把后期的唐玄宗比作残暴昏庸的殷纣王和楚怀王，而且把整个社会都和殷纣、楚怀王时期相比，对昏庸的皇帝和依势的佞臣进行了无情的抨击。

　　李白的诗歌还热情歌颂了祖国的美好河山。在李白的诗中，有浩浩荡荡的长江，有奔腾怒吼的黄河，有峥嵘的剑阁，有喷射百丈的瀑布，有恬静幽寂碧波荡漾的洞庭湖，有孤直的松柏，有清涟水面的芙蓉，有茫茫的柳絮，有摧崩百川的大鹏，有能使人垂泪的猿啼，有悲哀的杜鹃，有翻飞万里的苍鹰，有引人深思的月光，更有闪电雷鸣……所有这些，都为人们所喜爱，成为脍炙人口的杰作。李白笔下的大自然，是具有民族特色的。从李白的诗里，可以听到中国大自然的音响，可以看到中国山河的美丽图画。如李白著名的诗篇《将进酒》《望庐山瀑布》《早发白帝城》《蜀道难》等，以夸张的手法、豪迈奔放的热情、生动轻快的语言描绘了祖国壮丽的山河景色。

李白的诗歌还注意反映各阶层人民的苦难生活，为人民鸣不平。在李白的诗歌中，人物形象非常多，其中却很少有达官贵人，绝大多数是村女、征人、宫女、弃妇、歌妓、卖酒的老叟等社会下层人民。李白很了解这些人，对他们具有真实的感情。在《丁都护歌》里，描写了纤夫的劳动场面：

"云阳上征去，两岸饶商贾。吴牛喘月时，拖船一何苦。水浊不可饮，壶浆半成土。一唱《都护歌》，心催泪如雨。万人系盘石，无由达江浒。君看石芒砀，掩泪悲千古。"

这首诗是在长江下游写的。当地政府在山上采取大石，用拖船搬运，天旱水浅，千万个劳动者用力牵拉，也很难到达江边。但是监督的官员（都护）却限令极严，使劳动者无时喘息。李白想到这些石头使人民长期从事苦役，不禁感叹说："君看石芒砀，掩泪非千古！"《丁都护歌》是乐府旧曲，相传是"其声哀切"，李白用以歌咏新事，就更加悲恻感人了。从这里可以看出诗人对于劳动人民的态度和人道主义精神。他在《秋浦歌》中描写了冶炼场景，歌颂了冶炼工人的形象，这在古典诗歌中较为罕见。

李白诗歌的艺术特点主要表现在他所塑造的形象上。在李白的诗里，我们往往感触到一种超越现实的艺术形象，这种形象是由作者运用丰富的想象和大力夸张创造出来的。例如：他极言侠客的重义，便写出"三杯吐然诺，五岳倒为轻，捧土塞黄河"等名句；本来是根本不可能的事，而诗人却写出"黄河捧土尚可塞，北风雨雪恨难裁"，以反衬战死者妻子悲恨的深重；要肯定文章的有力，则写"兴酣落笔摇五岳"；为了否定功名的价值，则写"功名富贵若常在，汉水亦应西北流"；为了表现自己的才能，则写"为君谈笑静胡沙"；形容安禄山叛军势焰之盛，则写"呼吸走百川，燕然可摧倾"。在这些诗句当中，李白用夸张、比喻的手法。把两种轻重显然极不相称的事物对比起来，以突出显示所要表达的意义，因此它所体现的感情及所发出的感人力量特别强烈。毫无疑问，假如诗人没有不可抑遏的激情和异乎常人的想象力，这是不可能的。

李白诗篇的另一个艺术特点，就是它的艺术形象所概括的生活现象具有极大的广阔性。他形象地抓住许多难于直接联系着的事物，构成一副完整的形象。例如《行路难》，诗人的笔从酒肴案前忽然跃到黄河、太行、碧溪，以至沧海。再如《将进酒》，这首诗的中心思想是要及时行乐以消除胸中郁积的惆怅。为了强调要及时，首先指出人生时光之易逝而不可复返。但对这一概念，诗人并不是抽象地叙述出来，而是以壮阔的自然界现象——黄河奔流的形象来比喻大量时光之如逝水，一去不复返，并把人生相当漫长的岁月转变缩短到朝暮之间，这样给人的时光消逝迅速之感便特别强烈。

李白的诗是我国古代优秀的文化遗产，在文学史上起了很大作用，李白被后人推崇为"诗仙",成为后人学习的楷模,成为盛唐最杰出的诗人之一。当然李白的诗歌也有一些消极成分,他的诗中常流露出一种人生若梦、及时行乐的消极颓废情绪。

李白很自负,自认为有政治管理才能,但仕途不得志。天宝元年(742年),因吴筠等荐举,李白被召供奉翰林,受到唐玄宗的特殊礼遇。由于在政治上不受重视,又为权贵谗毁,仅一年余即离去,但对宫廷内幕及上层统治集团的荒淫腐朽,有了较深认识。以后长期漂泊流浪,足迹遍及梁宋、齐鲁、幽冀,并多次往返于东越、金陵、宣城间。

天宝三年(744年),李白在洛阳与杜甫结交。后因永王璘事件被牵累,流放夜郎。行至巫山,遇赦东还。61岁时,李光弼东镇临淮,李白闻讯前往请缨,中途因病返回,次年死于当涂。

⑥杜甫(712—770年),唐诗人。字子美,诗中尝自称少陵野老。其先原籍襄阳(今属湖北),后迁居巩县(今属河南)。诗人杜审言之孙。自幼好学,知识渊博,有政治抱负。

开元后期,杜甫举进士不第,遂漫游各地,过着"裘马清狂"的生活。天宝三年(744年)杜甫在洛阳与李白相识。后寓居长安,曾任右卫率府胄曹参军。安史乱前,寓居长安将近10年,未能有所施展,生活贫困。

杜甫生平有志于"致君尧舜上,再使风俗淳",但现实政治的黑暗和仕途上不断遭受的挫折,以及安史之乱前后的社会变化,使他既对现实有所认识,又有机会接近人民,因而创作出许多光辉的现实主义的诗篇,反映了唐王朝由盛而衰的社会面貌,大胆揭露了当时统治集团的横征暴敛、奢侈腐化,批判藩镇割据、宦官专权,真实地再现了他所处的时代,因被称为"诗史"。

杜甫是唐代伟大的现实主义诗人。杜甫出生在河南巩县一个衰落的世族家庭里。他在文学上用过苦功,"读书破万卷,下笔如有神"是他的经验之谈。他有一番抱负,希望"致君尧舜上,再使风俗淳"。然而唐朝政治正在走下坡路,杜甫受权臣排挤,找不到出路,在愁苦的生活中,他的眼光越来越注意社会政治生活中的不合理现象,安史之乱前他就开始写出一批反映现实比较深刻的作品,如诉说农民沉重的兵役负担的《兵车行》;批判天宝年间一些不义战争的《前出塞》;斥责杨家豪门奢侈荒淫的《丽人行》;而在《自京赴奉先县咏怀五百字》中,更直率地指出"彤庭所分帛,本自寒女出。鞭挞其夫家,聚敛贡城阙",批评豪门贵族随便耗费农民的血汗,写出了传诵了1200余年的名句"朱门酒肉臭,路有冻死骨"。由此可见,在安史之乱以前,杜甫已经在写诗史了。揭露了统治阶级骄奢淫逸的腐朽生活,抨击了统治阶级黩武开边的不义战争,表达了他对人民的同情。

安史之乱后,他在长期漂泊的生活中写出了著名的组诗"三吏"(《新安吏》

《石壕吏》《潼关吏》）和"三别"（《新婚别》《垂老别》《无家别》），深刻地揭露了统治阶级的腐朽残暴，描述了人民的苦难。《新婚别》说："暮婚晨告别，无乃太匆忙"，拉走的是刚结婚的新郎。新安县是"县小更无丁"了，官府却把未成年的"中男"拉去当兵。"白水暮东流，青山犹哭声"，这就是诗人在新安道上的感受。"子孙阵亡尽"（《垂老别》），老头子只得挺身去上战场，"老妻卧路啼，岁暮衣裳单；孰知是死别，且复伤其寒；此去必不归，还闻劝加餐"，还是什么情景？甚至一个打了败仗的散兵，还到故乡，刚想"荷锄灌畦"，县吏已经来征发他入伍了。他的家属一个也没有了，"存者无消息，死者为尘泥"，无家可别，然而内心的沉痛，更甚于有家可别的人。在《石壕吏》中，诗人写的是县吏半夜捉人的情景。这户人家，3 个儿子都在军中，其中两个已在相州阵亡，家中除两老之外，只有个带着乳婴的媳妇。县吏不顾这些，只要抓人当差。老头跳墙逃走，老妇只得跟着县吏，到军队里去烧饭，第二天只好"独与老翁别"了。杜甫的诗，沉郁浑厚，感情真挚，语言精练，叙事严谨，真实地反映了唐代由极盛走向衰落的历史转折时期的种种社会现象，故有"诗史"之称，在中国文学史上占有重要的地位。

杜甫的代表作有《丽人行》《春望》《茅屋为秋风所破歌》和"三吏""三别"等，皆为人所传诵，有《杜工部集》传世。

当然杜甫的思想有时代和阶级的局限。他同情人民，但仍旧劝人民忍受。"况乃王师顺，抚养甚分明。送行勿泣血，仆射如父兄"（《新安吏》）。封建王朝的军队中的将帅和士兵怎会如此和谐呢？然而我们也不能因此过分责备杜甫，因为一个古代地主阶级的诗人能够像他那样深刻地反映社会实际，毕竟是难能可贵的。

杜甫一度为剑南节度使严武幕中参谋，武表其为检校尚书工部员外郎，故世称杜工部。晚年携家出蜀，漂泊鄂、湘一带，病死于赴郴州途中。

白居易与《新乐府》

白居易（772—846 年），字乐天，晚年自号香山居士，祖籍太原，白家世代倡儒。白居易幼聪慧，五六岁学作诗，9 岁解声韵。建中三年，随父至徐州别驾任所，寄家苻离。次年避乱至越中。贞元十六年登进士第。十八年登书判拔萃科。次年授秘书省校书郎。元和元年中"才识兼茂，明于体用科"，授盩厔尉。二年十一月任翰林学士。后历左抬遗、京兆府户曹参军等职，仍兼翰林学士。

白居易是继李白、杜甫之后最杰出的一位现实主义诗人，其诗今存 3000 多首，前期以讽喻诗为主，后期多闲适诗。白居易积极倡导新乐府运动，成为新乐府运动的主要代表之一。

白居易主张文学应反映现实，"文章合为时而著，歌诗合为事而作"，与李绅、张籍、元稹共倡新乐府运动。与诗人元稹、刘禹锡友善，多所唱和，时人并称"元白""刘白"。他反对那种追求艳丽文字而言之无物的空洞文章，这是他从事创作的基本观点。白居易生活在唐朝走向衰败的时期，在青少年时代，因逃避军阀混战，长期过着贫困流浪的生活，使他能更多地接触社会现实，了解人民的疾苦。因此，其诗多有对人民的同情。他的《新乐府》50首和《秦中吟》10首，就是这类诗歌的代表作。

元和二年（806年）白居易在《观刈麦》中写道：

"田家少闲月，五月人倍忙。夜来南风起，小麦覆陇黄。妇姑荷箪食，童稚携壶浆。相随饷田去，丁壮在南岗。足蒸暑土气，背灼炎天光。力尽不知热，但惜夏日长。复有贫妇人，抱子在其旁。右手秉遗穗，左臂悬敝筐；听其相顾言，闻者为悲伤。家田输税尽，拾此充饥肠。今我何功德，曾不事农桑。吏禄三百石，岁晏有余粮。念此私自愧，尽日不能忘！"

这首诗反映农民在炎夏从事繁重体力劳动的情景。看！一个劳动着的农民，顶着烈日，在拼命地干着。他忘记了疲劳，忘记了炎热，只知道珍惜夏日白天时间长，在他旁边有一个贫妇人，她一手抱着孩子，一手提着破筐，艰难地拾地上丢掉的麦穗。因为她家里剩下的麦子，已经拿去交税，现在为了活命，只能靠拾一点麦穗度日。诗的最后一段，诗人把农民的饥饿生活和自己的优裕生活作了对比而感到不安，并谴责自己。

白居易的作品，不仅通过个别历史现象揭露封建统治者的荒淫无耻生活，而且还能抓住当时社会的主要矛盾，从根本上戳穿唐朝后期阻碍历史发展的主要症结，进行控诉和批判。他在《重赋》一诗中写道：

"厚地植桑麻，所要济生民。生民理布帛，所求活一身。身外充征赋，上以奉君亲。国家定两税，本意在爱人。厥初防其淫，明敕内外臣。税外加一物，皆以枉法论。奈何岁月久，贪吏得因循。浚我以求宠，敛索无冬春，织绢未成匹，缲丝未盈斤。里胥迫我纳，不许暂逡巡。岁暮天地闭，阴风生破村。夜深烟火尽，霰雪白纷纷。幼者形不蔽，老者体无温；悲端与寒气，并入鼻中辛。昨日输残税，因窥官库门。缯帛如山积，丝絮如云屯。号为'羡余'物，随月献至尊。夺我身上暖，买尔眼前恩；进入琼林库，岁久化为尘。"

他的长篇叙事诗《长恨歌》和《琵琶行》，既有丰富的社会内容，又有很高的艺术成就。他的作品集有《白氏长庆集》50卷传世及《白氏书帖》。白居易诗歌的特点是通俗易懂，清新明快，自然流畅，即使妇女儿童也会吟唱，因此白诗的流传很广，影响很大。

白居易的诗不仅有很高的思想性，而且有很高的艺术性。他掌握了现实主义的创作方法，描写了无数的典型形象。白居易的现实主义创作是自觉的，具有鲜明的目的性，他力求高度地概括纷繁复杂的社会现象，选取最典型的事件人物，运用一系列方法来创造多种典型形象，全面地反映社会本质。

另一方面，诗人善于利用细节刻画，用对比抒情和叙事相结合等一系列艺术手法来塑造典型形象，使之鲜明突出。他无论写一个人物和一件事，都能感动读者，或令人流泪，或令人发指。读了白居易的诗，使我们感到文学作品的艺术魅力。

颜真卿与《多宝塔碑》

颜真卿（709—784 年），唐代书法家。字清臣，祖籍琅玡临沂（今属山东），京兆长安（今陕西西安）人。

颜真卿曾任监察御史，迁殿中侍御史。杨国忠怒其不附己，出真卿为平原太守。安史乱起，真卿举义旗起兵抵抗，附近 17 州同时响应，聚众 20 万，被推为盟主。至德元年，弃郡渡河，至凤翔，授宪部尚书、御史大夫。

颜真卿富于学，工于文辞，书法精绝，尤擅楷书，殷亮《颜鲁公行状》云"楷书绝妙"，世称"颜体"。颜真卿把篆、隶、行、楷 4 种笔法结合起来，具有方正敦厚、沉着雄浑的特点。颜书碑帖流传至今的有 70 多种，近年还有新的发现。颜体楷书的代表作有《千福寺多宝塔碑》《东立朔画像赞碑》《麻姑仙坛记》《颜帷贞家庙碑》等等。行书名作有《祭侄季明文稿》《争座位帖》《刘中使帖》等等。这些都是千余年来学书者争相临摹的范本。

谈及颜书在中国书法史上的地位，清人王文治有诗曰："曾闻碧海掣鲸鱼，神力苍茫运太虚，间气古今三鼎足，杜诗韩笔与颜书。"作者认为，古往今来，其作品犹如大海博鲸、神力冲天的只有三家：杜诗、韩文、颜书。宋初书法家学颜体，正如唐初争学王体一样，故宋人有"学书当学颜"的诗句。

"草圣"张旭

张旭也是唐代一位著名的书法家，字伯高，吴郡（江苏苏州人），工书，精通楷法，草书最为知名，逸势奇状，连绵回绕，具有新风格。继二王今草血脉，初唐草书一直处在酝酿蓄积阶段，欧、虞、褚、薛诸家虽以楷书名世，同时也有行草佳作，孙过庭师法二王，所著《书谱》亲笔草书文稿，笔势坚劲流畅，墨法清润，所谓"千字一类，一字万同"，已表现出唐草新意。活动于开元年间的大书法家张旭在今草基础上发展而为狂草，怪怪奇奇，超出王氏畦畛，与张芝、王羲之同为后世草书楷模。相传张旭每嗜酒大醉，呼叫狂走，下笔愈奇，人称"张颠"。诗人杜甫在《饮中八仙歌》中称"张旭三怀草圣传，脱帽露顶王公前，挥毫落纸如云烟"。张旭遂以"草圣"名世。上海博物馆藏拓本《郎官石记序》是张旭传世的楷书孤本，原石久佚，全篇楷书疏朗淳雅，凝重舒合，风格近似虞、褚。张氏书法，一人而二面，楷书"至严"，草书"至纵"。

狂草怀素

怀素是又一位以草书闻名的书法家。他是一名僧人，俗姓钱，字藏真，长沙（今湖南长沙）人。怀素的书法以"狂草"著称。他继承和发展了张旭的风格，二人并称为"颠张醉素"。怀素的书法体势连绵，风神潇洒，刚劲有力，奔放流畅，世称"草圣"。怀素喜欢饮酒，喝到兴头上，运笔书写，写出的字如同飞动圆转，好似骤雨旋风，虽然有许多变化，却不失一定的法度。怀素的书法开了一代新风，对后世有巨大的影响。他的存世书迹有《自叙》《苦笋》等帖。另外《四分律开宗记》也是他所著。

雕版印刷术和《金刚经》

我国古代四大发明之一的印刷术，始于隋唐时期。唐中晚期时，雕版印刷则在全国推广。大约 7 世纪中期，已有了雕版印刷的佛像。8 世纪 80 年代，有了作为纳税凭据用的"印纸"。长庆四年（824 年），诗人元稹为白居易的《长庆集》写的序文也说，有人拿着印刷的白居易诗在街头叫卖和换取酒茶。大和年间，民间每年版印日历在市场上出售已极普遍。

唐贞观年间，雕版印刷开始出现。当时，唐太宗皇后长孙氏去世后，宫中撰写《女则》10 篇，太宗看后大为赞叹，以为应该以此书垂戒后世，"令梓行之"，要求将这部《女则》雕版印行。唐代玄奘法师自贞观十九年（645 年）西游印度回国到麟德元年（664 年）圆寂期间，散发纸印的普贤菩萨像，每年多达五驮的数量。唐代刻书的地点，今天可以考证的就有京城长安、东都洛阳、越州、扬州、江东、江西，尤其是益州成都最为发达。《女则》和玄奘印施的佛像都是京师印刷的。雕版印刷最初是在民间流行，至五代后唐明宗长兴三年（932 年），官府开始采用雕版印刷，自此，政府刊刻书籍日渐增多，政府命国子监主持书籍刊刻工作，书版也藏于国子监，称为"监本"。

敦煌千佛洞发现的咸通九年（868 年）印的《金刚经》，卷首有版画，文字刻印精美。可见唐后期雕版印刷已相当发达。

火药发明与西传

唐朝科学技术上有很多发明创造，雕版印刷以外，还有火药。

火药的发明和方士炼丹药有密切关系，它的产生，也经过了漫长的岁月。远在战国秦汉时期，历代帝王总想长生，于是就有一些人投其所好，自称能炼出长生不老的药来。这些炼丹家在崇山峻岭采花草，探金石，在深山古洞里炼黄金，制造长生药。由于这些人的大胆探索和辛勤劳动，往往发明和发现了新的物质。

封建统治者一直幻想炼制长生不老的仙丹，发明"点铁成金"或"点石成金"的法门。从战国以下，许多"方士"耗尽心力，对丹砂、水银、黄金等物做了无数次烧炼熔解的试验。这种迷信的炼丹术正是化学的原始形式。他们炼成的丹，吃了只会死人；炼成的金只是貌似金子的某种合金，火药也是炼丹中的副产品之一。它可能是在两种情况下产生的：或者，直接用类似火药的药料制造某种药时，这种药发生了火药的作用，从而发明了火药；或者，间接用类似火药的药料变化成某种药时，意外地发生了火药的作用，因此，发明了火药。

总而言之，唐朝实际已经发明了火药，因为他们已经知道把硫黄和硝石混合起来能发火焰，把硝石和木炭混合也产生类似火药的作用。过去所以未能发生较大的爆炸力，是因为药料不纯和几种药料不够标准的缘故。

到了唐朝末期，火药已经从炼丹家手里转移到军队中。没有炼丹家的启发，军事家决不会从难懂的方士著作里去找火药。

最初用火药制造的武器叫做"火箭"，唐朝咸通九年十月，庞勋起义进攻宿州时，在一个大风天里，"以火箭射城外茅屋，延及官军营，死亡多人。"（《资治通鉴》卷二百五十一）这种"火箭"也叫"飞火"。宋朝路振的《九国志》记载，在五代时期，有一个叫郑璠的攻打豫章，曾"发机飞火"，烧毁了豫章的龙沙门。郑璠率众突破龙沙门，被烧伤了皮肤。可见火药在晚唐和五代战争中已经发挥了威力。

火药是我国古代四大发明之一。中国的炼丹术先在唐时经海道传入阿拉伯国家，阿拉伯人将硝叫做"中国雪"，波斯人叫"中国盐"。13 世纪时，火药从中国经过印度传给阿拉伯人。欧洲人的炼丹术和火药都是从阿拉伯那学习的。

唐朝发明的火药从阿拉伯传入欧洲，对整个世界文明发生了巨大的推进作用。恩格斯说：火药"不仅对作战方法本身，而且对统治和奴役的政治关系起了变革作用"。以前一直攻不破的贵族城堡的石墙抵不住市民的大炮；市民的枪弹射穿了骑士的盔甲。贵族的统治跟身披铠甲的贵族骑兵队同归于尽了。

直到今天，火药仍然在工农业生产、科学技术和国防建设上起着巨大的作用。

天文学家僧一行

唐代天文学也有了迅速发展，取得了一系列成就。其中最著名的天文学家为一行和尚。

一行和尚（683—727 年）姓张，名遂，魏州乐昌（今河南南乐）人。唐代高僧、天文学家和大地观测量学家。

他是开元时期的人，曾奉玄宗的命令，制定《大衍历》。这是一部先进的历法，分成 7 篇，包括平朔望和平气，七十二候，太阳与月球每天的位置和运动，每天见到的星象和昼夜时刻，日食、月食和五大行星的位置。这个历法吸收了实际观测的成果，使节气的划分更加精确，在当时是最先进的，它一直沿用到明末。在数学上他也有贡献，首创等间距二次内插公式（一种求函数值的方法），用来计算日月的运行。

测量子午线的长短，是一行在天文学上的另一项成就。开元十二年（725年），他还倡议在全国 13 个地点进行天文观测，通过实测，算出地球子午线（经度）的长度为 351 里 80 步（合今 129.22 公里）。比阿拉伯天文学家阿次花刺子密于 814 年进行的实测早 90 年。它与现代测量的子午线长度 111.2 公里相比，虽还有不少误差，但在当时是世界上第一次用科学方法进行的实测。一行观测天象，发现了恒星的移动，比 1712 年英国人哈雷的发现，几乎早了1000 年。

一行和技工梁令瓒等制造了黄道游仪、水运浑仪等天文仪器。其中的水运浑仪不仅是天文仪器，还是世界上第一只用机械转动的钟。

水运浑仪上面有星宿赤道和周天度数，用水力推动轮子转动。一日一夜，天体旋转一周。另有两个轮子，缀有日月，也能转动。29 转有余而日月交会，365 转而日周天。他用木柜做地平，使仪器一半在地下。地平上有两个木人，面前放着钟鼓，每刻击鼓，每个时辰（两小时）撞钟，都由柜中的轮轴操纵。

我国古代的计时器，叫做刻漏，是让水以均衡的速度滴出，看水量的多少，就可以知道时间的早晚。这种计时器不靠机械转动，不是真正的钟。一行和梁令瓒制造的水运浑仪才是一具惊人的天文钟。恩格斯在《自然辩证法》中，列举历史上的重大发明，把时计列为一项，可见意义十分重大。这架仪器是用铜铁做的，后因保管不善，生了锈，便不会转动了。

一行不仅有高深的科学知识，品格也很高尚，坚决拒绝与权贵武三思结交。

药王孙思邈

隋唐时期医学有很大发展。隋朝太医博士巢元方，编了《诸病源候论》50卷，是我国第一部论述疾病分类和病源的医学专著。唐显庆四年（659年）苏敬等人编的《唐新本草》50卷，收集844种药物，是世界上第一部由国家编定和颁布的药典。天宝十一年（752年）王焘编成的《外台秘要》40卷，收药方6900多个，至今对临床治疗仍有参考价值。

唐代最著名的医学家为京兆华原（今陕西铜川市耀州区）人孙思邈（581—682年）。孙思邈在几十年的医学临床实践中，发现古代医学浩博杂乱，不易查检，因而他博采众长，精心删减，结合自己的实践经验，于652年撰成医书《备急千金要方》，总结了唐代以前的医学成就。《千金要方》共30卷，包括儿科一卷，五官科一卷，内科15卷，外科3卷；另有解毒急救2卷，食治养生2卷。30年后，他又在总结半生医学经验的基础上，集成《备急千金要方》的姊妹篇《千金翼方》。该书对药物学和《伤寒论》作了重点介绍和论述，是唐代最有代表性的医学著作，被誉为第一部临床医学百科全书。两书合称《千金方》如"羽翼高飞"，相辅相成，是孙思邈对传统医学成就进行的一次全面系统的总结。

孙思邈对妇科和儿科特别重视，主张独立设科。孙思邈在医学上的贡献，除了上述的一些以外，在针灸方面，他绘制了《明堂针灸图》，对针灸的孔穴加以统一。他并且强调针药应该并用。他说：针而不灸和灸而不针，不是好医生；针灸而不药，或药而不针灸，也不是好医生；针药并用，才是良医。这种用综合治疗方法来提高医疗效果的思想，扁鹊和华佗都很重视，孙思邈特别加以提倡。

永淳元年（682年）孙思邈卒，终年101岁。孙思邈也与扁鹊和华佗一样，受到人民的崇敬和深切的怀念。因为他是一个杰出的药物学家，后人尊称他为"药王"，而且把他曾经隐居过的五台山称作"药王山"。在他的故乡建有纪念孙思邈的祠堂，祠里有孙思邈和他父母的塑像。药王山上也建有药王庙，庙里有相传是唐朝人拜孙思邈的"拜真台"和孙思邈隐居的石室——太玄洞，洞里还有他的塑像。太玄洞旁边的一个亭子，还有8块"千金宝要碑"，刻着《千金方》的一部分药方，那是宋朝时候刊立的。

五代十国

（907—960 年）

梁　朝

朱全忠建立梁朝

朱温，宋州砀山（今属安徽）人。父亲为乡下穷苦教书先生，早年去世。朱温自幼随母亲到萧县（今江苏萧县西北）刘崇家当佣工。后参加黄巢起义军，随军入长安。唐中和二年（882年）正月，黄巢以朱温为同州（今陕西大荔）防御使。同年九月，朱温见农民起义军处境困难，又与黄巢心腹大将孟楷不和，就叛变投唐。当时正逃难在成都的唐朝皇帝唐僖宗听到这个消息后，喜出望外，立即下诏授朱温为左金吾卫大将军、河中行营副招讨使，并赐名全忠。

唐中和三年（883年）二月，朱温因作战有功，被唐政府任命为宣武节度使（治汴州，今河南开封）。朱温初到汴州的时候，手下兵微将寡，没有多少实力。第二年，黄巢被沙陀军李克用打败后，部众溃散，将领葛从周、霍存、张归霸等多人投奔汴州，朱温的羽毛才渐见丰满。以后10余年间，朱温凭借汴州优越的地理条件，逐步吞并割据中原和河北地区的藩镇。到905年，已拥有关中和关东的广大地区，成为唯一强大的军阀。朱全忠消灭许多割据者，初步统一了黄河流域，这可以说是不小的成就，建立起梁朝，也就算是合理的事情了。907年，朱温用禅让的形式即皇帝位（梁太祖），国号梁，建都汴州城，改称为开封府（东都），改唐东都洛阳为西都。

梁太祖改革唐朝积弊

梁是短促的小朝廷，但也改革了一些唐朝的积弊。唐时枢密使二人与左右神策军中尉合称四贵，是执掌军政大权的宦官首领。梁太祖废枢密院，别立崇政院，任敬翔为院使。院使备皇帝顾问，参与谋议，宣皇帝意旨，地位比宰相亲近，权力比唐枢密使低，实际只是一个被信任的幕僚。唐昭宗大杀宦官，有些宦官逃避到藩镇处藏匿。910年，吴越国王钱镠上表称，本境有避死宦官25人，请求朝廷录用。梁太祖答称，正在革弊，宫中不要这种人。唐礼部尚书苏循自以为办禅让有功，希望做梁宰相。敬翔说，苏循是唐朝的鸱枭，卖国求荣，不可立足在新朝。梁太祖下诏，勒令苏循等15个唐朝大官致仕。苏循被斥逐出朝，投靠河中节度使朱友谦（912年，朱友谦降晋，仍任河中节度使）。梁朝不容纳宦官和高级士族两个腐朽阶层，显得比唐朝有些新气象。

朱温在称帝之后，也比较重视农业生产。梁开平三年（909年），他下令除两税之外不许再征杂税，禁止州县猾吏广敛贪求。后梁的赋税征收比起五代的其他各朝和十国都是比较轻的。朱温还常常到乡村民舍观看百姓从事农业生产，令司天监随时向天下预告风雨旱涝状况。有一年，宋州一带大水泛滥成灾，可是，宋州节度使朱友谅却献来某县令进贡的瑞麦。所谓瑞麦，就是一株茎上生出3个麦穗。朱温看后很不高兴。下诏罢免这位县令，并派人责备朱友谅。

朱温在即位之初，也能注意实行一些比较宽松的政策，废除过去严苛的军法"跋队斩"。所谓"跋队斩"，就是在行军作战时，若将校战死而士卒生还，就将所部士卒全部斩首。同时规定新的行军纪律，不许焚烧庐舍，开发丘陇，毁废农桑，驱掠士女。朱温注意限制武将的权力，制止他们的骄横跋扈，下令天下镇将无论官爵高低，一律在县令之下，改变了过去各地镇将在县令之上的习惯。对于功臣宿将的违法行为，也不一味姑息迁就。即使是宠将也不例外，这在一定程度上抑制了一些兵将的骄悍行为。

梁与诸藩镇的战争和梁的灭亡

梁固然改革了一些唐朝的积弊，但从开国到灭亡，大小战争始终不曾停止过，减轻租赋的意义，对民众说来，也就很有限了，因为每次战争都要损失大量的民命和财物。

902年以后，李克用被压制在河东一隅，不敢出兵与梁争锋。908年，李克用死，子李存勖继晋王位。李存勖是十分好战的武人，喜欢亲身冲锋陷阵。他训练士卒，令骑兵不见敌不得骑马；部署既定，谁也不许违背；分路行军，不许过期迟到。凡违军令，一定斩首。以沙陀人为骨干的一大群劫贼，经李存勖整顿，组织成精整的军队，李存勖也就成为梁的劲敌。

910年，梁太祖要消灭成德镇，使杜廷隐率魏博镇兵夺取成德镇的深、冀二州城，成德节度使王熔向李存勖告急，李存勖率大军来救。911年，两军在高邑（今河北高邑县）决战，梁军大败。晋兵杀梁兵2万人，夺得粮食、资财、器械不可计数。在大屠杀中，成德兵恨杜廷隐杀尽深、冀二州守兵，杀梁降兵极为惨毒。杜廷隐听到败信，弃深、冀二州城，城中老弱全被活埋，丁壮全被掳去当奴婢，只剩下一些破墙。经这次大战，梁非常怕晋，优势从梁方转到晋方。

梁太祖听说晋兵南下，911年自洛阳亲率大军到魏县（今河北大名县西）抵挡晋兵。但梁军动摇，兵士多逃走，严刑不能禁。又有人报称不见敌兵，才平静下来。梁太祖看到颓势已成，只好退兵回洛阳。912年，李存勖攻幽州，梁太祖率大兵号称50万，昼夜行军到观津冢（今河北武邑县东南），想乘虚攻成德镇。成德镇巡逻兵数百骑前来，有人说，晋兵来了。梁太祖连帐幕也顾不得收起，急忙引兵往枣强（今河北枣强县），与攻城的梁将李师厚合军。

晋将李存审与先锋史建塘等率数百骑黄昏时冲入梁军乱杀，梁太祖烧营连夜逃走，急奔150里，第二天早晨逃到冀州，损失军资、器械无数。后退回洛阳。

朱温一向荒淫好色，到了晚年，更是放纵淫乐，纵情声色，常常诏几位儿子的夫人入宫服侍，视作妃嫔。养子朱友文的妻子王氏容貌出众，尤受朱温宠爱，因此，朱温想立朱友文为太子。

后梁乾化二年（912年）六月，朱温的二儿子朱友珪得到妻子在宫中了解的情况，知道朱友文被立为太子，便勾结禁军将士杀了朱温。第二年二月，朱温的三儿子朱友贞以讨逆为名，杀友珪自立。朱友贞是后梁的末帝。

梁末帝时统治集团内部斗争更加剧烈，政治黑暗。生产受到更严重的破坏，在军事上与河东李存勖的战争也一再失利。

923年，李存勖在魏州自立为皇帝（唐庄宗），国号唐。唐庄宗使李嗣源袭破郓州（今山东东平县），梁末帝大惧，罢免戴思远，任王彦章为大将，段凝为监军，谋夺回郓州。王彦章攻破德胜南城，声势大振。唐庄宗放弃德胜北城，自率大兵坚守杨刘城，与梁军10万日夜苦战。王彦章解围退保杨村，唐军也回据德胜。王彦章憎恶赵岩、张汉杰等人，扬言要杀尽这批奸臣。赵、张等唯恐王彦章得胜，任同党段凝为大将，召还王彦章。段凝在滑州酸枣县（河南延津县）决黄河口水灌曹、濮、郓等州，阻止东面唐军的活动，自率大军抵御澶州唐主力军。梁末帝使王彦章率兵一万去攻郓州。唐庄宗采纳郭崇韬的计谋，留兵坚守杨刘，自率轻骑从郓州袭取开封，一举消灭梁国。唐庄宗率精兵从郓州出发，命李嗣源为先锋，路上擒获王彦章，经过曹州，直向开封。梁末帝自杀。李嗣源、唐庄宗先后入开封城，梁国文武百官降唐，段凝率全军投降，梁亡。

后　唐

李克用父子建后唐

李存勖，沙陀人。其父李克用，唐末因为镇压黄巢起义有功，被封为晋王。李克用与朱温为争霸，展开长期的激烈战争。后梁开平二年（908年），李克用死，存勖继晋王位。唐乾化元年（911年），李存勖在柏乡（今属河北）决战中，大败后梁兵。接着攻占幽（今北京）、魏（今河北大名北）等州，夺取河北。后梁龙德三年（923年）四月，李存勖称帝于魏州，是为庄宗，改元同光，国号唐，史称后唐。同年十月，灭后梁，十二月，迁都洛阳。

后唐消灭了河北三镇，又迫使割据凤翔的李茂贞臣服于己，比后梁更进一步地统一了黄河流域。后唐同光三年（925年），庄宗发兵攻灭了前蜀，势力扩展至长江上游。

唐明宗整顿政治

唐明宗比唐庄宗有知识，知道怎样巩固自己的地位。他针对着唐庄宗的弊政做出一些改正。做监国时，首先宣布孔谦刻剥百姓、军民穷困的罪状，下令斩孔谦。凡孔谦所立苛敛法，一概废除。又令诸镇杀监军使。监军宦官与节度使争权，诸镇极为愤恨，这一措施，自然得到诸镇的欢心。即帝位后，禁止中外诸臣献珍玩等物。宫内只留老成宫女100人、宦官30人、教坊（乐队）100人、鹰坊（养鹰供畋猎）20人、御厨50人。宫廷组织如此简单，是任何帝王不能相比的。宦官数百人或窜匿山林间，或落发为僧，有70余人逃到晋阳，唐明宗下令全部杀死。宰相任圜管财政，颇能建立制度，取得成绩，不过一年，唐明宗的地位就稳定下来了。

唐明宗关心农事，931年，他令诸道均平民间田税，又许民间自铸农具及杂铁器，每田2亩，夏秋纳农具税钱3文。在他称帝的7年里，战事稀少，屡有丰年，民众获得短期的喘息，应该说是一个好皇帝。

后唐的灭亡

任圜任宰相，安重诲任枢密使，都是唐明宗的忠臣，也都有些才能，足以辅佐朝廷。安重诲恃宠骄横，任圜刚愎自用，二人往往争辩以至怒骂。唐明宗出身行伍，以为宰相看轻自己，很不满意。安重诲进谗言，927年，杀任圜。安重诲也渐被疑忌，931年，杀安重诲。先后杀两个重臣，说明唐明宗不能知人也不能用人，群臣离心，奸佞得势，败亡便不可避免了。骄兵悍将作乱，是唐中期以来相沿100多年的积习，唐明宗年老多病，知道兵乱难免，933年，赐在京诸军钱物，接着又赐在京及诸道将士钱物。一月间两次赏赐，是想让兵士感恩，不像唐庄宗那样吝啬招怨恨。结果却相反，兵将愈益骄横。儿子李从荣见唐明宗病危，急于夺得继承权，率兵攻宫门。宫中兵出击，杀李从荣。唐明宗受惊死去，子李从厚继位（唐愍帝）。

唐愍帝猜忌凤翔节度使李从珂和河东节度使石敬瑭。934年，令李从珂为河东节度使，石敬瑭为成德节度使。李从珂怕离镇赴新任在路上被杀，起兵反抗。李从珂到陕州，唐愍帝的亲信大臣，或逃或降，唐愍帝自领卫士50骑逃到河北，在卫州遇见石敬瑭，要求相助。刘知远杀50骑，只留下唐愍帝一人。李从珂使人杀唐愍帝。接着，李从珂入洛阳，即皇帝位，即唐废帝。

唐废帝与河东节度使石敬瑭两人都勇健好斗，向来彼此互忌。还有赵德钧赵延寿父子2人，赵德钧任卢龙节度使，赵延寿任宣武节度使，据有幽州、汴州两个重镇，也是唐废帝的劲敌。935年，唐废帝调赵延寿为枢密使，又使张敬达将兵屯代州，牵制石敬瑭。936年，调石敬瑭为天平节度使。石敬瑭被猜忌，早就准备反叛，当然拒绝调任。刘知远劝其起兵夺帝位，谋士桑维翰劝勾结契丹，作为后援。石敬瑭在非反即死的形势下，与唐废帝公开破裂。唐废帝使张敬达率兵数万围攻晋阳城。石敬瑭遣使向契丹求救，条件是认契丹主耶律德光为父亲，得胜后献卢龙一道及雁门关以北诸州给契丹。这个无耻已极的卖国贼，靠这些条件得到了契丹的援助。契丹主自将5万骑，号称30万，到晋阳城下击败张敬达军。唐废帝兵力还很强，但志气消沉，昼夜饮酒悲歌，坐待死亡，不敢领兵亲自出战。张敬达率残部守晋安寨（在晋阳城南）待援，被部将杀死，残部将士投降契丹。契丹主命大将迪离毕率5000骑兵和张敬达旧部为先锋，石敬瑭在后面追随，自晋阳向洛阳进军。唐将领纷纷投降石敬瑭，唐废帝只好率本家老幼登楼自焚。唐亡。

唐先后凡14年。

晋　朝

儿皇帝石敬瑭

石敬瑭是沙陀人，后唐明宗的女婿。后唐长兴三年（932年），任北京（太原）留守、河东节度使。明宗去世前后，屡次发生争皇位的乱事。石敬瑭看到后梁、后唐皆自藩镇得国，早就觊觎帝位。清泰三年（936年）夏，石敬瑭与桑维翰勾结契丹，认契丹主耶律德光为父，并将幽蓟十六州拱手献给契丹，另加岁贡帛30万匹。十一月，契丹主在太原册立石敬瑭为大晋皇帝，改元天福，国号晋，史称后晋。后晋大致与南唐、吴越、闽、楚、南汉、南平、后蜀等政权并存。天福元年闰十一月二十六日（937年1月11日），石敬瑭攻入洛阳，后唐末帝李从珂自焚死。二年，石敬瑭迁都汴州，三年升为东京开封府。

他靠契丹得帝位，奉事辽（937年，契丹改国号为辽）尽恭竭敬，上表称臣，称辽主为父皇帝，贡岁币30万以外，加送辽主及述律太后以至辽相韩延徽、枢密使赵延寿等人大批财物。有些事辽方感到不如意，就派人来责备，他总卑辞谢罪，请求原谅。

942年，辽主使人来问招纳吐谷浑的罪名，他不敢得罪刘知远，更不敢得罪父皇帝，逼得无路可走，忧郁成病，不几天就死了。

晋辽战争与晋的灭亡

石敬瑭死后，石重贵继位（晋出帝），任景延广为宰相。景延广掌握大权，以反辽自任。晋出帝向辽主告丧，称孙不称臣，辽主大怒。辽主于是驱兵南下。

晋军士兵奋勇作战，开运元年（944 年）和二年两次击退契丹军。

946 年，晋出帝任杜威为元帅，李守贞为副帅，率宋彦筠等诸军击辽。杜威早存乘机卖国的奸心，要求禁军都随大军出发。晋出帝一心以为出击必胜，允许杜威的要求，因此，开封守卫空虚，只等杜威的出卖。

杜威派密使去见辽主，要求重赏。辽主对密使说，赵延寿资望欠高，怕不够做皇帝，杜威来降，该让杜威做。杜威大喜，决计投降。

辽主引兵南下，使杜威率已被解除武装的降军随从，另使张彦泽率骑兵2000 先取开封。张彦泽长驱入开封，晋出帝上降表，自称"孙男臣重贵"，太后李氏也上降表，自称"新妇李氏妾"。晋亡。

947 年，辽主到开封，遣骑兵 300 押石重贵一家男女到辽国。这个亡国奴被安置在建州（今辽宁朝阳县境），忍受无限耻辱，苟活了 18 年，到 964 年才死去。

辽主耶律德光进开封城，辽兵大杀大掠，开封、洛阳附近数百里间，成为白地，又以犒军为名，严令晋官括钱，不论将相士民，都得献出钱帛，所得财物，并不分给辽军，准备运回辽国。当时刘知远在晋阳称帝，诸镇和晋旧将多起兵响应。广大民众也群起反抗，大部多至数万人，小部不下千百人，攻破州县城，杀辽所任官吏。辽主只得带着晋降官数千人、宫女、宦官数百人以及晋府库所有财物，离开封北行。

汉　朝

刘知远建汉朝

刘知远于天福十二年（947 年）二月在晋阳即皇帝位。六月，入大梁城（今开封），改国号为汉，仍用后晋天福年号，以汴州（治所大梁城）为东京（即国都），史称"后汉"。后汉广顺元年正月为后周所灭，仅存在 4 年。

刘知远（895—948 年），沙陀部人。其先世居沙陀，后移居太原。刘知远与石敬瑭均为李存勖之偏将。李存勖建后唐，石敬瑭为太原节度使（治所在晋阳），刘知远为其部将。石敬瑭建后晋，刘知远任陕州节度使。天福六年（941年）刘知远改任北京（今太原）留守、河东节度使。七年六月，石敬瑭死，其子石重贵即位，是为晋出帝。晋出帝加刘知远"检校太师"，寻又晋其为中书令。

后晋开运元年（944 年）正月，契丹耶律德光攻后晋。天福十二年（947 年），耶律德光攻入后晋都城大梁，迁晋出帝至黄龙府。二月，耶律德光御崇元殿受朝，改晋国为大辽国。刘知远自晋阳遣牙将王峻奉表于耶律德光。耶律德光赐诏褒美，呼刘知远为儿，又赐木栟（契丹贵臣方得此物）。及王峻归晋阳，刘知远得知契丹政乱，而中原无主，乃议建国。十五日，刘知远于太原宫（今晋阳）即皇帝位，即后汉高祖。

三月，耶律德光以萧翰为宣武军节度使，留守大梁，自率军北还，耶律德光在北归路上，病死于栾城，耶律德光侄兀欲即位，是为辽世宗。

五月，刘知远以舅刘崇为北京留守，自率军从太原南下，辽宣武节度使萧翰弃城北归。六月，刘知远至大梁城，后晋文武百僚相次奉迎。十五日，后汉高祖下诏："凡契丹所除节度使，下至将吏，各安职任，不复变更。"改国号曰汉。仍用后晋天福年号。以汴州（治所大梁城）为东京（即国都）。乾祐元年（948年）正月，刘知远自更名曰暠。二十七日，刘知远病死，庙号高祖。二月，子刘承祐即帝位，即后汉隐帝，时年18岁。

后汉的灭亡

隐帝继位后，没有什么善政，而且统治集团的内部矛盾十分剧烈。原后晋将领李守贞等几个藩镇相继叛乱，尽管都被平定，但皇帝和大臣、将领之间的关系搞得十分紧张。后汉乾祐三年（950年），汉隐帝忌杀功臣，枢密使杨邠、侍卫都指挥使史弘肇、三司使王章同日被杀。接着又屠杀他们的亲戚党羽。大将郭威领兵在外，因史弘肇的关系，在大梁的家属全部被害。郭威统兵回京，夺取了政权。后汉隐帝被乱兵所杀。后汉亡。后汉历两帝，共计4年。